W0044415

Wir sind die Wirtschaft

Kai Romhardt: | Lektorat: Dr. Nadja Rosmann
Wir sind die Wirtschaft | Umschlaggestaltung: Björn Gaus
© J. Kamphausen Verlag & | Satz: KleiDesign
Distribution GmbH, Bielefeld 2009 | Druck & Verarbeitung:
info@j-kamphausen.de | Westermann Druck Zwickau
www.inspire-news.de

1. Auflage 2009

Bibliografische Information der Deutschen Nationalbibliothek
Die Deutsche Nationalbibliothek verzeichnet diese
Publikation in der Deutschen Nationalbibliografie;
detaillierte bibliografische Daten sind im Internet
über http://dnb.d-nb.de abrufbar.

ISBN 978-3-89901-198-2

Kai Romhardt

Wir
sind die
Wirtschaft

Achtsam leben – Sinnvoll handeln

Einleitung: Wir sind die Wirtschaft 17

Wir sind die Arbeit 33

Wir sind das Geld 123

Gewidmet
Thich Nhat Hanh
und
Barack Obama

Danksagung

Dieses Buch hat viele Väter und Mütter. Es ist eine kollektive Manifestation. Ohne meine Lehrer, meine Familie, meine Sangha, meine Weggefährten und Freundinnen und Freunde wäre dieses Buch nicht zustande gekommen. Meine Frau Bettina hat mich mit ihrer Liebe (zum Dharma und zu mir) und ihrer inhaltlichen Inspiration immer wieder auf Kurs gebracht und gehalten. Ihren liebevollen Rückmeldungen im Schreibprozess verdanke ich, dass mir Stress und längere Abtauchphasen weitestgehend erspart blieben. Mein Sohn Jonathan ist ein wahrer Abenteurer. Seine Freude, Frische und sein Anfängergeist haben mir immer wieder den Weg gewiesen.

Meinem Lehrer Thich Nhat Hanh verdanke ich den lebendigen Zugang zum Dharma, den er selbst auf so wunderbare Art verkörpert. Möge seine Weisheit weiterhin so kraftvoll in die Welt strahlen. Barack Obama hat mir gezeigt, dass die Samen der Weisheit in allen Lebensbereichen aufgehen können. In der Politik und auch in der Wirtschaft. Ich wünsche seinem Bemühen um Offenheit, Verstehen und Inklusivität viel Erfolg und Unterstützung. Thich Nhat Hanh und Barack Obama ist dieses Buch gewidmet. Mögen Weisheit und Macht Hand in Hand gehen.

Das fertige Manuskript kommentierten meine Freunde und Netzwerkgefährten Christian Kobler, Ilsabe Sachs, Markos Arnold, Max Biller, Michael Heidecker und Stefan Pinter. Herzlichen Dank für eure Einsichten und offenen Worte. Meiner Lektorin Nadja Rosmann danke ich für die entspannte und flexible Koordination des Herstellungsprozesses, die fachlichen Inputs und (im Nachhinein) auch für das stoische Festhalten am vereinbarten Buchumfang, der zum Abschied von über 400.000 liebgewordenen Zeichen führte ...

In den letzten zehn Jahren bin ich vielen Menschen begegnet, die Spuren in diesem Buch hinterlassen oder mich auf vielfältige Art unterstützt und ermutigt haben. Mein Dank geht an: Alex Barkawi, Annabelle Zinser, Annette Saager, Arnd Bätzner, Burghard Lippke, Christian Bergmann, Christoph Bründl, Claas Wenzlik, Franz Katzlinger, Fumon Nakagawi Roshi, Georg Lolos, Gertraud Czerwenka-Wenkstetten, Gesine Buß, Grit Turnowsky,

Günter Hudasch, Helmut Hallier, Hermann Küster, Holger Moller, Jan Erhardt, Joachim von der Goltz, Karin Haider, Karl Schmied, Lutz Tornow, Manfred della Schiava, Marcel Geisser, Marianne Woide, Martin Schaurhofer, Mathias Köhl, Munish Schiekel, Nel Houtman, Peter Ducret-Novak, Thomas Eberle, Rainer Pallaske, Reinhard Wilfort, Richard Pircher, Rudi Passawa, Sascha Spoun, Seon Kwang Haengja, Sister Chau Nghiem, Sister Jina, Stephan Ludwig, Susanne Kunz, Tenzin Drölpa, Thay Doji, Thay Phap An, Thay Phap Thanh, Ursula Hanselmann, Ursula Richard, Waltraud Pichler und Wendelin Küpers.

Meinen Eltern Peter und Ellen Romhardt danke ich für die stete und liebevolle Unterstützung unserer Familie.

Folgende Institutionen haben mich über viele Jahre in meiner Arbeit unterstützt und inspiriert, herzlichen Dank hierfür an: Buddhistische Akademie Berlin-Brandenburg, Donau Universität Krems, Österreichische Buddhistische Religionsgemeinschaft (ÖBR), Order of Interbeing, Plum Village, Quelle des Mitgefühls, Sangha Zehlendorf, Schweizerische Gesellschaft für Organisation, Studienstiftung des deutschen Volkes und die Universität St. Gallen.

Spezieller Dank für inspirierende Stunden geht an die bonanza coffee heroes, das St. Oberholz, das Hofcafé bei Mutter Fourage, die Starbucks Filiale am Teltower Damm und Bolles Bootshaus am schönen Wannsee.

Den Erfahrungen vieler ungenannter Mitglieder des Netzwerkes Achtsame Wirtschaft verdanke ich, dass ich schrittweise die Tiefendimension unseres Wirtschaftens erforschen konnte. Danke für euer Teilen, eure Freundschaft, euren Mut und euer dana, das mir das Verfassen dieses Buches erst ermöglicht hat.

Abschließend danke ich allen Lehrern des Dharma, die mich durch ihre Art zu leben, zu lehren und zu schreiben inspiriert haben. Neben Thich Nhat Hanh geht hier meine besonderer Dank an Bernard Glassman, Jack Kornfield, Jon Kabat-Zinn, Joko Beck, Joseph Goldstein, Larry Rosenberg, Mahathera Henepola Gunaratana, Pema Chödrön, Sawaki Roshi, Shunryu Suzuki, Sogyal Rinpoche und Thubten Chödrön. Sie haben mir wundervolle Wege gezeigt, wie wir die innere und die äußere Welt heilsam verändern können.

Vorwort von Thich Nhat Hanh

Im Jahre 1999 führten wir in Plum Village (Frankreich) ein Achtsamkeitsretreat für Geschäftsleute durch.

Wir übten Sitzmeditation und erfreuten uns an unserem Ein- und Ausatmen. Wir übten Gehmeditation, schritten sanft über die Erde, kamen mit jedem Schritt im gegenwärtigen Augenblick an und berührten die Wunder des Lebens. Gemeinsam schauten wir in uns, wie wir arbeiten, wie wir mit finanziellen Themen umgehen und wie wir konsumieren. Können wir wirtschaftlich erfolgreich sein und gleichzeitig unsere Achtsamkeit aufrechterhalten? Ja, das können wir.

Als Geschäftsleute können wir glücklich und friedvoll leben. Auch Firmen und Unternehmen können glücklich und friedvoll sein. Sie möchten, dass Ihr Unternehmen gedeiht und Erfolg hat, doch dies muss nicht auf Kosten anderer Unternehmen geschehen. Alle Unternehmen können wachsen und florieren und sich dabei gegenseitig fördern.

Kai Romhardt verbrachte als Langzeitpraktizierender mehr als 1 ½ Jahre in Plum Village, unserem Praxiszentrum im Südwesten Frankreichs. Hier schloss er sich der täglichen Achtsamkeitspraxis unserer monastischen Gemeinschaft an. In seinem Buch teilt Kai mit uns, wie die Übungen des Innehaltens und tiefen Schauens zu einem machtvollen Instrument werden können, um das Leiden zu überwinden, das uns durch falsches ökonomisches Denken und Handeln entstanden ist. Hierbei helfen uns achtsames Atmen, Gehmeditation, tiefes Zuhören und liebevolle Rede.

Wenn wir tief in unser eigenes Glück und Leiden schauen, werden wir sehen, dass dieses nicht vom Glück und Leiden anderer getrennt ist. Wahres Glück ist ohne Verstehen und Mitgefühl nicht möglich. Wenn wir Macht, Reichtum und Sinnesvergnügen hinterher rennen, können wir viel Leiden und Verzweiflung in uns und anderen hervorrufen. Mit Hilfe der Achtsamkeitspraxis können wir den gegenwärtigen Augenblick genießen und die Wunder des Lebens berühren – in uns und um uns herum. Wir werden sehen, dass wir schon ausreichend Bedingungen in unserem Leben haben, um glücklich zu sein – jetzt, in diesem Augenblick.

Mit der Einsicht, dass Glück keine individuelle Angelegenheit ist und dass das Wohlergehen anderer unser eigenes Wohlergehen darstellt, werden wir auf neue Art und Weise arbeiten, konsumieren und mit unseren Finanzen umgehen. Wir erfreuen uns am eigenen Erfolg und am Erfolg anderer. Mit Hilfe nicht-dualistischen Denkens können wir unsere Wirtschaft gemeinsam transformieren.

Thich Nhat Hanh, Sommer 2009,
Plum Village, Frankreich.

Vorwort

„Alle Dinge entstehen im Geist, sind unseres
mächtigen Geistes Schöpfung."

Buddha

Meine wirtschaftliche Grundausbildung dauerte neun Jahre. Kaufmännische Ausbildung im Axel-Springer-Verlag, BWL-Studium in Hamburg und St. Gallen, Promotion in Genf zum Wissensmanagement. Dazu Praktika bei McKinsey&Company und Roland Berger Consultants sowie intensive Zeiten in der Studentenorganisation AIESEC und bei den Hamburger Wirtschaftsjunioren. Neun Jahre intensive Sozialisation im ökonomischen Denken prägten meine Art, die Welt und mich selbst zu betrachten. Sie haben Spuren in meinem Geist hinterlassen. Im Alter von 30 Jahren hatte ich einen Management-Bestseller geschrieben, einen ökonomischen Forschungspreis gewonnen, meine ersten Unternehmen beraten und stieg als Berater bei McKinsey&Company ein. Und ich hatte Werte wie Leistung, Wettbewerbsdenken, Wachstum und Erfolg tief verinnerlicht. Sie dienten mir als Kompass. Ich atmete sie. Doch ich war nicht glücklich, noch nicht einmal zufrieden. Etwas lief falsch. Wo war die versprochene Belohnung für all meine Bemühungen? Statt zur Ruhe zu kommen, statt zufrieden zu werden, baute sich hinter jedem bestiegenen Berg ein neues Gebirge, neuer Druck auf. Die Zweifel am Sinn meines Weges wuchsen, machten mir Angst und schließlich kapitulierten mein Körper und Geist vor diesem Widerspruch.

In der anschließenden Sinnkrise hinterfragte ich alles, an das ich bisher geglaubt hatte. Was macht mich wirklich glücklich, was macht mich zufrieden, was kann ich tun, um ein sinnvolles Leben zu führen? Was ist meine tiefste Motivation? Mit welchen Augen schaue ich auf die Welt? Nach intensivem Suchen und Studieren fand ich die besten Antworten auf meine Fragen in der buddhistischen Lehre, Meditation und Übungspraxis.

Insgesamt zwei Jahre verbrachte ich in buddhistischen Übungszentren. Meine Sicht auf mich selbst und mein Denken über das, was wir Wirtschaft nennen, änderte sich umfassend. Ich begann, die wahren Quellen von Glück und Zufriedenheit zu sehen, und befreite mich schrittweise von Konkurrenzdenken, innerer Unruhe und anderen inneren Quälgeistern. Mir wurde klar, dass wir bei unserem eigenen Geist ansetzen können und müssen, wenn wir uns selbst und unsere Wirtschaft verändern wollen. Wenn wir eine achtsamere und sinnvollere Wirtschaft wollen, dann gilt es, uns selbst zu verändern. Ohne die Zähmung und Weiterentwicklung unseres Geistes werden uns Konsum, Geld und Arbeit nicht glücklich machen können. Im Gegenteil, sie können uns selbst und unsere Gesellschaft zerstören.

Das, was ich in diesem Buch vorstellen möchte, sind die Koordinaten einer „Achtsamen Wirtschaft". Einer Wirtschaft, die dem Leben dient. Einer Wirtschaft, deren Akteure sich um Klarheit und tiefe Bewusstheit für ihre Taten bemühen. Die sich aus falschen ökonomischen Glücksversprechen befreit und sinnvolle Aktivitäten entwickelt haben.

Dieses Buch basiert auf Erfahrungen, die in Dutzenden von Seminaren, Meditationsretreats und Achtsamkeitstagen entstanden sind. Dem intensiven Austausch mit Unternehmern, Managern, Beratern und vielen anderen Wirtschaftsakteuren verdankt dieses Buch seine Praxisnähe. Zentral waren hierbei die Veranstaltungen des Netzwerkes Achtsame Wirtschaft, das ich im Jahre 2004 gründete und das bis heute an die 50 teils mehrtägige Veranstaltungen organisierte. Achtsamkeitsseminare an Universitäten (u. a. Universität St. Gallen) und in verschiedenen Unternehmen dienten der Weiterentwicklung der abgeleiteten Konzepte und Methoden.

„Wir sind die Wirtschaft" ist stark von der buddhistischen Lehre – dem Dharma – inspiriert und greift auf erprobte Methoden der buddhistischen Achtsamkeitsschulung zurück, wie sie insbesondere vom vietnamesischen Zen-Meister Thich Nhat Hanh für Menschen des Westens entwickelt und gelehrt wird. Auch die Erkenntnisse anderer spiritueller Lehrer sind eingeflossen.

„Wir sind die Wirtschaft" hinterfragt etablierte wirtschaftliche Begriffe und Konzepte, wie Wachstum, Rendite, Gewinn und Erfolg, und zeigt auf, wo diese zu kurz greifen. Es ist keine Anklageschrift gegen Unternehmer oder einzelne wirtschaftliche Akteure. Wir können und sollten ohne Scheuklappen und mit frischem Anfängergeist in unseren wirtschaftlichen Alltag schauen. Es hilft uns nicht weiter, die immergleichen, scheinbar unumstößlichen ökonomischen Wahrheiten von „Wachstum" bis „Wettbewerb" zu wiederholen. Es scheint an der Zeit, dass sich die Ökonomie für geistige und spirituelle Einsichten öffnet und die eigenen Ideen und Grundannahmen tiefer hinterfragt.

„Wir sind die Wirtschaft" steht jenseits klassischer Kampflinien wie links und rechts, Privatisierung und Verstaatlichung, arm und reich, Sozialismus und Kapitalismus, Pro-Globalisierung und Kontra-Globalisierung. Das Wesentliche ist ungeteilt und unteilbar. Indem wir klassische Trennungen und Dogmen loslassen, öffnen wir uns für Wege, die unsere Sehnsucht nach Verbindung, Ganzheit und Heilung fördern, ohne uns in Kämpfe und Dauerdiskussionen zu verstricken. Wirtschaft kann uns trennen oder verbinden.

„Wir sind die Wirtschaft" lädt zum persönlichen Üben, Ausprobieren und Erfahren ein. Es setzt beim Verständnis und der Schulung des eigenen Geistes an. Wir haben mehr als genug theoretische Wirtschaftsbücher. Es ist mein Wunsch, den Leserinnen und Lesern dieses Buches einen deutlichen Geschmack und ein klares Bild einer achtsameren und sinnvolleren Wirtschaft zu vermitteln.

„Wir sind die Wirtschaft" ist persönlich geschrieben. Es illustriert meine Wege und Irrwege in verschiedenen Wirtschaftsfeldern durch persönliche Erlebnisse, Begebenheiten und Einsichten. Hierbei greife ich auf meine Erfahrungen als Wirtschaftsstudent und Organisationsforscher, als Unternehmensberater und Managementtrainer zurück. Einige der wichtigsten Erkenntnisse stammen allerdings aus dem ganz normalen Wirtschaftsalltag, als Konsument, Kleinunternehmer und als Familienvater, der seine Rechnungen zu zahlen hat und zusammen mit seiner Frau einen Familienhaushalt führt.

„Wir sind die Wirtschaft" wendet sich an alle Menschen, die wirtschaften, also an uns alle. Jeder von uns konsumiert, geht bezahlten oder unbezahlten Tätigkeiten nach und ist finanziell tätig. Wächst unsere Achtsamkeit, verändern sich unser Konsum, unsere Arbeit und unser Umgang mit Geld.

Und wenn viele Menschen ihre Geisteshaltungen, Ideen und Stimmungen ändern, manifestiert sich zwangsläufig eine andere Wirtschaft.

„Wir sind die Wirtschaft" ist eine Einladung zu Vernetzung und gemeinsamem achtsamen Handeln im Rahmen des Netzwerkes Achtsame Wirtschaft (www.achtsame-wirtschaft.de). Engagierte Leser sind zu Austausch, gemeinsamer Übung und der Weiterentwicklung dieses Netzwerkes herzlich eingeladen. Nur zusammen können wir eine achtsamere Wirtschaft schaffen. Ob als Unternehmer, Haushaltsvorstand oder Kleinsparer. Vieles, was hier vorgestellt wird, braucht lebendige Gemeinschaft, um zu wachsen. Dieses Buch ist kein fertiges Konzept, kein Handbuch, keine To-do-Liste. Es ist die Einladung, einen achtsamen Pfad zu betreten, in einen offenen Prozess einzutreten und mit vielen kleinen Schritten eine sinnvollere Wirtschaft zu schaffen.

Viel Freude beim Lesen und Üben.
Kai Romhardt
Sommer 2009 in Berlin

Einleitung:

Wir sind die Wirtschaft

Unser Leben ist von wirtschaftlichen Prozessen durchdrungen. Wir arbeiten. Wir kaufen Produkte. Wir leihen uns Geld oder investieren es. Durch unsere Arbeit, unseren Konsum und unseren Umgang mit Geld formen und stützen wir das, was wir Wirtschaft nennen. Wir sind diese Wirtschaft. Doch dient diese Wirtschaft unseren tiefsten Wünschen? Leistet unser aktuelles Wirtschaftssystem einen positiven Beitrag zu unserem Lebensglück? Als Menschen sehnen wir uns nach Gemeinschaft, Liebe Vertrauen und Verstehen. Unsere Arbeit, unser Konsum und unser Geld sollen und können uns auf diesem Wege dienen. Wirtschaft muss Sinn ergeben und schaffen. Das sollte unser Anspruch sein.

Unsere aktuelle Wirtschaft enttäuscht uns und macht viele von uns wütend. Wirtschafts- und Finanzkrisen schaffen eine Atmosphäre der Angst und Unsicherheit. In vielen Unternehmen nehmen Stress, Druck und Konkurrenzdenken zu. Sinn und Freude an der Arbeit geraten dagegen immer mehr ins Hintertreffen. Maßlosigkeit und Gier erschüttern das Vertrauen in die wirtschaftliche Elite. Wie konnte es dazu kommen? Was läuft falsch? Wie konnten wir eine Wirtschaft schaffen, die unsere tiefsten Bedürfnisse nicht befriedigt, die unsere Gemeinschaften schwächt, unsere Ängste und unsere Unzufriedenheit verstärkt und unsere Herzen sich verkrampfen lässt?

In Zeiten der Krise fühlen wir uns leicht als Opfer. Als Opfer von gierigen Investmentbankern, inkompetenten Politikern, unerbittlichen Marktgesetzen oder eines kühlen Managements, das Arbeitsplätze streicht oder verlagert. Es scheint, dass das, was in der Wirtschaft geschieht, weit, weit entfernt ist. Dass wir stumme Beobachter eines mächtigen Systems sind, das uns dann aber in Form von Preisen, Löhnen, Verbindlichkeiten, Steuern, Arbeitsplätzen oder Logiken einholt, prägt und bindet. Diese Beobachterperspektive ist unangemessen und gefährlich. Statt ärgerlich nach den Schuldigen zu fahnden und die sichtbaren Hauptakteure zu kritisieren, sollten wir schauen, was wir tun können, damit sich unsere Wirtschaft im Kleinen und Großen sinnvoll verändert.

Wirtschaft geschieht uns nicht! Wirtschaft ist kein autarkes System, das außerhalb unser selbst steht. Wirtschaft ist keine Veranstaltung, bei der wir nur machtlose Zuschauer sind. Wir sind es, die täglich kaufen und verkaufen, sparen und Schulden machen, arbeiten oder nicht arbeiten. Wir sind es, die Bedürfnisse entwickeln und befriedigen, die Sinnvolles herstellen oder Schädliches. Wir sind es, die unzufrieden sind oder zufrieden durchs Leben gehen. Wir sind es, die maßvoll oder maßlos konsumieren, bewusst oder unbewusst kaufen, Sinnvolles oder Sinnloses unterstützen.

Wir wählen jeden Tag aufs Neue, auch wenn die aktuellen Wirtschaftsstrukturen eine Menge strukturelle und faktische Macht besitzen. Wir sind in vielem freier, als wir denken. Das ist wunderbar und anspruchsvoll zugleich. Wirtschaft ist kein unumstößliches Naturgesetz, sondern Ausdruck unseres aktuellen individuellen und kollektiven Geistes. Jeden Tag können wir dieser Wirtschaft eine sinnvollere Richtung geben. Indem wir bewusster kaufen und konsumieren, bewusster investieren und Verbindlichkeiten eingehen und bewusster arbeiten, schaffen wir im Kleinen eine Wirtschaft, die sich vom aktuellen Wirtschaftssystem deutlich unterscheiden kann.

Millionen und Milliarden dieser kleinen, mittleren und größeren wirtschaftlichen Tätigkeiten flechten Tag für Tag eine neue Wirtschaft und bilden somit Potenziale für positive Veränderungen.

Wir sind die Wirtschaft.

Die Menschheit hat in jeder ihrer Entwicklungsphasen ein anderes wirtschaftliches Verhalten gezeigt. Ändern sich unsere Geisteshaltungen, ändert sich unsere Wirtschaft. Dieses Buch lädt dazu ein, einen frischen, praktischen und tiefen Blick auf wirtschaftliche Kernthemen zu wagen. Welchen Theorien, Begriffen und Strukturen vertrauen wir uns an? Welche Wirtschaft wollen wir?

Toxische Wirtschaftsbegriffe

In unserem Streben nach Glück haben wir uns als Einzelne und als Gesellschaft einigen zentralen wirtschaftlichen Ideen anvertraut: Wachstum, Wettbewerb, Effizienz, Rendite, Konkurrenz, Leistung und andere Konzepte haben sich tief in unserem Geist verankert. Wir spüren die Auswirkungen in unseren Schulen, Kulturbetrieben, in der Politik und an unserem Arbeitsplatz. Und wir beurteilen uns selbst mit diesen Maßstäben. Machen uns diese Ideen glücklicher? Oder haben sie die Spaltung, das Gegeneinander, das Misstrauen und die Angst in unserem Leben verstärkt?

Das Vertrauen in das vorherrschende Wirtschaftssystem bekommt immer mehr Risse. Immer weniger Menschen glauben an das Versprechen von Ökonomen, Unternehmenslenkern und Politikern, dass uns wirtschaftliches Wachstum, florierende Unternehmen und steigende Aktienkurse ein „gutes Leben" sichern. Die Vertrauensrisse gehen inzwischen durch die gesamte Gesellschaft.

Es sind nicht nur spezielle Wertpapiere, die sich als toxisch erwiesen haben. Schauen wir genau hin, sehen wir, dass eine ganze Reihe ökonomischer Konzepte toxischer Natur sind.

Nehmen wir das Dogma des Wachstums. Was wächst denn da? Stellen wir uns folgende Frage: Was haben die Märkte für (1) Antidepressiva, (2) Gefängnisse, (3) Luxusjachten, (4) private Sicherheitsdienste und (5) Schönheitschirurgie gemeinsam? Sie wachsen weltweit. Können wir uns über dieses Wachstum freuen? Ich meine nein. Wenn diese Märkte wachsen, ist das ein Zeichen dafür, dass (1) Depression, (2) Exklusion und Gewalt, (3) Maßlosigkeit und Gier, (4) Angst und Unsicherheit sowie (5) Selbsthass und Minderwertigkeit zunehmen. Das Wachstum vieler Märkte und der steigende Konsum vieler Produkte sind kein Grund zur Freude, sondern vielmehr ein Symptom für das Anwachsen geistigen Leidens. Diese Zusammenhänge werden zu wenig beachtet, wenn über „Wachstum" gesprochen wird.

Oder nehmen wir die Lobpreisung des Wettbewerbs. Konkurrenz und Wettbewerb werden als Kardinaltugenden der Marktwirtschaft angesehen. Doch Wettbewerb schafft gleichzeitig auf allen Ebenen unserer Gesellschaft Druck, Trennung und Spannung. Wettbewerb betont das Gegeneinander und nicht das Miteinander. Schauen wir tiefer, sehen wir, dass viele Probleme unserer modernen Gesellschaften wie Stress, Burn-out, Depression oder Ruhelosigkeit von der Idee des Wettbewerbs angetrieben werden. Es ist nie genug. Wir sind nie sicher.

Es ist an der Zeit, das wirtschaftliche Glücksversprechen auf Herz und Nieren zu prüfen. Welchen Nutzen schaffen wir wirklich? Unsere Wirtschaft hat sich in vielen Bereichen von unseren wahren Bedürfnissen entkoppelt. Sie hat uns nicht glücklicher, zufriedener oder mitfühlender gemacht, sondern hat unser Leiden vertieft, unsere Unzufriedenheit genährt und unsere Gemeinschaften geschwächt. Wir haben begrenzten wirtschaftlichen Ideen und Vorstellungen in den letzten Jahrzehnten zu viel Macht über unser Leben gegeben. Wir sollten das Monster zähmen. Und bevor wir dies tun können, müssen wir unseren eigenen Geist klären.

Dieses Buch zeigt in seinen drei Hauptkapiteln Alternativen zu einer Reihe etablierter wirtschaftlicher Begriffe und Konzepte. Ideen von Wachstum, Rendite, Gewinn und Erfolg werden herausgefordert. Das ökonomische Denken ist von falschen Ursache-Wirkungs-Vermutungen durchdrungen und agiert mit vergifteten Begriffen und Hypothesen. Macht uns unsere aktuelle Wirtschaft zufriedener oder liebevoller? Die meisten Ökonomen fühlen sich für diese und ähnliche Fragen schlicht nicht zuständig. Doch sie sind relevant, ja sie sind entscheidend. Eine Ökonomie, die unseren geistigen Wohlstand nicht im Blick hat, unser menschliches Potenzial nicht sieht und die unsere tieferen Bedürfnisse nicht verstehen und befriedigen kann, die hat versagt und sollte durch eine umfassendere Perspektive ersetzt werden.

Wir brauchen ein neues Leitbild für unser ökonomisches Handeln.

Ein neues Leitbild: Achtsam wirtschaften

Im Buddhismus heißt es: „Es ist der Geist, der unsere Welt erschafft." Unser Geist umfasst unser Denken, unser Fühlen, unser Urteilen und unsere Sinneswahrnehmungen. Unsere Ideen, Theorien, Werte und Erinnerungen sind Teil unseres Geistes. Unser aktueller Geisteszustand, unsere Stimmungen färben unser Alltagserleben ein. Sie erschaffen auch unsere wirtschaftliche Realität und lenken unsere alltäglichen wirtschaftlichen Handlungen. Die Wurzeln von Glück, Freude oder Zufriedenheit sind ebenfalls geistiger Natur. Wir sollten hohe Klarheit über unsere persönlichen geistigen Prozesse besitzen. Wir sollten wissen, wie unser Geist funktioniert. Nur wenn wir wissen, was wir denken und fühlen und wie wir wahrnehmen und urteilen, können wir die Welt tief verstehen und frei entscheiden. Der Schlüssel zu einer solchen geistigen Klarheit liegt in der Kultivierung von Achtsamkeit.

Achtsamkeit wird im Buddhismus als „royal state of mind" gesehen. Achtsamkeit ist die Fähigkeit unseres Geistes, die Dinge so zu sehen, wie sie wirklich sind. Achtsamkeit ist kein Konzept, sondern ein Geisteszustand, den wir wie einen Muskel trainieren können. In diesem Buch werden einige effektive und erprobte Methoden zur Kultivierung dieses Geisteszustandes vorgestellt. Im Mittelpunkt steht dabei, wie die Klarheit, die uns Achtsamkeit schenkt, unser Denken über wirtschaftliche Zusammenhänge revolutionieren kann.

Durch erhöhte Achtsamkeit können wir geistige Prozesse erhellen. Wir sehen, was wir uns vom Kauf eines Autos erwarten, welche Gefühle der Blick auf unser Girokonto auslöst und wie der Vergleich mit unseren Kollegen unseren Körper anspannt. Wir erforschen die tieferen Motivationen unserer Handlungen, legen das Wesentliche frei, dekonditionieren uns und erhalten so neue Freiräume. Wir betrachten unsere emotionalen Erwartungen beim Produktkauf, spüren unsere Unruhe beim Studieren der Aktienkurse und erkennen, wie wir durch Stress, ständiges Planen und Spekulieren die Schönheit des aktuellen Augenblicks verpassen.

Achtsamkeit bringt uns mit der lebendigen Wirklichkeit in Kontakt – mit dem Zauber des gegenwärtigen Moments. Wir leben nur jetzt. Nicht in der Zukunft und auch nicht in der Vergangenheit. Unser Leben ist aus

Gegenwart gemacht. Verpassen wir diese Gegenwart, verpassen wir unser Leben. Berühren wir den gegenwärtigen Augenblick tief und rennen wir nicht an ihm vorbei, öffnet sich ein Tor. Hier einige Effekte und Erfahrungen, welche die Achtsamkeitsschulung in das Leben und Arbeiten von Mitgliedern des Netzwerkes Achtsame Wirtschaft gebracht hat: Freude absichtslosen Gebens – Klarheit über Arbeitsgewohnheiten durch Arbeitsmeditation – Dankbarkeit für das Vorhandene – De-Identifikation mit materiellen und geistigen Besitztümern – Freude des einfachen Lebens – Kultivierung einer entspannten Grund- und Arbeitshaltung – Transparenz über heilsame und unheilsame Produkte – Stärkung persönlicher Impulsdistanz – Betonung von Inklusivität statt Exklusivität – Aufgabe der Idee des „Mittelheiligenden-Zweckes" – Meisterung schwieriger Emotionen – Stärkung der Genussfähigkeit – Halten des rechten Maßes – bewusste und freudige Selbstbeschränkung – Wahl einer ethischen Grundausrichtung und Einübung derselben – Erkennen wahrer Bedürfnisse – Schrittorientierung statt Leben in der Zukunft – Zähmung der eigenen Begierden.

Diese Erkenntnisse verändern unsere Arbeit, unseren Konsum und unseren Umgang mit Geld und Finanzen. In den Hauptkapiteln dieses Buches werden neben den oben genannten Themen eine Vielzahl weiterer Erkenntnisse und Erfahrungen vorgestellt, die unser wirtschaftliches Handeln umfassend verändern können. Hierbei sind die Erfahrungen von Hunderten Achtsamkeitsübenden eingeflossen. Achtsamkeit ist kein Zaubertrank, sondern ein Übungsweg. Ein geistiger Schlüssel, der uns zu einem Ausblick auf eine inspirierendere, sinnvollere, heilsamere Wirtschaft verhilft.

Mut zur Vision

Unser aktuelles Wirtschaftssystem bietet wenig Inspirierendes. Sieht man von einigen wenigen Unternehmerpersönlichkeiten ab, strahlt unsere Wirtschaft Kälte aus. Vielen von uns macht sie Angst, sie weckt in uns Ärger oder macht uns hilflos. Die Börse erscheint uns wie ein unberechenbares, wildes Tier, das mit seinen unvorhersehbaren Bewegungen ganze Branchen und Volkswirtschaften in den Abgrund reißen kann. Das kann es nicht sein. Wir brauchen eine andere Vision. Wir brauchen den Mut, eine andere Wirtschaft zu fordern und schrittweise im eigenen Leben zu erproben.

Wir brauchen das Herz, die Disziplin und die persönliche Erfahrung, dass wir wirtschaftliche Prozesse auch sinnvoller, achtsamer und liebevoller organisieren können. Das gibt uns die Kraft, eine wahrhaft inspirierende Wirtschaftsvision zu formulieren und zu leben.

Wie sähe unser Leben mit einer Wirtschaft aus, die ...

- ... uns keine Angst macht;
- ... uns dient, statt uns zu versklaven, und sich nicht zum Selbstzweck macht;
- ... unseren geistigen Wohlstand mehrt;
- ... uns zufriedener und nicht unzufriedener macht;
- ... unsere Lebensgrundlagen respektiert, hegt und nicht zerstört;
- ... Maß halten kann und nicht verschwendet;
- ... ethisch eingebunden ist;
- ... die Menschen näher zusammenbringt und nicht trennt;
- ... unsere wahren Bedürfnisse stillt und nicht künstliche oder unheilsame Bedürfnisse weckt und verstärkt;
- ... unseren Geist stärkt und ihn nicht ausbeutet;
- ... nicht von Gier, Unzufriedenheit, Neid und Misstrauen getrieben ist, sondern von Mäßigung, Dankbarkeit, Zufriedenheit und Vertrauen geleitet wird;
- ... weise Führungspersönlichkeiten, die auf Basis universeller ethischer Prinzipien agieren, als Vorbilder und Leuchttürme aufweist?

Wir brauchen eine solche Vision, um nicht an der „Normalität" des Status quo zu verzweifeln. Wir brauchen Geduld, Disziplin und Weggefährten. Und die Erfahrung, wie unsere Arbeit und alle anderen ökonomischen Prozesse schrittweise zu wahren Quellen von Glück, Freude, Verbundenheit und anderen geistigen Schätzen werden. Basis hierfür ist ein realistisches, entwicklungsbasiertes, positives Menschenbild.

Ein neues Menschenbild

Die Ökonomie hat mit dem „Homo oeconomicus" ein unrealistisches und negatives Referenzmodell des Menschen geschaffen. Niemand ist je einem Menschen begegnet, der sich wie ein eigeninteressierter, rational handelnder Nutzenmaximierer verhält, der mit feststehenden Präferenzen ausgestattet ist und auf der Basis vollständiger Information wie eine Maschine reagiert. Heute findet sich kaum noch ein Ökonom, der den Homo oeconomicus nicht als unrealistisches Konstrukt bezeichnet. Und dennoch prägt diese Kunstfigur, dieses fiktive Wesen weiterhin ökonomische Lehrbücher, volkswirtschaftliche Theorien und die Ideen über zentrale wirtschaftliche Ursache-Wirkungs-Zusammenhänge.

Psychologie, Philosophie, Soziologie und viele andere Wissenschaften haben auf vielerlei Wegen gezeigt, dass der Homo oeconomicus eine ungeeignete, fehlerhafte Modellierung des Menschen ist. Seit Tausenden von Jahren diskutieren die besten Denker der jeweiligen Zeit über die menschliche Natur. Wie funktioniert der Mensch? Was motiviert ihn? Jeder von uns hat in diesem Feld seine eigenen Erfahrungen gemacht – mit sich selbst und seinen Mitmenschen. Ist der Mensch von Natur aus gut oder böse, frei oder determiniert, triebgesteuert oder rational, ein Kind Gottes oder eine Ansammlung von Zellen? Die Meinungen gehen hier sehr auseinander.

Dieses Buch vertraut dem Menschenbild des Buddhismus. Der historische Buddha hat in einem sehr intensiven Prozess der Selbsterforschung und Meditation zentrale Erkenntnisse über die menschliche Natur gewonnen. Diese Erfahrungen machte er zur Grundlage seiner Lehre, dem Dharma. Die Erfahrungen des Buddha wurden über 2.500 Jahre von zahllosen Meditierenden, Dharma-Lehrern, Mönchen und Nonnen sowie Laienpraktizierenden bestätigt. Ein beispielloser empirischer Test, die Verifizierung eines Menschenbildes durch Millionen von Menschen, die jeder für sich zum gleichen Ergebnis kamen wie der Buddha selbst. Welche aktuelle Theorie ist über 2.500 Jahre von jeder Generation von Wissenschaftlern bestätigt worden? Welche Idee der Menschheit ist durch einen so langjährigen Untersuchungsprozess gegangen? Diese umfassende historische Verankerung in einer lebensnahen Praxis allein scheint es wert zu sein, sich mit dem buddhistischen Menschenbild und seiner Bedeutung für unsere heutige Zeit und Wirtschaft auseinanderzusetzen.

Zu welcher Erkenntnis kam der historische Buddha? Er kam zu dem Ergebnis, dass unsere wahre Natur grenzenlose Liebe, grenzenloses Mitgefühl und tiefe Weisheit ist. Dass wir durch Schulung unseren Geist so weit klären können, unsere wahre Natur zu erkennen, die Natur des Interseins – der wechselseitigen Verwobenheit allen Lebens. Er erkannte, dass alle Prozesse menschlichen Seins in steter Umformung begriffen sind und dass das Festhalten und die Identifikation mit einem nicht veränderlichen „Ich" zu mannigfaltigen Problemen führt. Durch geduldige Geistesschulung können wir unseren Geist so weit klären, dass unsere wunderbare, strahlende, wahre Natur immer mehr durchscheint.

Wenn wir dies hören, mögen wir skeptisch werden. Auch ich habe erst durch die Kultivierung von Achtsamkeit immer größeres Vertrauen in dieses Menschenbild gefasst. Indem ich mich auf die strahlende, liebevolle Natur meines Gegenübers beziehe und es nicht als berechnenden Egoisten sehe, verändert sich manches, wenn nicht alles. Es gilt, den Homo oeconomicus und seine Anverwandten in den verdienten Ruhestand zu schicken.

Der Buddha galt zu seinen Lebzeiten als Erleuchteter. Nicht weil er übermenschlich war, sondern weil er das menschliche Potenzial voll verwirklicht und ausgeleuchtet hat.

Wirtschaft der Fülle statt Mangelwirtschaft

Unser Wirtschaftssystem betont die Idee und das Lebensgefühl des Mangels. Je mehr wir besitzen und haben, umso mehr Dinge erscheinen uns gleichzeitig als unzureichend. Trotz immenser technischer Fortschritte und materieller Verbesserungen in vielen Lebensbereichen scheint uns etwas zu fehlen. Wir sind materiell reich wie keine Generation vor uns und leiden dennoch an Hunger. Doch dieser Hunger ist geistiger Natur und kann nicht durch eine weitere Innovationsrunde im Produkt- oder Dienstleistungsbereich gestillt werden.

In jedem Moment des Tages ist unser Geist in einem bestimmten Zustand. Mal sind wir ungeduldig und genervt. Mal freudig und entspannt. Die Summe dieser kleinen Momente bildet unsere Tage, Wochen, Monate,

Jahre und schließlich unser Leben. Wollen wir unser Leben in eine positive Richtung entwickeln, brauchen wir Mittel, um uns von geistigen Problemzuständen zu lösen und heilsame Geisteszustände in uns zu stärken und zu verankern. Wir wissen in der Regel genau, welche Geisteszustände unser Leben bereichern und welche uns auf Dauer zerstören. Machen Sie einmal das folgende Bewertungsspiel: Welche der folgenden Geisteszustände sollen in Ihrem Leben wachsen und welche lieber nicht?

Achtsamkeit – Ärger – Akzeptanz – Angst – Angespanntheit – Bescheidenheit – Dankbarkeit – Depression – Eifersucht – Freude – Furchtlosigkeit – Geduld – Gelassenheit – Glück – Gier – Innere Unruhe – Konzentration – Neid – Misstrauen – Mitgefühl – Selbsthass – Selbstliebe – Stolz – Unkonzentriertheit – Ungeduld – Unzufriedenheit – Vertrauen – Weisheit – Zufriedenheit – Zweifelsucht

In meinen Seminaren an der Universität St. Gallen sind sich die Studenten immer sehr einig, welche der hier aufgeführten Geisteszustände in ihrem Leben wachsen sollen. Sie wollen nicht von Ärger, Unzufriedenheit und Gier beherrscht werden. Sie wünschen sich mehr Vertrauen und Gelassenheit. Unklar ist ihnen eher, wie sie die heilsamen Geisteszustände stärken und die unheilsamen schwächen können. Und dies in einem Umfeld, das Unzufriedenheit, Konkurrenz und ein „Es-ist-nie-genug" Tag für Tag nährt.

Das, was uns zu fehlen scheint, ist bereits in uns. Es kann nicht durch Konsum, Karriere oder andere Erfolge im Außen erjagt werden. Konzentrieren wir uns auf unseren Geist und kultivieren wir Achtsamkeit, sehen wir, dass wir in einer Welt der Fülle leben. Wir konzentrieren uns weniger auf die materielle Dimension des Lebens und stärken die geistige Dimension unseres Daseins, die für unsere Lebensqualität von zentraler Bedeutung ist.

Eines der größten Missverständnisse unserer Marktwirtschaft ist die Annahme, dass die wichtigsten Güter, die zur Befriedigung unserer Bedürfnisse gebraucht werden, begrenzt sind. Dies mag für materielle Güter zutreffen. Die Güter, die für unser tieferes Wohlergehen in materiell wohlhabenden Gesellschaften entscheidend sind, sind jedoch immaterieller Natur. Liebe, Sinnhaftigkeit, Glück, Frieden, Freude, Zufriedenheit und andere Zustände unseres Geistes sind allesamt immaterieller Natur. Und: Diese „Güter" sind in unserem eigenen Geist unbegrenzt verfügbar. Sie führen die ökonomische Logik ad absurdum. Sie lassen sich nicht mit ökonomischen Prinzipien erjagen. Liebe, Freude, Frieden und Glück sind keine begrenzten Güter, die wir kaufen, dauerhaft besitzen oder anhäufen könnten. Wir müssen und können diese geistigen Schätze immer wieder aufs Neue berühren. Hierbei hilft uns unsere Achtsamkeit. Ein echtes Lächeln kennt keinen Preis. Es verschenkt sich und verbreitet sich im Zuge positiver Resonanzen.

Sprechen wir über achtsames Wirtschaften, sprechen wir von einer Wirtschaft, die nicht oberflächliche und unendliche Bedürfnisse befriedigt, sondern uns dabei hilft, auf einer tiefen, geistigen Ebene Zufriedenheit, Freude und Glück zu kultivieren. Hier hat unser aktuelles Wirtschaftssystem schlicht versagt. Trotz jahrzehntelangem Wachstum sind wir nicht zufriedener, freudvoller oder glücklicher geworden. Das zeigen wissenschaftliche Befragungen, die Untersuchungen von Glücksforschern und unsere eigenen Erfahrungen.

Die wertvollsten Dinge in unserem Leben, die Dinge, nach denen unser Innerstes am lautesten ruft, sind unbegrenzt vorhanden und kostenlos. Das ist eine revolutionäre Aussage, daher noch einmal: Das Wertvollste in unserem Leben ist unbegrenzt vorhanden und hat auf Märkten keinen Preis.

Geistiges Wachstum zur Priorität machen

Wir brauchen ein tiefes Verständnis der geistigen Dimensionen unseres Lebens, um nicht auf falsche Versprechungen anzuspringen. Gier bleibt unter allen Umständen Gier, und eine Wirtschaft, in der Gier und Verlangen zu Haupttreibern werden, hat die Kraft, uns ernsthaft zu verletzen, ja zu zerstören. Achtsamkeit hilft uns, die Verbindung von wirtschaftlichen und geistigen Prozessen in einem neuen Licht zu sehen. Im Kapitel „Wir sind die Arbeit" werden diese Prozesse genauer untersucht und Transformationsstrategien vorgestellt. Im Moment soll es reichen, die extreme Bedeutung der geistigen Dimension für unser Handeln in allen wirtschaftlichen Rollen, Zusammenhängen und Handlungsfeldern festzustellen.

In unserer Wirtschaft wird mit hohem Aufwand alles Mögliche gemessen: Einnahmen-Ausgaben, Gewinne-Verluste, Investitionen, Konsumausgaben, das Bruttosozialprodukt, Renditen und vieles mehr. Doch was wir brauchen, ist eine geistige Bilanz, die uns zeigt, ob wir als Gesellschaft unsere geistigen Schätze wie Freude, Glück und Zufriedenheit weiterentwickelt haben. Ist die Wahrscheinlichkeit, als Passant auf der Bahnhofstraße in Zürich ein Lächeln von einem anderen Passanten zu erhalten, in den letzten zehn Jahren gestiegen oder gefallen? Es kann nicht sein, dass bis heute nur ein einziges Land der Welt systematisch die Veränderungen des geistigen Wohlstandes im Rahmen eines Bruttoglücksproduktes erhebt und ernst nimmt: das Königreich Bhutan. Mit unseren ausgefeilten statistischen Methoden sollte es uns gelingen, ein differenziertes geistiges Bild unserer Gesellschaft zu erheben. Wir brauchen ein klares Verständnis davon, wie sich unser kollektiver Geist entwickelt, und davon, was wachsen soll und was nicht. Das undifferenzierte Gerede über Wachstum sollte ein Ende finden. Dies gilt auch für uns selbst. Für ein gelingendes Leben braucht es einen Glückskompass und ein Gefühl dafür, wie sich unser Leben entwickelt, was in unserem Leben wächst und was schrumpft.

Geistesformation	Jahr 1	Jahr 2	Veränderung
Mitgefühl	●●●○○	●●○○○	↓
Freude	●○○○○	●●●○○	↑ ↑
Zufriedenheit	●●●○○	●●●●○	↑
Dankbarkeit	●●●○○	●●●○○	
Angst/Unsicherheit	●●●○○	●●●●○	↑
Ärger/Wut/Aggression	●●●○○	●●●○○	
Depression	●●○○○	●●●●○	↑ ↑
Verlangen/Gier	●●●○○	●●●○○	

Abbildung 1: **Geistige Bilanz verschiedener Geisteszustände**

Das wahre Wachstumspotenzial liegt nicht auf unerschlossenen Märkten, sondern in uns selbst, ist nicht materieller, sondern geistiger und immaterieller Natur. Wirtschaftliche Aktivitäten sind darauf zu befragen, inwiefern sie einen positiven Beitrag zum geistigen Wachstum leisten oder ob sie vielmehr unheilsame Geisteszustände verstärken. Produkte, Unternehmen und Branchen, die ihr materielles Wachstum geistigen Ausbeutungsprozessen oder Notständen verdanken, sollten nicht gefeiert werden. Gemeinsam sollten wir Prozesse, Institutionen und Personen unterstützen, die Heilsames und Sinnvolles in die Welt tragen.

Gemeinsam sollten wir die unheilsamen Geisteszustände, die sich in unseren Wirtschaftsstrukturen, Unternehmen und unserem eigenen Geist eingenistet haben, erkennen und transformieren. Dies heißt auch:

- Nicht der Gierige ist unser Problem, sondern die Gier.
- Nicht der Träge ist unser Problem, sondern die Trägheit.
- Nicht der ewig Unzufriedene ist unser Problem, sondern die Unzufriedenheit.
- Nicht der Aggressive ist unser Problem, sondern die Aggressivität.
- Nicht der Geizige ist unser Problem, sondern der Geiz.
- Nicht der Unehrliche ist unser Problem, sondern die Unehrlichkeit.

Wir alle tragen die Samen von Gier, Trägheit, Unzufriedenheit, Aggressivität, Geiz und Unehrlichkeit in uns. Die Gier ist nicht irgendwo da draußen, in den Chefetagen und in den Börsensälen zu Hause. Sie wohnt in uns allen, auch wenn sie auf manchen Nährböden besser wächst als auf anderen. Wir sind nicht so anders als diejenigen, die wir als unsere Feinde ausmachen.

Vorgehen dieses Buches

Dieses Buch ist kein Buch „über" Wirtschaft. Abstrakte Analysen gibt es schon zur Genüge. In diesem Buch geht es um uns selbst und darum, wie wir selber die Wirtschaft schaffen können, die wir uns wünschen. Hierbei gilt es, im Kleinen zu beginnen.

In den drei Hauptkapiteln des Buches werden die zentralen Handlungsfelder achtsamen Wirtschaftens – **Arbeit, Geld und Finanzen** und **Konsum** – untersucht und vorgestellt. Wir werden uns sehr praktisch fragen, wie wir diese Felder nutzen können, um ein sinnvolleres, wacheres und freudigeres Leben zu führen. Hierbei helfen uns die Erfahrungen von verschiedensten Wirtschaftsakteuren mit der Achtsamkeitspraxis sowie die Weisheit von Zen-Meistern und Dharma-Lehrern, die uns wertvolle Hinweise für eine positive Transformation unseres aktuellen Wirtschaftssystems aufzeigen. Fokus ist dabei unser alltägliches Wirtschaftshandeln, seien es unsere Aktivitäten am Arbeitsplatz, unser täglicher Einkauf oder unsere Gedanken über mögliche Geldanlagen.

Die Handlungsfelder Arbeit, Geld und Konsum werden in vier Dimensionen systematisch untersucht.

1. Das „Wie?": Welche geistige Qualität und Wirkkraft besitzen unsere Taten? Welcher Duft geht von ihnen aus? Wie handle ich, wenn ich arbeite, mit Geld umgehe oder konsumiere? Welche Geisteshaltung nehme ich ein? (Beispiel: Arbeite ich gereizt oder freudvoll?)

2. Das „Was?": Was ist die wahre Natur von Arbeit, Geld und Konsum? Habe ich genügend Transparenz und Verständnis in diesen Feldern? Was ist für mich „normal"? Nach welchen Grundüberzeugungen richte ich mein Handeln aus und welche Wahlen treffe ich? (Beispiel: Was macht mein Geld gerade? Verstehe ich die Aktivitäten meiner Bank und unterstütze diese?)

3. Das „Wie viel?": Halte ich das rechte Maß? Stimmen die Relationen zu anderen Lebensbereichen und Lebenswelten? Wann ist es genug? (Beispiel: Wann bin ich satt?)

4. Das „Warum?": Was treibt mich an? Was ist meine tiefste Motivation? Was gibt meinen Taten Sinn? (Beispiel: Was ist für mich Erfolg?)

Wir können im Umgang mit Geld, Arbeit und Konsum die richtigen Dinge (Was?) in heilsamer Weise (Wie?), im rechten Maße (Wie viel?) und aus sinnvollen Gründen (Warum?) tun. Wir können aber auch die falschen Dinge in unheilsamer Weise, in destruktivem Maße und aus sinnlosen oder schädlichen Gründen tun. Um in diesem Feld den richtigen Kurs zu finden und zu bewahren, brauchen wir hohe Achtsamkeit. Die folgende Abbildung zeigt die Struktur der drei Hauptkapitel.

		THEMENFELDER	
	Arbeit	Geld/Finanzen	Konsum
Geistiger Duft (Wie?)	In welchem Geisteszustand arbeite ich? Welche Wirkung hat Arbeit auf mich?	Wie gehe ich mit Geld um? Wie wirkt der Umgang mit Geld auf meinen Geist?	In welchem Geisteszustand konsumiere ich? Welche Wirkung hat Konsum auf mich?
Wahre Natur/Substanz (Was?)	Was ist meine Arbeit im Kern? Was habe ich gewählt?	Was macht mein Geld? Verstehe ich meine Finanzen?	Was konsumiere ich? Verstehe ich das Konsumobjekt?
Angemessenheit/Maß (Wie viel?)	Wie viel arbeite ich? Stimmen die Relationen?	Wie viel verdiene und besitze ich? Wann ist es genug?	Wie viel konsumiere ich? Was ist mein Maß?
Motivation (Warum?)	Was ist meine tiefste Motivation zu arbeiten?	Was ist meine tiefste Motivation im Kontakt mit Geld und Finanzen?	Warum konsumiere ich? Was löst meinen Konsum aus?

(Zeile links vertikal: TATDIMENSIONEN)

Abbildung 2: Themenfelder und Tatdimensionen

Achtsamkeit zeigt uns auf konkrete Art und Weise, welche Wege in eine sinnvollere, nachhaltigere, dem Leben dienende Wirtschaft führen. Zunächst verändern wir die Wirtschaft im Kleinen. Durch unsere veränderte Arbeitsweise, unseren achtsamen Konsum und unseren bewussten Umgang mit Geld senden wir kleine Wirkungswellen in unser Wirtschaftssystem. Diese kleinen Wellen addieren sich auf und können eine Bewegung schaffen, die unsere Art, über Wirtschaft zu denken und wirtschaftlich zu handeln, revolutionieren kann.

Wir sind die Arbeit

Wie, wo und für wen arbeiten wir? Welchen Beitrag leistet unsere Arbeit? Was bedeutet uns Arbeit? Ergibt unsere Arbeit Sinn?

Arbeit. Was bedeutet Arbeit für uns? Was erwarten wir von ihr? Wo bringt sie uns Freude, wo macht sie uns Angst? Haben wir unsere Arbeit gewählt oder hat sie uns gefunden? Macht unsere Arbeit Sinn? Wie duftet sie? Fahren wir mit einem Lächeln zur Arbeit oder sind wir froh, wenn sie vorbei ist?

Arbeit hat in unserer Gesellschaft einen hohen Stellenwert. Außerhalb des Freundeskreises werden wir häufig mit unserer beruflichen Tätigkeit gleichgesetzt. Für unser persönliches Selbstverständnis und unsere Identität mag unsere Profession und Position eine wichtige Rolle spielen. Schließlich verbringen viele von uns den Großteil ihrer bewussten Lebenszeit mit Arbeit. „Wer bin ich?" Auf diese Frage antworten wir wie selbstverständlich mit einem: „Ich bin Arzt", „Ich bin Modedesignerin", „Ich bin Abteilungsleiter", „Ich bin Rentner" oder „Ich bin arbeitslos".

Wir erwarten viel von unserer Arbeit. Sie soll uns Glück, Freude und Sinn schenken. Sie soll uns Sicherheit, Zugehörigkeit und Anerkennung geben – und möglichst viel Geld für ein angenehmes Leben generieren.

Viele unserer Erwartungen an die Arbeit sind unrealistisch. Es ist ein wenig so wie in romantischen Vorstellungen von der Liebe. Wir meinen, der Partner sei es, der uns glücklich machen kann, und vergessen darüber, an unserer eigenen Liebesfähigkeit zu arbeiten. Unsere Arbeit kann uns nicht glücklich machen, wir müssen schon an unserer eigenen Fähigkeit zum Glücklichsein arbeiten. Was tun wir dafür?

Meine falsche Einstellung gegenüber der Arbeit hat mir über lange Jahre die Freude an der Arbeit geraubt. Arbeit war für mich etwas Ernstes, etwas Mühsames, etwas Angsteinflößendes. Arbeit war für mich mit Kampf verbunden. Meine Erwartungen an mich und meine Arbeit waren extrem hoch. Arbeit ohne sichtbaren und anerkannten Erfolg schien eine Katastrophe zu sein. Meine Arbeit war voller Extras, die ich in Form von Erwartungen, Ängsten und Träumen der reinen Tätigkeit hinzufügte. Diese Arbeitsmuster führten mich schließlich in Burn-out und Depression. Mir wurde klar, dass ich meine Einstellung zur Arbeit fundamental überprüfen musste.

Was veranstalte ich im Feld der Arbeit?

In den letzten 20 Jahren habe ich für viele verschiedene Unternehmen gearbeitet und dabei sehr unterschiedliche Aufgaben erfüllt. Was Arbeit allerdings in der Tiefe für mich bedeutete, wurde mir erst durch meinen Aufenthalt im Meditationszentrum Plum Village klar. Denn dort durfte ich meine Arbeitsgewohnheiten über einen Zeitraum von zwei Jahren in über 500 Arbeitsmeditationen erleben. Ich arbeitete als Autowäscher, Bauarbeiter, Chorleiter, Diskussionsleiter, Erntehelfer, Fahrer, Handwerker, Koch, Lagerist, Maler, Meditationshallenkoordinator, Müllmann, Organisator, Pfleger, Shopper, Simultanübersetzer, Toilettenputzer, Vorarbeiter, Zimmerdienst und vieles mehr.

Während dieser vielfältigen Tätigkeiten wurden viele meiner Überzeugungen zum Thema Arbeit zerstört. Jeder Arbeitstag hielt seine Lektionen bereit. Mir wurde klar, wie wenig mein Erleben von Arbeit von der Arbeit selbst abhing und wie sehr mein Geist die Tätigkeiten einfärbte. An einem Tag mit einer gewissen Grundgereiztheit wurde mir auch die angenehmste Aufgabe zum Ärgernis. An einem freudigen Tag konnte mir auch das ungeliebte Wändestreichen ein Lächeln ins Gesicht zaubern.

Im Feld der Arbeit blieb bei mir kaum ein Stein auf dem anderen. Es war eine Befreiung, ein Ablegen von innerem und äußerem Ballast. Ein Zerstören von Arbeitsmythen. Nach meiner Rückkehr ins gesellschaftliche

Arbeitsleben änderten sich über die Jahre zentrale Dimensionen meiner Arbeit massiv.

Ich hätte nie gedacht, dass unsere Sicht auf Arbeit von so vielen inneren Kräften beeinflusst und begrenzt wird. Mir wurde klar, wie viele Freiräume wir im Felde der Arbeit gewinnen, wenn wir uns im Prozess der Arbeit achtsam betrachten und tief in unsere Arbeitsüberzeugungen und -gewohnheiten schauen.

Im Folgenden werden wir vier zentrale Dimensionen unserer Arbeit näher betrachten und schauen, wie wir zu sinnvollen Arbeitshaltungen gelangen können.

Vier Tatdimensionen unserer Arbeit

Wir fragen uns nach **der geistigen Qualität, dem Duft, der Ausstrahlung unserer Arbeit**, nach unserer inneren Haltung und Wirkkraft. Wie arbeiten wir? Starten wir mit einem Lächeln oder mit zusammengebissenen Zähnen in den Tag? Welcher Ton macht die Musik? Zwei Personen können die gleiche Tätigkeit ausführen und sie dennoch völlig unterschiedlich erleben. Unsere geistige Haltung prägt jede Tätigkeit, die wir ausführen. Was wir ausstrahlen, wird von unseren Kunden, Mitarbeitern oder Vorgesetzten gespiegelt werden. Hier können wir ansetzen und mit konkreten Methoden die Ausstrahlung unserer Arbeit erkennen und verändern.

Wir fragen uns nach der **wahren Natur unserer Arbeit**. Was mache ich hier wirklich? Welche Auswirkungen hat diese Tätigkeit auf mich, mein Umfeld und die Welt? Wir schauen uns unsere Arbeit mit frischem Blick an. Wir hinterfragen Mythen und Schlagworte des Arbeitslebens. Wir erkennen die Dimensionen, in denen wir wählen können oder bereits gewählt haben. Durch diese Einsichten gewinnen wir Klarheit und Kraft, um uns von familiären oder gesellschaftlichen Standards, Bewertungsmaßstäben und Normalitäten zu lösen und unseren eigenen Weg zu gehen.

Wir schauen uns das **Maß unserer Arbeit** an. Laugt uns die Arbeit aus? Gehen wir über unsere Grenzen? Dominiert die Arbeit alle anderen Lebensbereiche? Können wir abschalten? Oder sind wir unterfordert und kämpfen gegen Lustlosigkeit und Trägheit an? Das Tempo hat in vielen Bereichen der Arbeitswelt stetig zugenommen. Konzentrierte Tatkraft braucht regelmäßige

Entspannung. Aktivität braucht Nichtaktivität. Kreativität ohne Muße und Reife erschöpft sich leicht.

Schließlich schauen wir in die **tiefere Motivation unserer Arbeit**. Was Arbeit für uns bedeutet, hat viel mit unserer familiären „Arbeitsgeschichte", gesellschaftlichen Arbeitsnormen und individuellen Erfahrungen zu tun. Wir machen uns nichts vor, sondern fragen uns ehrlich, was wir wirklich von unserer Arbeit erwarten. Was treibt uns an? Was lähmt uns? Wessen Urteil ist uns wichtig und aus welchen Gründen? Was ist der psychische Gewinn, den wir aus unserer Arbeit ziehen? Wir zeigen, dass klassische Motivationen und Motivationstrainings uns in die Irre führen können. Dass unsere Haltung zur Arbeit von einer unheilsamen Motivation angetrieben werden kann. Was wollen wir uns und anderen beweisen? Was erwarten wir uns von einer beruflichen Karriere? Wir sehen, dass die Qualität unserer tiefsten Motivation darüber entscheidet, ob uns Arbeit glücklich oder unglücklich macht. Der Schlüssel zu einem gesunden und sinnvollen Umgang mit Arbeit liegt in uns selbst verborgen. Beginnen wir mit dem Duft unserer Arbeit.

Der Duft der Arbeit

Wie arbeite ich? Welche Geisteszustände werden genährt? Was strahlt meine Arbeit aus? Wie duftet mein Arbeitsumfeld?

Wie duften meine Taten?

Wie wir unsere Arbeit erleben, hängt nur zum Teil von unserem Arbeitsumfeld ab. Zwei Menschen können ein und dieselbe Situation sehr unterschiedlich erleben. Entscheidend ist unsere Geistesverfassung. Sind wir gereizt und aggressiv, kann uns schon eine Kleinigkeit aus der Fassung bringen, sind wir hingegen entspannt und friedvoll, meistern wir auch schwierige, äußere Ereignisse ohne große Anstrengung. Im Buddhismus sprechen wir davon, dass alle Dinge ihren Ursprung in unserem Geist haben. Wird diese Aussage zur persönlichen Erfahrung, ändert sich unsere

Sicht auf die Welt radikal. Wir achten immer stärker darauf, in welchem Zustand wir die Welt gerade sehen und damit einfärben. Das „Wie" jeder Tätigkeit rückt in den Vordergrund. Wir verabschieden uns von der Vorstellung, dass es allein das gute Essen ist, das uns glücklich macht, sondern erkennen, dass die Art und Weise, „wie" wir essen, das Erleben unseres Essens maßgeblich prägt.

Jede unserer Tätigkeiten hat einen speziellen Duft. Beobachten wir zwei ICE-Schaffner bei ihrer Arbeit. Sie kontrollieren Tickets, beraten, geben Auskunft oder haben sich mit verärgerten Passagieren auseinanderzusetzen. Die Qualität und Wirkung all dieser Tätigkeiten hängt in hohem Maße von der Geistesverfassung des Schaffners ab. Strahlt er Freude, Gelassenheit und Konzentration aus, wird ihm Ähnliches entgegenkommen. Geht er hingegen mit Ärger, Anspannung oder Unfreundlichkeit durch seinen Zug, wird er auch diese Geisteszustände gespiegelt bekommen und eine gänzlich andere Welt erleben als sein Kollege.

Die buddhistische Psychologie unterscheidet heilsame und unheilsame Geisteszustände. „Heilsam bedeutet nützlich für uns selbst und andere. Unheilsam bedeutet schädigend für uns selbst und andere."[2] Heilsame Geisteszustände – oder anders: geistige Schätze – verbinden uns mit der Welt. Unheilsame Geisteszustände – oder anders: geistige Plagen – trennen uns von uns selbst und der Welt ab. Beispiele für heilsame Geisteszustände sind Vertrauen, Mitgefühl, Freude oder Zufriedenheit. Beispiele für unheilsame Geisteszustände sind Gier, Ärger, Stolz oder Neid.

Jeder dieser Geisteszustände liegt als schlafender Same in den Tiefen unseres Bewusstseins, auch Speicherbewusstsein genannt. Dort wartet er auf die richtigen Bedingungen oder einen Anstoß von außen, um geweckt zu werden, aufzusteigen und unser Alltagsbewusstsein zu prägen. Steigt wie in Abbildung 3 der Same der Freude auf, weil wir vielleicht einen alten Freund wiedersehen, werden wir zu einer freudvollen Person.

Berühren wir häufig heilsame Geisteszustände, werden diese stärker, kräftiger und manifestieren sich immer einfacher. Über die Zeit verändert sich so unser Speicherbewusstsein. Im positiven Zeitverlauf kann so aus Ausgeglichenheit eine tiefe innere Ruhe und schließlich unerschütterlicher

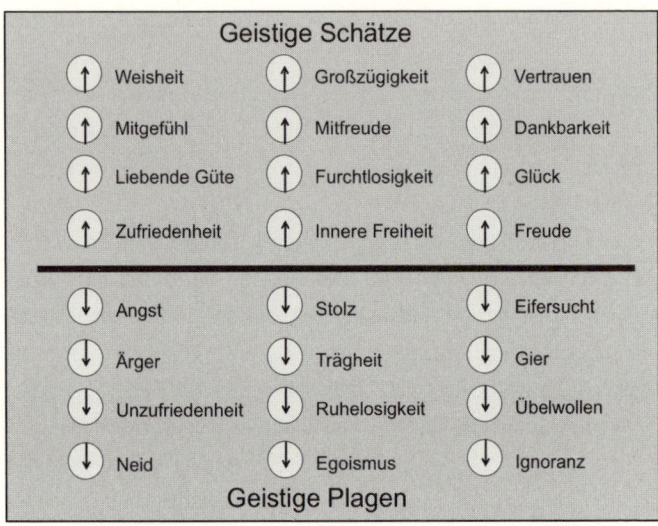

Abbildung 3: **Heilsame und unheilsame Geisteszustände (Auswahl)**

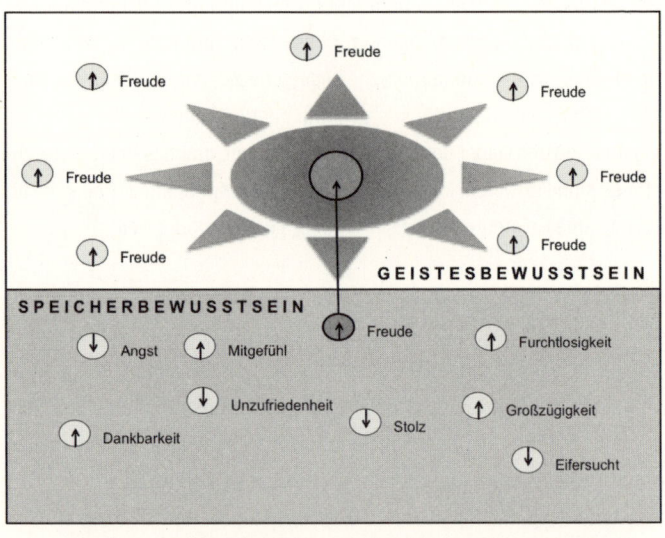

Abbildung 4: **Aufstieg eines Geisteszustandes ins Geistesbewusstsein**

Friede erwachsen. Im negativen Verlauf mag aus latenter Gereiztheit starker Ärger und schließlich blinde Wut oder gar Hass werden.

Der immaterielle Schatz einer Person, eines Unternehmens, aber auch einer Gesellschaft ist die Qualität der Samen im Speicherbewusstsein. Je stärker ein Same im Speicherbewusstsein ist, desto stärker beeinflusst dieser seinen Träger und sein Umfeld. Wenn wir im Urlaub vom Lächeln und der Freundlichkeit einer Volksgruppe wie den Balinesen berührt werden, dann begegnen wir indirekt den Samen der Freundlichkeit, der Großzügigkeit und der Brüderlichkeit, die tief im Bewusstsein dieses Volkes liegen. Diesen Garten des Bewusstseins gilt es zu pflegen (siehe „Die vier Transformationshebel nutzen" S. 54).

Wir sollten aufhören, die Ursachen unserer Probleme bei unseren Kollegen, Vorgesetzten, Mitarbeitern oder Kunden zu suchen, solange wir selber unheilsame und schlecht duftende Geisteszustände verbreiten. Es ist an uns, den eigenen Geruch wahrzunehmen und zu verändern. Achtsamkeit schenkt uns hierzu die Fähigkeit. Der erste Schritt hierzu lautet: „Ich weiß, wie ich rieche." „Ich weiß, was ich ausstrahle." Ich bin mir meiner Ungeduld, Gereiztheit etc. bewusst. Ich übernehme die Verantwortung für meinen geistigen Duft und erkenne an, dass fortgesetzter Ärger negative Konsequenzen in meinem Leben haben wird. Mit dieser Haltung übernehme ich die Verantwortung für meinen Geist und kann mit größerer Klarheit durchs Arbeitsleben schreiten.

Wirkungen unheilsamer Geisteszustände

An manchen Tagen geht uns unsere Arbeit schwer von der Hand, an anderen leicht. An manchen Tagen reiht sich Ärgernis an Ärgernis, an anderen Tagen scheint die ganze Welt unsere Arbeit zu unterstützen. An manchen Tagen „stinkt uns alles", an anderen strömt ein frischer Duft aus allen Tätigkeiten. Natürlich kann es an unserem Umfeld liegen, doch in den meisten Fällen liegt die Ursache für diese verschiedenen Arbeitserfahrungen in uns selbst, in unserer eigenen Geistesverfassung. Haben wir Mühe mit unserer Arbeit, werden wir meist bewusst oder unbewusst von einem der folgenden Geisteszustände beherrscht:

Unheilsamer Geisteszustand	Negative Wirkungen auf unsere Arbeit
Gereiztheit	Konflikte, falsche Wahrnehmung, schlechte Kommunikation, Verbreitung schlechter Stimmung
Angst	Herabgesetzte Intelligenz, selektive Wahrnehmung
Eifersucht	Herabgesetzte Kooperation, Trennung, Energieverschwendung
Unkonzentriertheit	Fehler, Zeitverschwendung, Missverständnisse
Unachtsamkeit	Unbewusstes Arbeitsverhalten, tiefere Dimensionen unserer Arbeit bleiben uns verborgen, Unfälle (körperlich, emotional, verbal ...), unklare Motivation
Ärger/Wut	Eskalation von Konflikten, Gewalt, Tunnelblick, Verbreitung von Angst, Trennung
Unzufriedenheit	Angespanntheit, Verpassen des Schönen, negative Fehlerorientierung, Negativität, Eifersucht, Konflikte
Gier	Unehrlichkeit, Maßlosigkeit, Rücksichtslosigkeit
Trägheit	Verschieberitis, herabgesetzte Tatkraft, Ineffektivität, fehlender Abschluss, Lähmung des Umfeldes
Ruhelosigkeit	Stress, ansteckende Nervosität, Angespanntheit, Burn-out-Gefahr, Zerstörung kollektiver Konzentration und Sammlung
Stolz	Selbstüberschätzung, Trennung vom Umfeld, inkorrekte Ursache-Wirkung-Zurechnung

Tabelle 1: **Unheilsame Geisteszustände und ihre mögliche Wirkung auf unsere Arbeit**

Viele Arbeitnehmer leiden unter berufsbezogenen Ängsten. Diese Angst parfümiert unsere Arbeitstage und strahlt zurück und führt zu Burn-out, Depression und Stress. Unzufriedenheit, Misstrauen, Gereiztheit, Stolz, Ungeduld, Eifersucht und Neid sind weitere Feinde von freudvollen und effektiven Arbeitstagen. Diese Geisteszustände nehmen uns die Fähigkeit, uns positiv mit unserem Umfeld zu verbinden, zu kooperieren und alle Parameter unserer Arbeitssituation klar wahrzunehmen. Auf Dauer machen sie uns krank, in jedem Fall aber unglücklich.

Achtsamkeit hilft uns wahrzunehmen, in welchem Zustand wir uns gerade befinden. Wir sollten es nicht zulassen, uns bei der Arbeit von unheilsamen Geisteszuständen beherrschen zu lassen, sonst

- ... produzieren wir falsche und verengte Wahrnehmungen,
- ... verbreiten wir schlechte Stimmung,
- ... leiden unsere Konzentration und Klarheit und
- ... wir geraten unter Stress.

Arbeitsmeditation oder was mache ich wirklich?

Die effektivste Methode, um in Kontakt mit dem eigenen geistigen Arbeitsduft zu kommen, ist für mich die Arbeitsmeditation. In den letzten fünf Jahren habe ich um die zwanzig Seminare geleitet, in denen Arbeitsmeditation als wichtiges Mittel zur Selbsterkenntnis eingesetzt wurde. Zen-Meister Hakuin sagt:

„Meditation in der Mitte der Aktivität ist der Meditation in der Stille tausendfach überlegen."

Für die Arbeitsmeditation werden meist einfache Tätigkeiten gewählt (z. B. Gemüse schneiden, fegen, spülen ...). Wir erhalten ausreichend Zeit, so dass wir unser gewohntes Arbeitstempo verlangsamen können. Die Verlangsamung hilft uns, klarer zu sehen, was wir gerade tun und erleben. Wir bleiben während der Arbeit in Kontakt mit unserem Atem und konzentrieren uns ganz auf die vor uns liegende Tätigkeit. Um immer wieder frisch zu werden, wird unsere Arbeit immer wieder durch Achtsamkeitsglocken unterbrochen. Dann praktizieren wir A-L-I: Atmen – Lächeln – Innehalten. Wird so geübt, stellt sich während der Arbeitsmeditation eine hohe Form der Achtsamkeit und Bewusstheit ein. Hier einige Aussagen von Teilnehmern dieser Seminare und meinen Retreats in Plum Village:

„Meine Aufgabe war ganz einfach – Karotten schneiden. Und dennoch kam ich in Stress. Niemand erwartete etwas von mir und dennoch spürte ich enormen Druck und Ungeduld in mir. Ich wollte die Arbeit möglichst schnell abhaken. In der Arbeit selbst schien es unmöglich

zu sein, mich zu entspannen. Es war sonnenklar, dieser Druck war hausgemacht."

„Mir wurde auf einmal klar, dass mich niemand zwingt, unachtsam zu arbeiten."

„In einem Gemeinschaftsklo in Frankreich habe ich zentrale Einsichten für mein Arbeitsleben gewonnen. Toilettenputzen? Das war immer etwas, das es zu vermeiden galt. Während der Arbeitsmeditation spürte ich meinen inneren Widerstand. Mein Gesicht verspannte sich. Immer wieder hielt ich inne, atmete dreimal langsam durch und bemühte mich, wie empfohlen der Kloschüssel zuzulächeln. Erst kam ich mir lächerlich vor, doch es half! In meinen vier Arbeitsmeditationen lernte ich, dass ich auch in einer Toilette freudvoll arbeiten kann. Mir wurde bei meiner Arbeit klar, wie mächtig das ‚Wie' einer Aktivität ist. Eine Lehre für all die anderen Tätigkeiten, mit denen ich Unangenehmes verbinde, und das sind nicht wenige."

Förderliche Geisteszustände in unserer Arbeit

Im Folgenden wollen wir die Wirkung einiger heilsamer Geisteszustände auf unsere Arbeit untersuchen. Neben der Kultivierung von Achtsamkeit im gesamten Arbeitsprozess konzentrieren wir uns auf die Wirkung und Kultivierung von Konzentration, Mitgefühl und Freude im Arbeitsalltag.

Achtsamkeit: Der königliche Geisteszustand

Wir beginnen mit dem „royal state of mind", dem königlichen Geisteszustand – dem Duft der **Achtsamkeit**. Was könnte wichtiger sein, als bei der Arbeit genau zu wissen, was wir gerade tun? Genau jetzt. Wir neigen dazu, der Zukunft und der Vergangenheit zu viel geistige Energie zu geben. Und verpassen dabei die Gegenwart.

Vielleicht sprechen wir mit einem Kunden und denken bereits an den noch gar nicht erteilten Auftrag. In unseren Gedanken errichten wir bereits die Anlage und kalkulieren Details durch. Dabei haben wir noch gar keinen Auftrag erhalten. Wir sind nicht vollständig präsent und in Gefahr, das

Wesentliche seiner Ausführungen zu verpassen. Wenn wir uns nicht in die Gegenwart zurückholen, bauen wir uns Luftschlösser und lassen unsere Energie in der Zukunft verpuffen.

Hier einige Effekte, die Achtsamkeit auf unseren Arbeitsalltag haben kann:

- Achtsamkeit kennt keine Routine – jeder Augenblick ist frisch und neu. Ist unsere Achtsamkeit hoch, lernen wir automatisch, ohne uns anzustrengen.

- Achtsamkeit macht sensibel für kleine und kleinste Veränderungen in Gesprächen, Meetings oder in uns selbst.

- Achtsamkeit hilft uns, die emotionale Dimension einer Situation zu erkennen und geschickt zu intervenieren.

- Achtsamkeit verbindet uns mit unserem Umfeld.

- Achtsamkeit hilft uns, mit unserer Energie hauszuhalten.

- Achtsamkeit hilft mir zu stoppen, wenn ich von unheilsamen Geisteszuständen beherrscht werde.

- Achtsamkeit beugt Konflikten und emotionalen Verstrickungen vor.

- Achtsamkeit hilft mir, meine Arbeit tiefer zu verstehen und effektiver zu arbeiten.

Hohe Präsenz verwandelt jede Situation. Gerade weil unsere aktuellen Arbeitswelten von geringer Präsenz geprägt sind, können wir hier einen entscheidenden Unterschied machen.

Phil Jackson, der erfolgreichste Basketballtrainer der NBA-Geschichte, erzielte nach eigener Aussage seine Erfolge mit den Lakers damit, dass er sein Team immer wieder ermutigte, sich voll auf den gegenwärtigen Moment zu konzentrieren und Achtsamkeit zu praktizieren.[1] Nicht zu viel zu planen, sondern die Einmaligkeit jedes Momentes eines Basketballspieles zu berühren. In diesem Zustand berührten seine Spieler „The Zone", einen Zustand, in dem nicht mehr gespielt wird, sondern es einen spielt, in dem alle Spieler zu einer Einheit und Geistesgegenwart finden, welche jedem Plan und jeder Strategie weit überlegen sind.

Konzentration: Der durchdringende und klärende Geisteszustand

Ein enger Freund der Achtsamkeit ist die **Konzentration**. Während Achtsamkeit uns in die Lage versetzt, uns mit der Fülle des gegenwärtigen Augenblickes zu verbinden, ist Konzentration die Fähigkeit, unsere Aufmerksamkeit über eine zeitliche Periode hinweg konstant bei einem Objekt zu halten. Wir sprechen auch von der Einspitzigkeit des Geistes. In der Lage zu sein, trotz Ablenkungen und Unterbrechungen fokussiert zu bleiben, ist in vielen anspruchsvollen Arbeitsfeldern ein Schlüssel zu Erfolg und Selbstbestimmung. Wir entscheiden uns bewusst für eine Aktivität und bleiben dran. Das Gegenteil von Konzentration ist Zerstreuung und Verzettelung. Wir bringen die Dinge nicht zu Ende oder gehen sie mit geringer „Brennkraft" an. Konzentration hat zahlreiche Vorteile für unser Arbeitsleben:

- Sie lässt uns tiefer in ein Problem oder eine Situation eindringen.
- Sie erhöht die Intensität unserer Arbeit.
- Sie schützt uns vor Ablenkung.
- Sie setzt klare Prioritäten.

Shunryu Suzuki drückt es so aus:

„In der Aktivität sollte Ruhe und in der Ruhe Aktivität sein."[2]

Doch Vorsicht. Konzentration hat auch eine Schattenseite, die vielen nicht bewusst ist. Hierzu ein Beispiel aus einer Arbeitsmeditation:

„Ein großer Abwasch ist zu bewältigen. Nachdem alle Teller und Schüsseln gespült sind, nimmt sich der Spüler den Elektromixer, taucht ihn mit hoher Konzentration in das Wasserbassin und spült ihn sorgfältig. Dabei ruiniert er das Gerät, denn es verträgt kein Wasser."

Dies ist ein Beispiel für falsche Konzentration. Wir blenden alles andere aus und konzentrieren uns nur auf eine Sache. Hierbei trennen wir uns vom Rest der Situation, was schlimme Folgen haben kann. Wir konzentrieren uns voll auf das Spülen und ruinieren den Mixer. Wir konzentrieren uns voll auf die Arbeit und verlieren unsere Familie aus dem Blick. Wir verbeißen uns so sehr in einen Aspekt eines Projektes, dass uns der Blick für das große Ganze abhandenkommt. Unsere Konzentration sollte immer mit Achtsamkeit gepaart sein, sonst kann sie uns verbrennen.

Mitgefühl: Der liebevolle Geisteszustand

Einer der wunderbarsten und effektvollsten Geisteszustände, die wir als Menschen entwickeln können, ist das **Mitgefühl**. Diese Eigenschaft des Geistes zu kultivieren, gilt im Buddhismus als höchstes Ziel und anzustrebende Grundhaltung für alle Situationen und Herausforderungen unseres Lebens. Mitgefühl (karuna) bezeichnet die Absicht und Fähigkeit, in uns selbst und anderen Leiden zu mildern und zu verwandeln.

Menschen wie der Dalai Lama oder der Friedensnobelpreisträger Muhammad Yunus verkörpern diese Fähigkeit. Sie sind durch ihre einfache Präsenz in der Lage, heilsam auf ihr Umfeld einzuwirken. Indem sie ihr Gegenüber verstehen und annehmen, können sie das verbinden, was andere trennen. Kultivieren wir Mitgefühl, geht von unseren Taten ein förderlicher Duft aus. Thich Nhat Hanh lehrt in seinen Vorträgen: „When you are full of compassion, even if you don't take action, action will take you."

Wir alle lieben es, wenn wir Menschen begegnen, die unsere Probleme tief verstehen und uns nicht be- oder verurteilen. Von denen ehrliche Wärme ausgeht. Gerade Führungskräfte haben hier enorme Wirkungsmöglichkeiten und hohe Verantwortung. Der Dalai Lama schreibt:

„Diejenigen, die einen neuen Vorstandsvorsitzenden wählen, sollten bedenken, dass diese Person dafür verantwortlich ist, dem Unternehmen ein starkes und warmes Herz zu geben. Kann er oder sie das?"[3]

Spüren wir diese Energie, sind wir bereit zu verzeihen, zu kooperieren, neu anzufangen. Burn-out, Stress, innere Kündigung, Konflikte mit Vorgesetzten oder Mobbing sind Symptome für den Verlust von Mitgefühl in vielen Arbeitsumfeldern.

Freude: Der verbindende Geisteszustand

Ein weiterer förderlicher Duft unserer Arbeit ist Freude. Ist Freude in unserer Arbeit präsent, geht sie uns leichter von der Hand. Mit einem Lächeln stellen wir die Verbindung zu unserem Umfeld sehr viel leichter her als mit einem verspannten oder gar ärgerlichen Gesicht. Das ist nichts Neues, doch im Unternehmensalltag gilt es, die eigene Freude bewusst zu nähren. Hier das Beispiel einer Angestellten:

> *„Mir ist klar geworden, dass ich aktiv etwas für meine Freude tun muss. Ich will mich nicht länger von der schlechten oder aggressiven Stimmung meines Umfeldes runterziehen lassen. Schon auf dem Weg zur Arbeit achte ich darauf, dem Busfahrer zuzulächeln, einsteigende Passagiere freundlich zu begrüßen und wünsche allen Mitfahrern in Gedanken alles Gute. Ich lasse mich nicht durch die griesgrämige Morgenstimmung in der S-Bahn herunterziehen, und wenn ich spüre, dass ich mich vom Ärger eines anderen anstecken lasse, suche ich mir ein natürliches Objekt der Freude. Den blühenden Flieder oder ein Kind, das Blickkontakt aufnimmt. So gehe ich ins Büro. Regelmäßig überprüfe ich, ob noch ein kleines Lächeln in meinem Gesicht ist. Immer wenn ich mich an mein Lächeln erinnere, spüre ich, wie ich mir und meinen Mitarbeitern etwas Gutes tue."*

Wir brauchen nicht auf ein perfektes Außen zu warten, das uns Freude bereitet, wir können selber mit einem Lächeln beginnen und damit den Ton für uns und andere setzen.

Wirkungen heilsamer Geisteszustände

Unsere Tätigkeiten sind nicht zu trennen von dem Geisteszustand, in dem wir sie verrichten. Duftet unsere Arbeit achtsam, konzentriert, mitfühlend und freudig, verändert sich ihre Wirkung radikal. Es ist offensichtlich. Wir haben weniger Konflikte, bekommen mehr mit, haben bessere Beziehungen, mehr Vertrauen, können wirkungsvoller helfen, verstehen Probleme tiefer und umfassender. Wer möchte schon gerne mit einer unachtsamen, zerstreuten, herzenskalten und mürrischen Person zu tun haben? Wer möchte selber so sein? Daher sollten wir uns um die Kultivierung der folgenden heilsamen Geisteszustände kümmern.

Geisteszustand	Positive Wirkungen auf unsere Arbeit
Achtsamkeit	Bewusstheit für zentrale Einflussfaktoren einer Situation, klare Wahrnehmung, Aufgeben von Vorurteilen, unvoreingenommenes Denken, Frische
Konzentration	Getting-things-done, hohe Eindringtiefe, Konzentration auf das Wesentliche
Mitgefühl	Herzliche Verbindung mit unserem Umfeld, Verständnis, Empathie, Brüderlichkeit, Kooperation
Freude	Leichtigkeit, Verbindung mit Umfeld, Eigenmotivation
Geduld	Reifen lassen können, Vermeidung von Aktionismus und Kurzfristdenken
Zufriedenheit	Stressvermeidung, Genussfähigkeit, Dankbarkeit
Furchtlosigkeit	Freiheit, Ehrlichkeit, klare Sicht, Mut, unangenehme Wahrheiten auszusprechen
Großzügigkeit	Investition/Saat in die Zukunft, Freude am Geben, Nutzenstiftung durch Teilen
Dankbarkeit	Verbindung mit anderen Akteuren und Einflüssen, Wertschätzung der Arbeit anderer
Demut	Vermeidung eines unrealistischen Selbstbildnis, Sicht für das Ganze

Tabelle 2: Heilsame Geisteszustände in ihrer möglichen Wirkung auf unsere Arbeit

Viele Menschen leiden an ihrer Arbeit, weil sie in ihrer Arbeit wenig heilsamen und vielen unheilsamen Geisteszuständen ausgesetzt sind. Sie fragen: „Was kann ich denn machen? Unsere Führungskräfte sind hektisch, unachtsam, aggressiv und zeigen wenig Mitgefühl. Was kann ich als Einzelner dagegen tun?" Es ist nicht einfach, in einem destruktiven Umfeld konstruktiv zu bleiben. Zunächst können wir unsere eigene Wahrnehmung überprüfen und schauen, was wir an Urteilen, Emotionen und Spannungen in unsere täglichen Interaktionen einspeisen. Denn das können wir ändern. Wir können unseren Geist trainieren. Das Heilsame stärken und das Unheilsame nicht nähren. Und wenn wir erkennen, dass wir dennoch nicht gegen unser destruktives Arbeitsumfeld ankommen, dann sollten wir versuchen, uns ein besseres zu suchen. Wir tragen die Verantwortung für unseren Geist. Auf diesem Weg helfen uns einige Arbeitsprinzipien und Methoden, die im nächsten Abschnitt vorgestellt werden.

 ## *Methoden der Achtsamkeitsschulung*

Achtsames Atmen:
Körper und Geist zusammenbringen

Als Menschen entwickeln wir unsere höchste Einsichtsfähigkeit, wenn Körper und Geist als Einheit agieren. Üben wir uns darin, Körper und Geist eins werden zu lassen, entwickeln wir auf natürliche Art und Weise höhere Präsenz, Geistesgegenwart und Klarheit. Unser Verstand und unser rationales Denken kann nur einen Ausschnitt einer komplexen Situation durchdringen. Bauchgefühl, Intuition, emotionale Intelligenz: all dies braucht wachen Kontakt zum Körper.

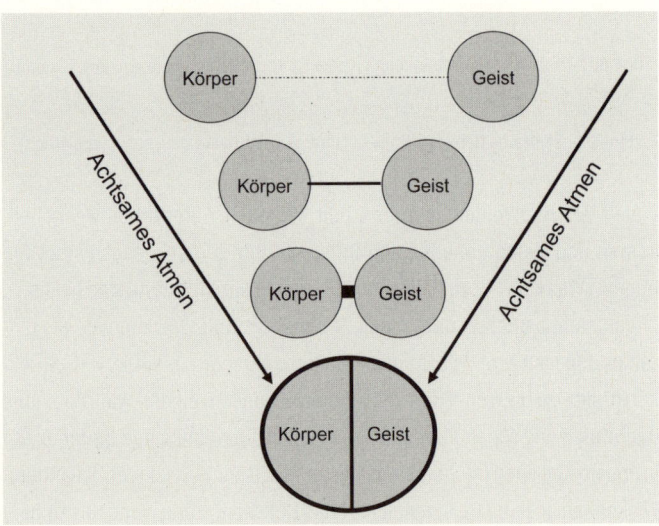

Abbildung 5: Körper und Geist zusammenbringen

Doch während des Arbeitsalltages driften Körper und Geist immer wieder auseinander. Wir sitzen vor dem Laptop, lassen die Gedanken schweifen und vergessen, dass wir einen Körper besitzen. Wir sitzen in einem Meeting und träumen uns fort in den Urlaub. Wir gehen durch die Stadt, telefonieren mit einem Kunden und nehmen weder unser Umfeld noch Schritte und Atem wahr.

Es ist die Methode des achtsamen Atmens, die uns dabei helfen kann, Körper und Geist während aller Aktivitäten zusammenzuhalten und unsere Wachheit zu bewahren.

Wenn wir während der Arbeit nur einen Teil unser Aufmerksamkeit dem Atmen widmen, verwandeln wir diese Aktivität. Versuchen Sie es einmal. Setzen Sie sich aufrecht hin und atmen sie bewusst und entspannt dreimal ein und aus. Lächeln Sie sich freundschaftlich zu. Nehmen Sie das Buch in beide Hände, spüren Sie den Kontakt Ihrer Hände mit dem Buch. Folgen Sie nun beim Lesen Ihrem Atem.

Einatmend weiß ich, dass ich einatme –
ausatmend weiß ich, dass ich ausatme.

Spüren Sie eine Qualitätsveränderung? Nutzen wir unseren Atem als Anker unserer Achtsamkeit, schaffen wir ein solides Fundament für unsere Präsenz und Bewusstheit. Unser Atem begleitet uns überallhin, bis zum letzten Atemzug steht er uns als Freund und Zufluchtsort zur Verfügung.

Achtsamkeitsglocken – Innehalten im Arbeitsstrom

Achtsamkeitsglocken sind Hilfsmittel, die uns daran erinnern, dass wir Achtsamkeit praktizieren wollen. In der „Quelle des Mitgefühls" in Berlin wird diese Praxis wie folgt vorgestellt:

„Bei deiner Ankunft hörst du vielleicht den Ton einer Glocke und die Menschen um dich herum halten plötzlich inne, hören auf zu reden und stoppen ihre Bewegungen. Es könnte das Klingeln des Telefons sein, das Schlagen einer Uhr oder das Läuten der Klosterglocke. Dies sind unsere Glocken der Achtsamkeit. Wenn wir den Klang einer Glocke hören, entspannen wir unseren Körper und werden uns unseres Atems bewusst. Wir tun das mit Leichtigkeit und Freude, ohne

Feierlichkeit oder Anspannung. Wenn wir das Läuten dieser Acht-
samkeitsglocken hören, unterbrechen wir unsere Gespräche.
Was auch immer wir gerade tun, wir lenken unsere Achtsamkeit
auf unser Atmen. Das Läuten der Glocke hat uns gerufen:
Horch, horch, dieser wundervolle Klang bringt mich zurück zu
meinem wahren Zuhause.

Diese regelmäßige Unterbrechung unserer Routinen ist sehr kraftvoll
und bringt uns immer wieder in Kontakt mit der Realität, die direkt
vor uns liegt. In der Dynamik eines Arbeitstages, wenn wir müde
werden oder sich eine schlechte Laune in uns breitmacht, hilft uns
eine solche Glocke, uns zu erfrischen und uns nicht in Negativität
oder Unbewusstheit fallen zu lassen. Die Achtsamkeitsglocke ist eine
Erinnerung, ein Zeichen, ein freundschaftlicher Schubs in Richtung
Achtsamkeit. Ich genehmige mir drei achtsame Atemzüge und sammle
mich wieder.“

Eine ausgezeichnete Achtsamkeitsglocke ist unser Telefon. Statt unmittelbar zum Telefon zu greifen und zu antworten, nutzen wir das Telefon
als bewussten Stopp und machen drei achtsame Atemzüge. Oder wir
installieren ein Achtsamkeitsprogramm auf unserem Rechner. Ich nutze
ein solches für lange Stunden am Computer und lasse mich in frei defi-
nierbaren Zeiträumen mit einer Glocke (oder einem anderen Ton) daran
erinnern, kurz innezuhalten. Gleichzeitig erscheint ein Textfeld in der Mitte
des Bildschirms und grüßt mich mit dem Motto meiner Arbeitswoche.[4]
Weitere Achtsamkeitsglocken können rote Ampeln, klemmende Türen,
Kirchturmglocken, die Bäume vor unserem Fenster oder das Geräusch
eines abfahrenden Busses sein. In meinen Seminaren verteile ich Klebe-
punkte. Diese heften wir an Gegenstände oder Stellen, an denen wir leicht
unsere Achtsamkeit verlieren. Beliebte Stellen sind Kühlschranktüren, der
Powerknopf des Laptops, Fernbedienungen aller Art, die Espressomaschine,
das Handy oder Kreditkarten. Arbeiten wir mit Achtsamkeitsglocken, bauen
wir natürliche Minipausen in unseren Alltag ein, die unser Denken immer
wieder zur Ruhe bringen und es verhindern, dass negative Emotionen zu
viel Platz einnehmen.

Gehmeditation – Achtsames Gehen

Von allen Methoden der Geistesschulung, die ich im Laufe der Zeit kennen gelernt habe, ist die Gehmeditation für mich die erstaunlichste und effektivste. Gehmeditation hat mein Leben verändert, indem sie mich lehrte, dass jeder Schritt, jeder Augenblick meines Lebens, seinen Wert, seine Würde, seine spezielle Qualität und seine unvermeidliche Wirkung hat.

Wir können ärgerlich oder entspannt gehen. Wir können getrieben oder frei gehen, aufrecht oder gebückt, bewusst oder unbewusst, freudig oder betrübt. Unser Leben ist die Summe vieler kleiner Schritte. Gehmeditation lehrt uns, dass wir über die Qualität unserer Schritte selbst entscheiden können. Wir entspannen unseren Körper, folgen unserem Atem und synchronisieren unsere Schritte mit dem Ein- und Ausatmen. Das Meditationszentrum Plum Village beschreibt den Geist der Gehmeditation so:

> *„Wir gehen, nur um zu gehen. Wir gehen mit Freiheit und Stabilität und ohne Hetze. Wir sind mit jedem Schritt präsent. Und wenn wir reden wollen, halten wir an und geben unsere volle Aufmerksamkeit der anderen Person, unseren Worten und dem Zuhören."*

Unsere Schritte geben uns eine erstaunlich exakte Rückmeldung über unseren aktuellen Geisteszustand. Mit jedem Schritt können wir neu beginnen und einen heilsamen Geisteszustand einladen. Gehmeditation kann überall und von jedem praktiziert werden. Thich Nhat Hanh schreibt:

> *„Ich kenne einen Unternehmer, der immer, wenn er von einem Gebäude zum anderen geht, achtsames Gehen praktiziert. Statt zu rennen, nimmt er sich ausreichend Zeit, um jeden seiner Schritte zu genießen. Und während der Zeit, in der er von einem Gebäude zum anderen schreitet, hört er gänzlich auf, über seine Geschäfte nachzudenken. Er weiß, wie man sich selbst liebevoll behandelt."*

Ich habe die Kraft der Gehmeditation in verschiedensten Kontexten kennen lernen dürfen und habe sehr unterschiedliche Gruppen in dieses Abenteuer begleitet. Achtsamen Schrittes sind wir durch Städte wie Berlin, Hamburg, Zürich, Wien, Krems, Schliersee, Erlangen, Lüneburg und St. Gallen gegangen. Zu fünft, zu zehnt, mit 50 und mit 500 Personen. Diese Gänge hinterlassen häufig einen tiefen Eindruck in den Teilnehmern.

„Es war meine erste Gehmeditation und sie führte ausgerechnet über eine Strecke, die ich seit Jahren auf dem Weg zur Arbeit entlanggehe. Welch eine Überraschung. Mir war es, als ob ich diesen Weg zum ersten Male ginge. So viele Einzelheiten, Stimmungen und Geräusche nahm ich zum ersten Mal war. Und auch ich selbst war ein anderer. Nicht gehetzt, konnte ich meinen Büroweg genießen. Das habe ich mitgenommen. In jedem Gang zum Büro integriere ich heute Gehmeditation und ich komme viel entspannter und freudiger am Arbeitsplatz an.“

Gehmeditation ist keine Technik des Rückzugs, die wir nur in Sondersituationen oder allein im Wald praktizieren können. Durch achtsames Gehen können wir mitten im Arbeitsgeschehen unsere Konzentration und Achtsamkeit stärken und Freiheit gewinnen. Es reicht, wenn wir unser normales Gehtempo um 20 Prozent reduzieren und achtsam atmen. Üben wir so, werden wir nicht sozial auffällig.

Wenn wir ärgerlich von unserem Schreibtisch aufstehen, um ein Meeting zu besuchen, helfen uns mit der Zeit schon einige achtsame Schritte, um uns zu erden und mit positiveren Energien zu verbinden. Wenn wir im Meetingraum ankommen, sind wir bereits ein anderer. Das ist die Kraft, die Effektivität und das Wunder der Gehmeditation.

Achtsames Zuhören

Kennen Sie Gesprächsrunden, in denen nicht wirklich zugehört wird? In denen eine Person spricht, während die anderen geistesabwesend sind oder durch ihre Körperhaltung Widerstand oder Desinteresse ausdrücken? Kennen Sie Arbeitstreffen, in denen parallel E-Mails und SMS geschrieben werden oder Parallelgespräche entstehen? In solch unkonzentrierten Kommunikationsfeldern spüren wir schnell, wie unser Energieniveau absinkt. Wir sind nicht miteinander verbunden. Und ohne tiefen Kontakt zwischen Redner und Zuhörer hört die natürliche und klare Übertragung von Informationen auf. Unser Verständnis wird bruchstückhaft, Missverständnisse entstehen zwangsläufig.

Um tiefes Zuhören zu unterstützen, setze ich in meiner Arbeit ein bewährtes Hilfsmittel ein. Bevor ich mit einem Seminar, Vortrag oder Retreat beginne, lasse ich immer eine kleine Stabglocke erklingen. Diese lädt die Zuhörer ein, sich zu entspannen, dem eigenen Atem zu folgen und so mit sich selbst in tieferen Kontakt zu treten. Wir beenden innere Monologe und öffnen uns für das Zusammensein mit anderen. Der Klang der Glocke erinnert uns, dass wir einander zuhören wollen.

Meine Empfehlung lautet, während eines Vortrags nicht zu viel über den Vortrag nachzudenken und nicht in einen Parallelvortrag abzudriften, der uns mit seinen Wertungen, Kommentaren, Spekulationen und Assoziationen vom Vortragenden entfernen wird. Ich empfehle weiter, sich beim Hören nicht anzustrengen und stattdessen ruhig beim eigenen Atem zu bleiben. Keine Notizen zu machen. Das klingt für manchen zunächst etwas schräg. Doch hören wir so zu, machen wir meist eine erstaunliche Erfahrung. Durch wiederholtes Stoppen stellt sich ein innerer Raum ein, der das Gehörte umfassend aufnehmen kann, ohne es analytisch untersuchen zu müssen. In diesem Raum ist viel Platz für andere Meinungen und Sichtweisen. Wir können Andersdenkenden zuhören, ohne emotional einzusteigen oder in Bewertungen zu gehen. Wir können Dinge stehen lassen und müssen sie nicht auskämpfen. Hören wir so zu, verändern sich unsere Beziehungen zu Kunden und Mitarbeitern.

Die Kraft und Tiefe unseres Zuhörens ist maßgeblich dafür, was wir erfahren und lernen können. Die Qualität unseres Zuhörens beeinflusst sogar, was sagbar ist und was nicht. Wem nicht zugehört wird, der spricht in der Regel wenig Wesentliches aus. Wem zugehört wird, der spricht wesentlicher, respektvoller, offener und liebevoller. Wir sollten die Situationen, in denen wir nur mit wenig Aufmerksamkeit oder negativer Energie zuhören, beharrlich aus unserem Leben verabschieden. Alles andere ist Verschwendung und führt zu Frustration und Trennung.

Beurteilen Sie selber die Qualität und den Klang ihrer Meetings und Gespräche. Indem wir unser eigenes Zuhören vertiefen, finden wir mit der Zeit auch Gelegenheiten, Methoden des Innehaltens, achtsamen Atmens und tiefen Zuhörens in unsere Arbeitsumfelder einzuführen.

Das Lächeln zur Grundhaltung machen

Wir haben schon über die Kraft der Freude gesprochen. Und wir wissen, dass uns mit einem Lächeln auf den Lippen alles leichter fällt. Es ist nicht hilfreich, mit einem ärgerlichen Gesicht durch den Tag zu gehen. Egal wie sinnvoll unsere Arbeit ist, ohne ein Lächeln wird es schwer. Wir sind die Wirtschaft. Und heute wird dort zu wenig gelächelt. Wenn wir die Wirtschaft sind, dann sollten wir eine Wirtschaft schaffen, in der das entspannte Lächeln zur Grundhaltung gehört. Ein solches Lächeln gilt es zu üben. Es entsteht in unserem eigenen Gesicht. Bewusst ein Lächeln in unsere Arbeit einzuladen, kann unsere Arbeit sehr verändern.

Eine Bekannte von mir unterrichtet Lachyoga und führt durch einfache Übungen innerhalb einiger Minuten fast jeden in ein großes Gelächter. Ein entspanntes Lächeln entspannt unser Gesicht und strahlt von dort in unseren ganzen Körper aus. Schenken wir uns und anderen ein Lächeln! Ein Lächeln, das uns einlädt, über uns selbst zu lachen, uns nicht zu ernst zu nehmen. Ein Lächeln, das unsere eigenen Fehler anerkennen kann. Ein Lächeln, das in Kontakt mit unseren schwierigen Emotionen treten kann und ihnen Beachtung und Fürsorge signalisiert. Lächeln wir so, verwandeln wir unsere Arbeit und unsere Beziehungen. Wir parfümieren unsere Arbeit und beschenken so unsere Mitarbeiter, Kunden, Vorgesetzten und alle anderen, denen wir im Laufe eines Arbeitstages begegnen.

 ## Unsere Arbeitshaltung ändern

Die vier Transformationshebel nutzen

Achtsames Atmen, Arbeitsmeditation, Gehmeditation, tiefes Zuhören, Lächeln und das Üben mit Achtsamkeitsglocken trainieren unsere Achtsamkeit auf unterschiedliche Weise. Wächst durch dieses Training unsere Achtsamkeit und Präsenz, können wir klarer sehen, was wir fühlen, denken, wahrnehmen und was in unserem Umfeld passiert. Erst durch diese Klarheit haben wir einen Hebel in der Hand, unseren Geist geduldig und entschlossen zu verändern. Erst Achtsamkeit schafft die Voraussetzung, die im Folgenden vorgestellten vier Transformationshebel (Abbildung 6) oder Methoden des rechten Bemühens anzuwenden und den Duft unseres Geistes geduldig zu transformieren.

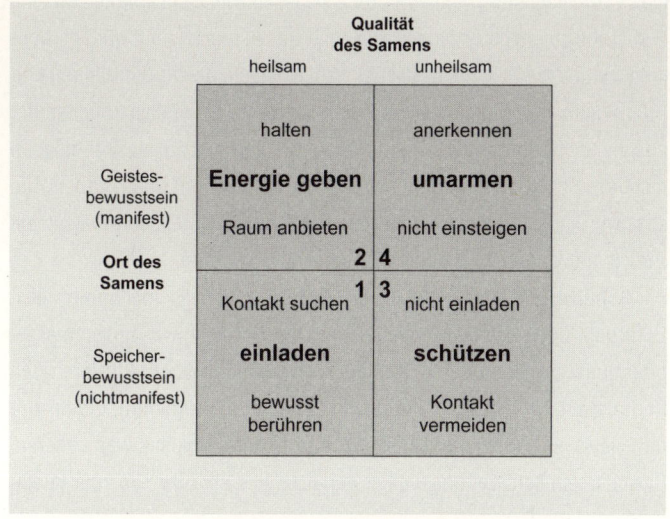

In unserem Speicherbewusstsein befinden sich alle Geisteszustände in Form von Samen oder Potenzialen. Diese sind entweder heilsamer oder unheilsamer Natur und entweder schlummernd (nichtmanifest) oder bereits aktiv und aufgestiegen (manifest). Hieraus ergeben sich vier Hebel zur Transformation unseres Bewusstseins:

Einladen. Wir laden noch nicht manifeste heilsame Samen ein, sich zu manifestieren. Wir spüren, dass unsere Achtsamkeit abwesend ist? Gehen wir ein paar bewusste Schritte und laden wir Achtsamkeit ein! Wir sind auf uns selbst ärgerlich? Wünschen wir uns selbst im Rahmen einer Meditation der liebevollen Güte Gutes („Möge ich glücklich sein und frei von Ärger und Unzufriedenheit.")! Indem wir aktiv das Heilsame in uns ansprechen, führen wir unserem Bewusstsein heilsame Nahrung zu. Indem wir Freude berühren, werden wir selbst zu Freude. Der Buddha lehrt: „Es gibt keinen Weg zum Glück, Glück ist der Weg."

Energie geben. Wir freuen uns bereits. Der heilsame Same ist schon aufgestiegen und strahlt aus. Nun können wir dafür sorgen, dass wir unserer Freude Raum und Zeit in unserem Bewusstsein geben und sie nicht gleich vom nächsten Impuls verdrängen lassen. Vielleicht erhalten wir eine E-Mail von einem guten Freund, der unsere alte Freundschaft würdigt. Nehmen wir uns die Zeit, ein wenig bei diesem Gefühl der Verbundenheit und Brüderlichkeit zu bleiben. Öffnen wir nicht gleich die nächste Mail, in der uns vielleicht eine ärgerliche Kundenbeschwerde erwartet. Wir müssen nicht am Schönen vorbeirennen, sondern können ihm Raum geben. Die so gewürdigten Geisteszustände kehren gestärkt ins Speicherbewusstsein zurück und können in Zukunft leichter aktiviert werden.

Schützen. Wir achten darauf, das Aufsteigen unheilsamer Samen nicht zu fördern oder zu provozieren. Wir sind uns bewusst, was unseren Ärger oder unsere Unzufriedenheit nährt. Wir vermeiden oder reduzieren den Kontakt mit Personen, Situationen, Medien oder Umfeldern, die unsere unheilsamen Samen aktivieren. Wir werden uns bewusst, was unserem Bewusstsein schadet und was es vergiftet, und schützen uns mit intelligenten Methoden.

Umarmen. Wir geben aufgestiegenen unheilsamen Samen keine zusätzliche Energie. Wir steigen nicht emotional ein, verfolgen achtsam unseren Atem und gießen kein Öl ins Feuer. Wir lassen unsere Wut nicht wüten, unsere Unzufriedenheit nicht eskalieren, sondern nehmen lediglich achtsam wahr, was gerade passiert. Indem wir einen unheilsamen Geisteszustand auf diese Art und Weise umarmen, verliert er an Energie und kehrt geschwächt ins Speicherbewusstsein zurück.

Nutzen wir diese vier Hebel im Alltag, werden wir zum aktiven Gärtner unseres Bewusstseins. Wir stärken das Heilsame und schwächen das Unheilsame.

Schrittorientierung

Je tiefer unsere Achtsamkeit wird, desto klarer sehen wir die Bedeutung jedes kleinen Schrittes. Viele von ihnen scheinen unscheinbar oder unbedeutend zu sein. Wir schreiben Routine-E-Mails, trinken Kaffee, telefonieren, besuchen Meetings, gehen zur Toilette, grüßen Kollegen, treffen Kunden, machen eine Pause, essen zu Mittag oder arbeiten an einer Präsentation. Schrittorientierung bedeutet, jede dieser Aktivitäten in Achtsamkeit auszuführen und ihre Bedeutung, Wirkung und ihren Sinn zu sehen. Nichts ist unbedeutend. Der freudige Gruß auf dem Gang fließt ins nächste Meeting ein. Die entspannende Pause entspannt die anschließenden Arbeitsschritte.

Im ökonomischen Denken steht häufig die Zukunft im Vordergrund. Wir formulieren Strategien, Pläne und Ziele, definieren Meilensteine, Planumsatzzahlen oder Karriereziele. Der aktuelle kleine Schritt, der aktuelle Tag scheint unbedeutend im Vergleich zu den großen Zielen der Zukunft. Wir lernen, die Gegenwart zugunsten der Zukunft zu opfern. Diese Maxime durchwebt unser Bildungssystem (zukünftige Abschlüsse), die Börsen (zukünftige Gewinne) und die Politik (zukünftige Wahlen) gleichermaßen. Wir machen uns so viele Gedanken über die Zukunft, dass wir die Gegenwart verpassen können. Verliere ich meine Präsenz inmitten der Aktivität(en), verlieren meine Handlungen an Klarheit, Wirkungskraft und häufig genug auch an Freude und Mitgefühl. In einer Austauschrunde berichtet ein Manager:

> *„Erst habe ich aufs Abitur gelernt, dann hatten Vordiplom, Diplom und Promotion Priorität. Immer tauchte der nächste Gipfel auf. Im Beruf ging es so weiter. Als meine Frau die Scheidung einreichte, verstand ich den Grund nicht. Erst ein Infarkt brachte mich zur Besinnung. Ich sah, dass ich mein ganzes Leben am Wesentlichen vorbeigerannt war. Meine Kinder waren da, doch ich war nicht für sie da. Auch im gemeinsamen Spiel dachte ich weiter an meine Projekte. Nun lerne ich, mich auf den aktuellen Schritt zu konzentrieren und es ist so, als ob ich in ein ganz neues Leben eintrete. Wie konnte ich so blind sein."*

Wenn ein Ziel in der Zukunft dazu führt, dass wir über lange Strecken unglücklich, angespannt oder ärgerlich sind, stimmt etwas nicht. Unser Leben kann im Schatten eines großen Zieles verwelken.

Thich Nhat Hanh betont immer wieder: „The best thing to take good for the future is to take good care for the present moment." Indem wir uns gut um den gegenwärtigen Augenblick kümmern, kümmern wir uns gut um unsere Zukunft. Das können wir kaum glauben, sonst würden wir nicht so viel planen, sorgen, erwarten oder spekulieren. Mark Twain hat es ähnlich ausgedrückt: „The worst things in my life never happened!" Bleiben wir bei dem, was ist, sind wir auf der sicheren Seite und können auf die Realität direkt vor unseren Augen reagieren.

Pläne können uns nützliche Orientierung geben, sie sollten uns aber nicht von der lebendigen Realität des aktuellen Schrittes ablenken. Zu viele Deadlines können unsere Kreativität töten. Taizen Maezumi Roshi schreibt:

> „Deadline nach Deadline? Es existiert keine Deadline! Jeder Augenblick ist Anfang und Ende in einem, nicht ein Ende, nicht ein Ziel oder eine Deadline, die von jemand anders gesetzt wurde."

Wo primär Endresultate zählen, verlieren wir den Weg zum Ziel leicht aus den Augen. Dies erhöht die Wahrscheinlichkeit, dass wir vom Weg abweichen. In extremen Fällen wird dann zu Doping, Bestechung oder Folter gegriffen. Aber auch ein noch so guter Zweck heiligt unheilsame Mittel nicht. Die Finanzkrise wäre undenkbar gewesen, wenn alle Akteure täglich auf die Qualität ihrer Schritte geachtet hätten und sich nicht den Versprechungen einer fernen Zukunft hingegeben hätten.

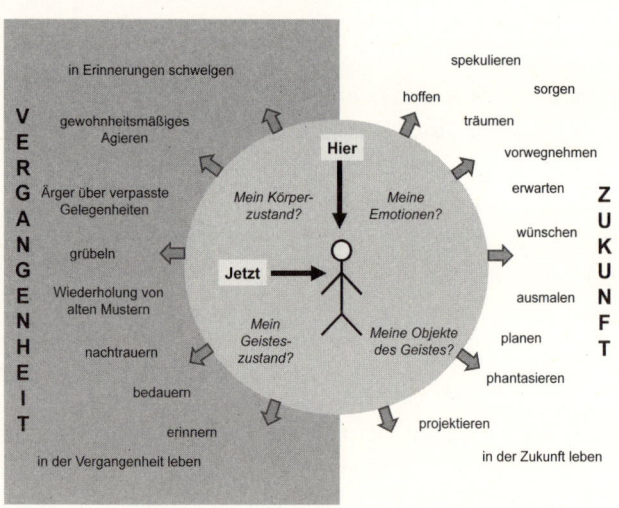

Abbildung 7: **Der Sog von Vergangenheit und Zukunft**

Achten wir auf den gegenwärtigen Schritt, spüren wir sehr klar: „Oh, bei diesem Schritt war mir unwohl." „Hier habe ich Bauchschmerzen." Das sind die Alarmsignale, die Leitplanken, die Stoppsignale, die uns vor Unfällen in der Zukunft bewahren. Blicken wir starr in die Zukunft, können wir sie leicht verpassen.

Nicht nur die Zukunft, auch die Vergangenheit kann eine enorme Sogkraft entwickeln und uns von der Gegenwart abtrennen. Grübeln, nachtrauern, in Erinnerungen schwelgen, sich über verpasste Gelegenheiten ärgern: Das ist der Sog der Vergangenheit. Spekulieren, sorgen, phantasieren: Das ist der Sog der Zukunft. Wir haben nicht unbegrenzte, geistige Energie, wir sollten sie klug einsetzen.

Realistische Visionen

Am fünften Tag eines Achtsamkeitsseminars für Unternehmer fragte der CEO eines großen Unternehmens den Zen-Meister Thich Nhat Hanh, was er denn nun am nächsten Montag im Unternehmen seinen Führungskräften raten solle. „Wie kann man Achtsamkeit managen und in einer Großorganisation implementieren?" Thich Nhat Hanh empfahl, zunächst geduldig selbst Achtsamkeit zu kultivieren. „Ändere dich zunächst selber, übe dich in Achtsamkeit und gehe geduldig Schritt für Schritt." Üben wir so, erkennen wir, wann es soweit ist, unsere Einsichten mit anderen zu teilen oder Änderungen in der Arbeitsstruktur einzuleiten, die wir durch unsere eigene Praxis und Person auch ausfüllen können.

Unternehmen, in denen hohe Achtsamkeit herrscht, sind unachtsamen Unternehmen in vielen Dimensionen überlegen. Sie können wesentlich effektiver agieren, ihre Energie auf das Wesentliche konzentrieren und keine Energie durch unnötige Konflikte, Machtspiele oder falsche Wahrnehmung vergeuden. Doch der Wandel beginnt mit uns. Wenn wir uns nicht ändern (können oder wollen), wieso sollten es dann unsere potenziellen Mitstreiter tun? Der Wandel beginnt mit uns und unserem nächsten achtsamen Schritt.

Üben statt Phantasieren

Achtsamkeit ist keine intellektuelle Idee, kein theoretisches Ideal, sondern eine geistige Fähigkeit, die es durch tägliche Übung zu trainieren gilt. Viele Visionen und idealistische Gemeinschaften sind gescheitert, weil sie ihre Ideale im Alltag nicht leben konnten. Ein Bekenntnis zur Liebe reicht nicht aus, um liebesfähig zu sein oder zu werden. Wollen wir liebevoll werden, müssen wir lernen, liebevoll zu handeln, zu denken und den Geist der Liebe in unserem Alltag üben und entwickeln. Und das ist nicht einfach. Hierzu braucht es tägliche Übung.

Wir können keinen wahren Frieden schaffen, wenn wir von Ärger, Gereiztheit und Groll gegen uns selbst und andere beherrscht sind. Wir können nicht kraftvoll für größere materielle Gerechtigkeit eintreten, wenn wir selber von unerfüllten Wünschen und Unzufriedenheit beherrscht werden. Wir sollten geduldig, mutig und entschlossen in unserer Transformationspraxis sein.

Geduldig, um den persönlichen Transformationsprozess mit seinen Erfolgen und Rückschlägen zu meistern und langsam zu reifen.

Mutig, indem wir persönliche Verantwortung übernehmen und auch bereit sind, eine bequeme und gut bezahlte Arbeit, die uns aber geistig schädigt, aufzugeben und Neues zu wagen.

Entschlossen, indem wir unsere schlechten Arbeitsgewohnheiten und zentrale Aktivitäten unseres Lebens, wie Telefonieren, Schreiben, Sprechen, Gehen oder Essen, mit Anfängergeist anschauen und verändern.

Wir können uns mit Gleichgesinnten zusammentun und Organisationen gründen, in denen Menschen freudiger, freier und bewusster zusammenarbeiten und sinnvoll tätig werden. Wenn wir Achtsamkeit verkörpern, ändern sich grundlegende Koordinaten unseres Arbeitslebens. Karl Riedl, Leiter des Intersein-Zentrums, sagt:

„Unser Meditationszentrum ist über die Jahre in die Größe eines mittelständischen Hotelbetriebes gewachsen, so dass wir nun pro Jahr die meisten gemeldeten Übernachtungen im Landkreis Freyung-Grafenau haben. Jede Arbeit im Haus wird in Form von Arbeitsmeditationen durchgeführt – wir nennen das hier freudvolles

Tun. Eines Tages besuchte uns ein Mann, der sich im Hotelwesen gut auskannte. Er beobachtete unseren Tagesablauf sehr genau und war zunehmend verblüfft. Nach einiger Zeit fragte er uns: ‚Wie macht ihr das? Wie organisiert ihr das hier alles? In einem normalen Betrieb dieser Größe bräuchte es eine Menge Personal, das alles macht, und hier scheint alles so leicht und selbstorganisierend zu laufen.' Ich antwortete ihm: ‚Es ist die Achtsamkeit in allen Verrichtungen, die den Unterschied ausmacht.'"

Im nächsten Abschnitt werden wir die wahre Natur unserer Arbeit tiefer ergründen.

 ## Die wahre Natur der Arbeit

Was arbeite ich? Welche Tätigkeit übe ich aus? Welche Wahlen habe ich bewusst oder unbewusst getroffen? Welche Wirkungen haben diese? Wie wirkt mein Arbeitsumfeld auf mich ein?

Das Potenzial unserer Arbeit nicht verschenken

Arbeit ist weit mehr als materieller Lebenserwerb. In unserer Arbeit erhalten wir die Chance zu wachsen, zu dienen und etwas beizutragen. Wenn wir das Potenzial der Arbeit nutzen, können wir uns selber und die Welt besser verstehen. Thich Nhat Hanh schreibt:

„Die Art, wie du dein Geld verdienst, kann Ausdruck deiner ‚wahren Natur' sein oder aber eine Quelle des Leidens für dich und andere."[5]

In der Zen-Schulung wird Arbeit als Weg angesehen. In unserer Arbeit erkennen wir uns selbst. Ob wir Künstler, Handwerker, Unternehmer oder Arbeiter sind, wir bringen uns selbst immer in jede Arbeit ein. Mit der zu leistenden Arbeit eins zu werden, sie voll zu verstehen und zu durchdringen, zur Meisterschaft vorzudringen, kann ein lebenslanger Lernprozess sein. Arbeiten wir so, werden wir allen Hindernissen des Lebens direkt begegnen:

Unseren Launen, den Wechselfällen unseres Arbeitsumfeldes, den Zutaten, die sich immer wieder aufs Neue zusammenfinden und nie ein identisches Ergebnis produzieren. Wenn unsere Arbeit etwas Mechanisches erhält, verkümmert ein Teil von uns. Das Leben ist keine Wiederholung. Es liegt jeden Tag frisch vor uns. Aus dieser wachen Geistes- und Arbeitshaltung kann Meisterschaft erwachsen. Und meistern wir so unsere Arbeit, meistern wir auch unser Leben besser.

Doch viele sehen in ihrer Arbeit etwas anderes. Für sie ist Arbeit ein Job oder notwendiges Übel. Oder sie sehen Arbeit als Mittel, um Karriere zu machen und Geltung zu erlangen. Ihnen dient Arbeit als Aushängeschild oder als Ort der Zugehörigkeit. In vielen Arbeitsleben wird das hohe Potenzial, die große Chance, die uns Arbeit bietet, verschenkt. Achtsamkeit kann uns helfen, folgende Fragen zu beantworten:

- Was macht uns bei der Arbeit krank, was fördert unsere körperliche und geistige Gesundheit?

- Wie können wir uns aus Jobs befreien, die uns einengen und bedrücken? Wie finden wir zu neuem Sinn?

- Wie kommen wir mit wahrer Arbeitsfreude und positiver Tatkraft in Berührung?

- Wie finden wir eine Arbeit, die unsere ethischen Werte nicht verletzt?

- Wie machen wir uns frei von den Urteilen anderer und entwickeln einen realistischen und positiven Maßstab für unser Handeln?

- Wie bringen wir die finanzielle Dimension unseres Lebens in Harmonie mit unserem Streben nach sinnvoller Arbeit?

- Wie finden wir ein Umfeld, das unsere heilsamen Seiten und unsere Talente fördert?

- Wie finden wir das rechte Maß zwischen Unter- und Überforderung?

Das Feld der Arbeit steckt voller Herausforderungen und keine zwei Arbeitsplätze oder Arbeitssituationen sind identisch. Während wir einige Themenbereiche mit dem Wechsel unserer inneren Haltung oder durch

Geistesschulung stark beeinflussen können, treffen wir in anderen Feldern auf starke organisatorische, systemische oder gesellschaftliche Kräfte und Mythen. Unsere Achtsamkeit hilft uns dabei zu sehen, was für uns änderbar und beeinflussbar ist, wo Kompromisse möglich sind und wo wir uns vor destruktiven Kräften schützen müssen. Wir vermögen als Einzelner weit mehr, als wir häufig denken, aber wir sollten unsere Kräfte auch nicht überschätzen.

Wir werden uns zunächst ausgewählte Mythen der Arbeitswelt anschauen und im Anschluss zentrale Wahlmöglichkeiten im Felde der Arbeit aufzeigen.

Mythen und Zerrbilder der Arbeit

Wie bauen sich unsere Hoffnungen, Erwartungen und Befürchtungen im Feld der Arbeit auf? Wie entsteht unser Bild von „normaler", guter oder schlechter Arbeit? Vielen Heranwachsenden fällt es schwer, sich ein realistisches Bild vom Berufsleben zu machen. Unser Bild von Arbeit wird stark durch die Arbeitsrealität unserer Eltern und unseres engeren Umfeldes beeinflusst. Wir treten ein praktisches und emotionales Arbeitserbe an. Schule und Hochschule helfen uns auch nur bedingt, auch wenn sie über Praktika und Ähnlichem eine Kontaktfläche anbieten. Unsere mangelnden eigenen Erfahrungen erschweren die realistische Einschätzung der Arbeitswelt. Hinzu kommen folgende Einflüsse:

- Geringe Transparenz über die wahre Natur eines Berufes, einer Branche, eines Arbeitgebers und einer konkreten Arbeitsstelle von außen

- Übernahme der Ansichten der eigenen „Peergroup" (Freunde, Bekannte, Kommilitonen etc.)

- Eingeschränktes oder fehlendes Angebot an Arbeit im eigenen Umfeld

- Unrealistische Darstellungen von Berufsbildern in den Medien

- Hohe Konkurrenz um Traumjobs und Modeberufe

- Neue Berufe und Arbeitsfelder, in denen es erst geringe Erfahrungen gibt
- Hype um einige Berufsfelder („Superstar", „Model" etc.)

All dies macht uns anfällig für Mythen und Vorurteile. Als junger Mann ging ich sehr blauäugig in meine Berufsausbildung. Man schickte mich mit meinem schicken blauen Anzug in einen muffigen Raum, in dem ich tagelang Werbebriefe stempeln und falzen durfte. Der berühmte Praxis-schock. Manche Illusionen klären sich schnell. Andere können uns ein ganzes Leben begleiten. Diese wollen wir betrachten. Im Folgenden kommen einige Ideen, Überzeugungen und Gewohnheiten im Feld der Arbeit auf den Prüfstand, die geeignet sind, uns irrezuführen oder unnötige Probleme zu verursachen.

Mythos: Schmutzige und niedere Arbeit gilt es zu vermeiden!

Wir neigen dazu, bestimmte Arbeiten hoch zu schätzen und andere Tätigkeiten abzuwerten. Diese Hierarchien sind von Gesellschaft zu Gesellschaft unterschiedlich und selten so formalisiert wie im indischen System der Kasten oder Jatis. Diese Hierarchien im individuellen oder kollektiven Geist verursachen Trennung und Spannung. Diese gilt es aufzulösen.

In einigen Zen-Klöstern putzt der Abt regelmäßig die Toiletten. Diese Praxis soll die Führung des Klosters daran erinnern, nicht hochmütig zu werden und unterschiedslos jede sinnvolle Arbeit auszuüben. Wir reinigen uns von der Idee, dass es minderwertige Arbeit gibt, die es zu vermeiden gilt, und höherwertige, die es anzustreben gilt. Wir verhindern, dass unsere Leben und unsere Arbeit von – häufig subtilen und unbewussten – Vermeidungsprozessen bestimmt wird.

Wir kommen mit der Würde, dem Eigenwert einer Arbeit in Kontakt. Es ist sinnvoll und nötig, die Toiletten zu putzen. Hier eine Geschichte, die der Präsident einer japanischen Firma erzählt:

„Vor einiger Zeit machten uns Graffiti zu schaffen, die immer wieder in unseren Toiletten auftauchten. Wir konnten mahnen, drohen, neu streichen lassen, so viel wir wollten – immer wieder gab es neue. Aber eines Tages hing ein Zettel an der Wand, auf dem stand: ‚Bitte verschmutzt meinen guten Arbeitsplatz nicht mit euren Schmierereien.'

Es war die ungelenke Handschrift unserer alten Reinigungsfrau. Ich glaube, nicht nur mich hat diese Notiz angerührt. Von diesem Tag jedenfalls tauchte kein einziges neues Schriftzeichen mehr an den Wänden auf. Das beeindruckte uns alle sehr."[6]

Mythos: Arbeit ist hart und mühevoll!

Schließen Sie die Augen und sprechen Sie leise das Wort „Arbeit" aus. Welchen Klang hat das Wort „Arbeit" für Sie? Welche Assoziationen und Gefühle steigen in Ihnen auf? Auch wenn wir alle über unterschiedliche Arbeitsbiographien verfügen, ist unsere Kultur stark von der protestantischen Arbeitsethik geprägt. „Erfolg basiert auf harter Arbeit. Arbeit ist ernst." Oder wie es Rolex in einem Werbespot formuliert:

> *„Sei hart am Wind und zu dir selbst."*

Das Wort „Arbeit" ist in unserer Kultur hochgradig aufgeladen. Arbeit hat in weiten Teilen des deutschsprachigen Raumes einen ernsten, freudlosen und mühevollen Klang. In Plum Village arbeitete ich regelmäßig mit verschiedenen Nationalitäten in der Meditationshalle. Die deutschsprachigen Arbeitsmeditationen waren häufig sehr effizient, aber selten so freudvoll und entspannt wie diejenigen mit spanischen oder englischsprachigen Gruppen. Sobald das Wort Arbeit fiel, spannten viele Deutsche unbewusst an.

Diese Schwere, die unnötigerweise auf unserer Arbeit lastet, hat dazu geführt, dass in einem deutschsprachigen Meditationszentrum das Wort „Arbeitsmeditation" durch „Freudvolles Tun" ersetzt wurde.

Berlin, 2005. Nach einem Arbeitsretreat wird mir klar, wie tief die Idee „Arbeit ist hart" in meinem Bewusstsein ankert. Und anders herum. Alles, was nicht hart ist, nicht ernst ist, kann man als Arbeit auch nicht ernst nehmen. „No pain – no gain!" Wenn entsprechende Gedanken und Urteile in mir hochsteigen, versuche ich es mit einem Lächeln und erinnere mich: „Es ist nicht so ernst, entspanne dich!" Auf meinen Laptop installiere ich einen Bildschirmschoner mit der Frage: „Lächelst du noch oder kämpfst du schon?"

Es arbeitet sich recht schwer im kollektiven Feld aus Mühe, Ernst, Pflicht, Kampf und Konkurrenz. Wir sollten versuchen, während der Arbeit andere Qualitäten der Arbeit, wie Freude, Entspanntheit, Brüderlichkeit, Kooperation oder gar Leichtigkeit, zu berühren.

Mythos: Arbeit und Privates sind zu trennen!

Viele Menschen trennen konsequent zwischen Privatem und Beruflichem und zwischen Arbeit und Nichtarbeit. „Das ist privat, das geht keinen etwas an!" „Erst die Arbeit, dann das Vergnügen." Häufig ist dies ein Schutz des Privaten vor den Zumutungen des Professionellen. Wir wollen unsere private Welt vor professionellen Übergriffen und Standards schützen und frei von beruflichen Maßstäben unser privates Leben leben. Und wir wollen durch unser privates Verhalten nicht unser Ansehen oder unsere Karriere gefährden. Wenn wir nicht aufpassen, entwickeln wir auf diese Weise einen Doppelstandard. Was beruflich erlaubt ist, ist privat nicht erlaubt. Oder was privat erlaubt ist, ist beruflich nicht erlaubt. Das Privatleben oder das Berufsleben können für uns zur Komfortzone werden, in der wir uns von den Zumutungen des jeweils anderen Bereiches erholen.

Diese Trennung zwischen Arbeit und Nichtarbeit kann sehr weit reichende Konsequenzen haben. Die Trennung kann unbewusst in die verschiedensten Aktivitäten eindringen. Wir telefonieren mit anderer Stimme und anderen Emotionen mit unseren Kunden als mit dem privat bestellten Handwerker. Wir gehen mit anderem Schritt über die Büroflure als zum Supermarkt. Diese Trennung entsteht in unserem Kopf. Natürlich existieren Tätigkeiten, die exklusiv nur bei der Erwerbsarbeit anfallen. Aber der Großteil unserer Aktivitäten ist – ob privat oder professionell ausgeführt – im Kern identisch: Atmen, Gehen, Essen, Umgang mit Emotionen, Sprechen, Zuhören ... Es existiert keine Welt der Arbeit außerhalb unseres sonstigen Seins. Dieser Zusammenhang ist in der folgenden Gleichung ausgedrückt:

Sein > Aktivität > Arbeit > Erwerbsarbeit

Je mehr geistige Trennung wir zwischen unserer Arbeit und dem Rest unseres Lebens aufbauen, umso mehr Spannung erzeugen wir. Je mehr wir uns von unseren professionellen Rollen, Erwartungen und Selbstbildern beherrschen lassen, umso mehr Störungen kreieren wir im Rest unseres

Lebens. Zudem ist die Idee, Privates und Professionelles trennen zu können, eine Illusion. Das Private durchdringt das Berufliche immer und auch unser berufliches Sein durchdringt und parfümiert das Private, wie sehr wir dieses auch schützen wollen. Dies alles vermeiden wir, indem wir uns eine Arbeit suchen, in der wir uns nicht zu verstellen brauchen und wir selber sein können.

Mythos: Den Job finden, der genau zu mir passt!

Vielleicht kennen wir die Sehnsucht nach einem Job, der ganz zu uns passt. Maßgeschneidert! Kennen Sie das Gefühl, dass irgendwo da draußen genau der eine Job existieren muss, der zu uns passt? Zu unseren Talenten, unseren Werten, unseren Wünschen? Weil wir so speziell und einzigartig sind, sollte es unsere Arbeit auch sein. Sind wir nicht wachsam, geraten wir in die Individualisierungsfalle, maximieren Ansprüche oder erliegen der Sehnsucht, dass uns die Arbeit aus einer unangenehmen Lage (er)lösen soll.

Es ist wie in der Liebe. Auch hier können wir darauf hoffen, dass wir den einen, uns bestimmten Menschen kennen lernen. Ob es sich um Liebe oder Arbeit handelt, diese Einstellung bereitet Probleme. Wir schauen nach außen und nicht nach innen. Wir sind nicht so speziell, wie wir denken. Statt viel Energie und Gedanken in eine spezielle, maßgeschneiderte Arbeit zu stecken, können wir auch den anderen Weg gehen. Wir können das Lieben lernen. Sister Jina, eine befreundete buddhistische Äbtissin, formulierte es einmal so:

„If you can't do what you love, you need to learn to love what you do."

Wenn du nicht das tun kannst, was du liebst, dann lerne zu lieben, was du tust. Hier die Erfahrung eines Arbeitsmeditierenden:

„Ich harkte mit zwei anderen im Garten Laub zusammen. Wir arbeiteten im Schweigen und ruhigem Rhythmus. Welch eine Freude und Harmonie! Mir wurde klar, wie sehr mir harmonische Gemeinschaft in meinem Arbeitsleben fehlt. Ich dachte immer, ich bräuchte eine sehr anspruchsvolle Arbeitsaufgabe, um glücklich zu sein. Und nun stand ich hier und harkte und war glücklich."

Unser Hang zur Sonderlösung kann zur Quelle von Frustration werden. Wir leben in einer Kultur, die das Individuelle betont. Wir betonen das, was uns trennt, nicht das, was uns verbindet. Das Festhalten an der Idee eines Traumjobs kann uns in die Irre führen und uns langfristig enttäuschen.

Mythos: Hauptsache Arbeit!

Unsere Politiker erklären fast täglich, dass die Schaffung und Erhaltung von Arbeitsplätzen oberste Priorität besitzt. Wer Arbeitsplätze schafft, Unternehmen zur Ansiedlung gewinnt oder bedrohte Arbeitsplätze „rettet", gilt als Held. „Hauptsache Arbeit." „Ohne Arbeit ist alles andere nichts!" So wird es uns erzählt und so erleben viele von uns ihre Arbeits- oder Nichtarbeitsrealität. Der deutsche Bundespräsident Horst Köhler meint:

> *„Was neue Stellen bringt, muss getan werden. Was anderen Zielen dient, und seien sie noch so wünschenswert, ist nachrangig."*

Ist es vermessen, diese Sicht der Dinge anzuzweifeln? Schließlich scheinen sich bei diesem Thema ausnahmsweise alle gesellschaftlichen Gruppen und Parteien einig zu sein.

Es existiert eine große individuelle und kollektive Angst vor einer Welt ohne Arbeit, einer Welt, der die Arbeit ausgeht. Der Staat fürchtet Steuerausfälle und gesellschaftliche Instabilität, der Einzelne den Verlust seines Arbeitsplatzes und seiner finanziellen Existenz, den Gewerkschaften gehen ihre Mitglieder verloren, den Unternehmen ihre zahlungskräftigen Konsumenten und so weiter.

Darum: Hauptsache Arbeit!

Das Problem mit diesem Denken ist, dass wir versuchen, eine Wirtschaft zu schaffen und aufrechtzuerhalten, die möglichst viele von uns beschäftigt hält. Statt so viel zu produzieren, wie wir wirklich brauchen und bei steigender Produktivität dementsprechend weniger zu arbeiten, müssen immer weitere Anstrengungen unternommen werden, damit bestehende und geplante Produktionskapazitäten ausgelastet werden. Statt uns daran zu freuen, dass wir durch neue Technologien Freiräume für unsere Familien oder unsere persönliche Entwicklung geschenkt bekommen, schrauben wir unsere Ansprüche immer höher.

Wir sollten uns klarmachen, dass geistiger Wohlstand in einer Gesellschaft nicht entsteht, wenn möglichst viele Menschen einer Erwerbstätigkeit nachgehen, sondern wenn möglichst viele Menschen sinnvolle Dinge tun. Bewegungen wie das „Social Entrepreneurship" brechen das „Hauptsache Arbeit"-Denken, indem sie Sinn und heilsame Zwecke nach vorne stellen und nicht eine Marktchance. Wir brauchen nicht irgendwelche Arbeit, sondern gesellschaftlich sinnvolle Arbeit. Diese Denk- und Investitionsweise zu unterstützen, scheint um Vieles sinnvoller und effektiver zu sein als die Milliarden-Subventionen, die in den letzten Jahrzehnten unter der Überschrift „Hauptsache Arbeit!" geflossen sind.

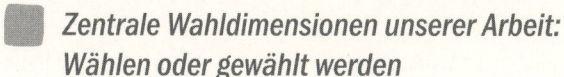

Zentrale Wahldimensionen unserer Arbeit: Wählen oder gewählt werden

Nicht viele von uns haben die Wahl, wo, bei wem und zu welchen Bedingungen sie arbeiten können. Teilen der Bevölkerung bleibt aufgrund ihrer Ausbildung, ihrer geographischen Gebundenheit, ihres Gesundheitszustandes oder finanzieller Verpflichtungen auf den ersten Blick nur eine sehr geringe Auswahl an Arbeitsmöglichkeiten übrig, wenn überhaupt. Doch wenn wir tiefer schauen, entdecken wir, dass im Feld der Arbeit enormes kreatives Potenzial durch ängstliche, unbewusste oder enge Entscheidungen verloren geht. Einige der klügsten Köpfe unseres Landes beschäftigen sich mit dem Marketing schädlicher Produkte, frustrierte Angestellte blühen in der Freizeit auf und leiten dort Sportvereine oder Umweltinitiativen. Viele von uns meinen, in Bezug auf ihre Arbeit keine Wahl zu besitzen. Statt neu zu wählen, bleiben sie in ihren Karrieren oder sinnlosen Jobs stecken. Oder sie folgen dem Karriere-Mainstream, selbst wenn ihnen aufgrund exzellenter Ausbildung alle Türen offenstehen. Das Gros dieser High Potentials landet bei den gleichen Firmen, geht ähnliche Karrierewege und verengt von Beginn an das eigene Wahlspektrum.

Zürich, Oktober 1997. Ich stehe am Ende meiner akademischen Ausbildung. In vier Monaten werde ich meine Promotion an der

Universität Genf zum Thema „Wissensmanagement" abschließen. Ich
habe das Glück, auswählen zu können. Vor mir liegt ein Jobangebot
von Holderbank, einem internationalen Zementkonzern. Man bietet
mir als Berufseinsteiger 160.000 Schweizer Franken an. Wow! Ich
bin verwirrt. Ich weiß nicht, was ich wirklich will. Schließlich mache
ich das, was meine Studienkollegen mir vorgemacht haben. Ich
bewerbe mich bei den renommiertesten Unternehmensberatungen.
Wenige Wochen später unterschreibe ich nach einem anstrengenden
Bewerbungsmarathon bei McKinsey&Company. Ich habe mich nicht
wirklich entschieden. Ich habe mich entscheiden lassen.

Wir müssen und können wählen

Freiheit heißt für viele Menschen, viele Optionen zu haben und langfristig
zu erhalten. Frage ich Wirtschaftsstudenten nach ihren Kriterien für die
Berufswahl, antworten viele von ihnen: „Ich will mir so viele Optionen wie
möglich offenhalten." Dieses Verständnis ist meines Erachtens nicht sehr
hilfreich. Freiheit bedeutet für mich vielmehr, achtsam und bewusst Entscheidungen zu treffen. Freiheit bedeutet, Türen zu schließen, Optionen aus
guten Gründen auszuschließen, statt beruflich alle Türen offenhalten zu
wollen. Das können wir auf Dauer sowieso nicht. Fangen wir mit 20 Jahren
an, Geige zu spielen, werden wir es nicht mehr zu den Berliner Philharmoni-
kern schaffen. Das, was uns als Menschen unsere Würde gibt, sind unsere
freien Entscheidungen. Für eine Überzeugung, für einen Lebenspartner,
für eine Familie, für einen Lehrer, für eine Gemeinschaft, für einen Beruf,
für einen Lebensstil.

Viele Menschen fühlen sich im Feld der Arbeit als Opfer. Sie erleben
sich unfrei, optionslos, perspektivlos, lustlos und ihre Arbeit als sinnlos. Als
Opfer von Unternehmern, Märkten, Vorgesetzten, Kollegen oder der ganzen
Gesellschaft. Jammern hilft nichts und lenkt von der eigenen Verantwortung
ab. Ein angehender Mönch sagt:

„Während meiner ersten drei Jahre im Kloster beschwerte sich mein
Geist ständig über etwas. Hatte ich dies, wollte ich das. Hatte ich
das, wollte ich dies. Mein Mentor sagte mir immer wieder: ‚Stop the
complaining mind.' Bring den Nörgelgeist zur Ruhe. Entscheide dich

und lebe mit den Konsequenzen. Übernimm Verantwortung für deine
Entscheidungen und lebe mit den Konsequenzen."

Nehmen wir eine Opferhaltung ein oder vermeiden wir Entscheidungen, verschwenden wir unsere Energie. Unsere jetzige Situation ist das Resultat vieler bewusster und unbewusster Wahlen in unserem Leben.

Im Folgenden werden sechs wichtige Wahldimensionen unserer Arbeit vorgestellt, und Sie sind eingeladen zu prüfen, in welchen Dimensionen Sie Freiheitsgrade für sich entdecken.

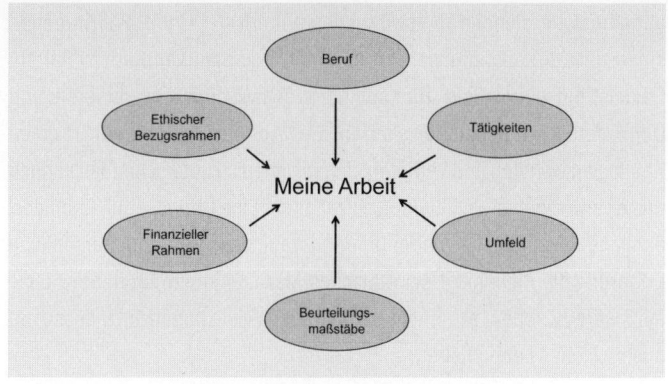

Abbildung 8: **Wahldimensionen unserer Arbeit**

Einen ethischen Bezugsrahmen wählen

Haben wir Klarheit darüber, an welchen ethischen
Maximen wir uns ausrichten? Haben wir ethische Grund-
entscheidungen getroffen und wie üben wir diese ein?

Viele führende Ökonomen haben lange darauf bestanden, dass die Ökonomie selbst nicht für ethische Fragen zuständig sei. Eine Wirtschaft ohne ethisches Fundament kann sich und die ganze Gesellschaft schwer schädigen. Das hat die Immobilien- und Finanzkrise der Jahre 2008 und 2009 gezeigt. Ein Banker formuliert es so:

„Wir sind knapp an der Kernschmelze der Weltwirtschaft vorbeige-
schrammt. Wir brauchen jetzt mehr als eine stärkere Regulierung der
Märkte. Diese Krise wird nicht allein im Kopf gemeistert werden kön-
nen, wir brauchen eine ethische Wende, ja, tiefe ethische Einsichten,
die unser Herz berühren, die unsere ganze Art zu wirtschaften und
über Wirtschaft nachzudenken verändert."

Nicht nur „die Wirtschaft" braucht eine klare ethische Verortung. Sich für
Werte, eine klare Ethik und Handlungsmaximen zu entscheiden, ist eine
zentrale Entscheidung in jedem menschlichen Leben. Und diese Entscheidung hat weitreichende Auswirkungen auf unsere Arbeit. Wir brauchen
eine Ethik, die uns in unserer Arbeit hilft, den richtigen Kurs zu halten.
Ethik ist ein weites Feld. Hier soll nur grob zwischen Absichtsethik und
Übungsethik unterschieden werden. Eine Absichtsethik formuliert einen
Katalog an Geboten und Verboten, den wir innerlich unterschreiben können
und den wir versuchen im Alltag einzuhalten. Eine Übungsethik formuliert
ähnliche Aussagen, setzt aber primär darauf, dass wir durch persönliche
Erfahrung die Richtigkeit der ethischen Maximen überprüfen. Statt Lüge
als Sünde zu sehen, erfahren wir, dass Lügen viele negative Einflüsse auf
unser eigenes Leben haben.

Achtsamkeit hilft uns, diese direkte Einsicht in die Auswirkungen
unserer Taten zu gewinnen. Achtsamkeitsmeditation schenkt uns eine
unmittelbare Einsicht in die ethische Dimension unseres Handelns. Ist
Achtsamkeit präsent, erkennen wir die Auswirkungen unserer Handlungen
auf uns selbst und andere. Wir spüren, wie eine kleine Lüge unseren Körper
unmittelbar anspannt, eine geistige Unruhe erzeugt und uns eine latente
Angst beschert. Wir spüren, wie sich Freude, Vertrauen, Gelassenheit und
Ruhe einstellen, wenn wir aufrichtig bleiben. Diese Erfahrung vertieft unser
Vertrauen in die gewählte ethische Regel, sich um Ehrlichkeit zu bemühen.
Wir erkennen, dass unethisches Handeln – in der Arbeit oder anderswo –
nicht nur andere schädigt, sondern immer auch uns selbst.

Diese klare Erfahrung schenkt uns Einsichten, die unserer Arbeit eine
klare Ausrichtung geben und uns vor manchem Irrweg schützen können.
Je stärker unsere Achtsamkeit, desto natürlicher vermeiden wir Handlungen, die uns und anderen schaden. Dies ist der tiefere Grund, warum

die ethischen Regeln in der Tradition des Zen-Meisters Thich Nhat Hanh „Achtsamkeitsübungen" heißen. Ohne Achtsamkeit ist tieferes ethisches Handeln schlicht nicht möglich, da wir die Auswirkungen unserer Taten nicht klar erkennen können. Wenn die Achtsamkeitsübungen in ihren zentralen Aussagen weitgehend mit anderen Ethiksystemen religiöser, spiritueller oder philosophischer Natur übereinstimmen, so unterscheiden sie sich in ihrem Übungscharakter doch in einer zentralen Dimension. Ohne Achtsamkeit fehlt unserer Ethik die Tiefe. Wie soll ich mich ethisch verhalten, wenn ich mir nicht vollständig bewusst bin, was ich tue? Im folgenden werden die fünf buddhistischen Achtsamkeitsübungen der Plum Village Dhyana-Schule vorgestellt.

Die erste Achtsamkeitsübung:
Achtung vor dem Leben

Im Bewusstsein des Leidens, das durch die Zerstörung von Leben entsteht, bin ich entschlossen, Mitgefühl zu kultivieren und Wege zu erlernen, das Leben von Menschen, Tieren, Pflanzen und Mineralien zu schützen. Ich bin entschlossen, nicht zu töten, es nicht zuzulassen, dass andere töten, und keine Form des Tötens zu unterstützen, weder in der Welt noch in meinem Denken oder in meiner Lebensweise.

Die zweite Achtsamkeitsübung:
Großzügigkeit

Im Bewusstsein des Leidens, das durch Ausbeutung, soziale Ungerechtigkeit, Diebstahl und Unterdrückung entsteht, bin ich entschlossen, liebende Güte zu kultivieren und Wege zu erlernen, für das Wohlergehen von Menschen, Tieren, Pflanzen und Mineralien tätig zu sein. Ich will Großzügigkeit praktizieren, indem ich meine Zeit, Energie und materiellen Mittel mit denen teile, die sie wirklich brauchen. Ich bin entschlossen, nicht zu stehlen und nichts zu besitzen, was anderen zusteht. Ich will das Eigentum anderer achten, aber auch andere davon abhalten, sich an menschlichem Leiden oder dem Leiden anderer Lebensformen auf der Erde zu bereichern.

Die dritte Achtsamkeitsübung:
Sexuelle Verantwortung

Im Bewusstsein des Leidens, das durch sexuelles Fehlverhalten entsteht, bin ich entschlossen, Verantwortungsgefühl zu kultivieren und Wege zu erlernen, die Sicherheit und Integrität von Individuen, Paaren, Familien und der Gesellschaft zu schützen. Ich bin entschlossen, keine sexuelle Beziehung einzugehen ohne Liebe und die Bereitschaft zu einer langfristigen und verantwortlichen Bindung. Um mein eigenes Glück und das der anderen zu bewahren, bin ich entschlossen, meine Bindungen und die anderer zu respektieren. Ich will alles tun, was in meiner Macht steht, um Kinder vor sexuellem Missbrauch zu schützen und um zu verhindern, dass Paare und Familien durch sexuelles Fehlverhalten auseinanderbrechen.

Die vierte Achtsamkeitsübung:
Aufmerksames Zuhören und liebevolles Sprechen

Im Bewusstsein des Leidens, das durch unachtsame Rede und aus der Unfähigkeit, anderen zuzuhören, entsteht, bin ich entschlossen, liebevolles Sprechen und tiefes Zuhören zu kultivieren, um anderen Freude und Glück zu bereiten und ihr Leiden lindern zu helfen. Im Wissen, dass Worte sowohl Glück als auch Leiden hervorrufen können, bin ich entschlossen, nichts Unwahres zu sagen und Worte zu gebrauchen, die Selbstvertrauen, Freude und Hoffnung fördern. Ich werde keine Nachrichten verbreiten, ohne ganz sicher zu sein, dass sie der Wahrheit entsprechen, und werde nichts kritisieren oder verurteilen, worüber ich nichts Genaues weiß. Ich will Äußerungen unterlassen, die Uneinigkeit oder Zwietracht verursachen können oder die dazu führen können, dass Familien oder Gemeinschaften zerbrechen. Ich bin entschlossen, alle Anstrengungen zur Versöhnung und Lösung aller Konflikte zu unternehmen – so klein sie auch sein mögen.

Die fünfte Achtsamkeitsübung:
Achtsamer Umgang mit Konsumgütern

Im Bewusstsein des Leidens, das durch unachtsamen Umgang mit Konsumgütern entsteht, bin ich entschlossen, auf körperliche und geistige Gesundheit zu achten – sowohl meine eigene als auch die meiner Familie und meiner Gesellschaft –, indem ich achtsames Essen, Trinken und Konsumieren praktiziere. Ich will nur das zu mir nehmen, was den Frieden, das Wohlbefinden und die Freude in meinem Körper, meinem Bewusstsein und im kollektiven Körper und Bewusstsein meiner Familie und Gesellschaft erhält. Ich bin entschlossen, weder Alkohol noch andere Rauschmittel zu mir zu nehmen und keine Nahrungsmittel oder andere Dinge zu konsumieren, die Gifte enthalten, wie z. B. bestimmte Fernsehprogramme, Zeitschriften, Bücher, Filme und Gespräche. Ich bin mir bewusst, dass ich das Vertrauen meiner Vorfahren, meiner Eltern, meiner Gesellschaft und zukünftiger Generationen missbrauche, wenn ich meinen Körper oder mein Bewusstsein derart schädigenden Einflüssen aussetze. Ich werde daran arbeiten, Gewalt, Angst, Ärger und Verwirrung in mir selbst und in der Gesellschaft zu transformieren, indem ich eine angemessene körperliche und geistige Nahrung zu mir nehme. Ich weiß, dass eine bewusste Lebensweise entscheidend ist für meine eigene Veränderung und für die Veränderung der Gesellschaft.

Diese Aussagen sind nicht als absolute Normen („Nie lügen!"), sondern als bewusst gewählter Übungsweg zu verstehen („Ich will in Richtung Ehrlichkeit gehen."). Niemand kann die Achtsamkeitsübungen perfekt einhalten. Sie bilden eine Ausrichtung, weisen einen Weg, erinnern uns immer wieder an unsere eigene Ungeschicklichkeit.

Wählen wir die Achtsamkeitsübungen als Orientierung für unsere Arbeit, können wir durch ihre Augen unser Arbeitsumfeld betrachten. Organisationen sind (wie wir) nicht perfekt. Wir werden kein perfektes Unternehmen finden. Doch es ist schon viel wert, wenn wir ein Umfeld wählen können, in dem der Weg der Achtsamkeitsübungen wertgeschätzt wird oder gar Teil eines ehrlichen Leitbildes ist. Sollte uns hingegen in unserer Arbeit Spott, Verachtung oder Feindseligkeit für die formulierten Werte entgegenschlagen, wird es schwer für uns werden, unsere Werte in einem solchen Umfeld zu leben.

Einen Beruf wählen

Was ist für mich Rechter Lebenserwerb? Warum arbeite ich in dieser Branche oder Profession? Wer bezahlt mich? Wie duftet dieses Einkommen?

Für unseren Lebenserwerb brauchen wir Geld. Im Buddhismus kennen wir das Ideal des „Rechten Lebenserwerbs". Hierunter verstehen wir eine Arbeit, die im Einklang mit unseren Werten steht und unsere geistige Entwicklung unterstützt und nicht schädigt.

Jede Branche, jede Profession und jede Organisation hat eine eigene Kultur und ein Bündel ausgesprochener und verborgener Werte und Überzeugungen. Diese wählen wir bis zu einem gewissen Grade mit, wenn wir uns in ein berufliches Umfeld begeben.

Wir sollten nicht eilfertig den Stab über ganze Branchen, Unternehmen oder Professionen brechen. Gleichzeitig gibt es Berufe, in denen es besonders schwierig ist, in Übereinstimmung mit den Achtsamkeitsübungen zu wirken. Thich Nhat Hanh schreibt:

„Eine Arbeit, die Töten, Stehlen, sexuelles Fehlverhalten, Lügen oder
den Verkauf von Alkohol oder Drogen einschließt, entspricht nicht
dem Rechten Lebenserwerb. (. . .) Unser Beruf kann bewirken, dass
sich Verstehen und Mitgefühl in uns entwickeln; er kann aber auch
beides zum Versiegen bringen."[7]

Der Buddha riet seinen Schülern, bestimmte Professionen zu meiden.
Indem wir gewisse Professionen, Branchen oder Unternehmen als Arbeitsfelder ausschließen, schützen wir uns selbst. Wir achten darauf,
dass unsere Arbeit im Einklang mit unseren ethischen Grundsätzen steht.
Dies ist Rechter Lebenserwerb. Wir sehen, dass viele moderne Industrie-
zweige Mensch und Natur schädigen und beteiligen uns nicht an diesen
Prozessen.

Wir sehen, dass rechter Lebenserwerb eine kollektive Angelegenheit
ist und dass die Art, wie ein Mensch seinen Lebensunterhalt verdient, alle
anderen beeinflusst. Und wir bemühen uns um eine Arbeit, die Menschen,
Tieren, Pflanzen und der Erde Nutzen bringt oder ihnen zumindest so wenig
wie möglich schadet. Thich Nhat Hanh geht noch weiter:

„Sei dankbar, wenn du einer Beschäftigung nachgehen kannst, die
dir hilft, dein Ideal von Mitgefühl zu verwirklichen. Und führe ein acht-
sames, einfaches und gesundes Leben. Damit trägst du dazu bei,
dass für andere geeignete Arbeitsplätze geschaffen werden können.
(...) Wir infizieren unser eigenes Bewusstsein, wenn wir einen Beruf
ausüben, der Lebewesen unterdrückt und sie leiden lässt. Das ist
geradeso, als wenn wir die Luft verschmutzen würden, die wir selber
atmen müssen. (...) Die Art, wie du dein Geld verdienst, kann Aus-
druck deiner ‚wahren Natur' sein oder aber eine Quelle des Leidens
für dich und andere."[8]

Steigt unsere Achtsamkeit, sehen wir die Wirkung unserer Taten klarer. Wir
spüren die Freude, die es uns bereitet, ein sinnvolles Produkt zu entwickeln
oder zu verkaufen. Wir spüren die Schuld und die Scham, die entsteht,
wenn wir jemanden überreden, ein Produkt zu kaufen, das wir selber nie er-
werben würden. Wenn wir in direkten Kontakt mit den Ergebnissen unserer
eigenen Tätigkeit kommen, fällt es leichter, entschlossen umzusteuern und

Kurs zu halten. Wenn wir im Geiste der fünf Achtsamkeitsübungen handeln, wird sich unser Leben und unsere Arbeit in eine entspanntere, freudigere und stabilere Richtung entwickeln. Das ist die Erfahrung von Tausenden Menschen, welche ihren beruflichen Neuanfang mit einer Verpflichtung auf die fünf Achtsamkeitsübungen verbunden haben.

Sinnvolle Tätigkeiten wählen

Macht meine Tätigkeit Sinn? Welchen Zielen und Idealen schenke ich meine Tatkraft?

Wenn wir von Arbeit sprechen, meinen wir in der Regel Erwerbsarbeit. Arbeit gegen Geld. Zentral für eine Gesellschaft ist aber nicht, dass Menschen für ihre Tätigkeiten Geld erhalten, sondern dass in einer Gesellschaft Sinnvolles getan wird. Welchen Tätigkeiten wir welchen ideellen und monetären Wert zuweisen, ist eine kollektive Entscheidung.

> *„Ich hasse meine Arbeit, sie macht keinen Sinn und ist destruktiv, aber ich habe Angst, finanziell abzustürzen, wenn ich versuche, meinen Traum zu leben."* – Manager

Erwerbsarbeit muss kein sinnvolles Tun sein. Und Nichterwerbsarbeit kann äußerst sinnvoll, ja unersetzlich sein.

Diese Unterscheidung ist für mich persönlich zur Beurteilung meines Tageswerkes sehr hilfreich. Ich kann mich jeden Tag fragen, ob das, was ich getan habe, sinnvoll war oder nicht. Die Grenze zwischen Arbeit und Nichtarbeit löst sich auf und alle Aktivitäten können auf ihre Sinnhaftigkeit überprüft werden. Wir sind auf dem rechten Weg, wenn unsere Aktivitäten im Büro, mit unserer Familie, unseren Nachbarn und Freunden immer sinnvoller werden und in eine heilsame Richtung weisen.

Es ist gefährlich, sich in Sinnfragen auf Feedbacks aus der Erwerbswelt zu verlassen. Wir können immer mehr Geld verdienen und immer sinnlosere Dinge tun. Hoch bezahlte Arbeit kann unsere Gesellschaft zerstören.

Es sind sinnvolle Tätigkeiten, die uns persönlich und gesellschaftlich voranbringen. Es sind fürsorgliche Taten von Müttern und Vätern, Söhnen und Töchtern und zahllosen Ehrenamtlichen, die unsere Gesellschaft zusammenhalten. Achtsam zu wirtschaften, heißt, den Sinn in die Erwerbsarbeit zurückzubringen, der so vielen von uns abhandengekommen ist.

Wir sollten uns fragen, warum einige der sinnvollsten gesellschaftlichen Tätigkeiten unbezahlt oder schlecht bezahlt werden, während gleichzeitig einige der sinnlosesten Tätigkeiten exorbitant gut bezahlt werden. Die Welt der Erwerbsarbeit hat sich finanziell in vielen Bereichen vom Sinn entkoppelt. Gute Arbeit muss nicht gut bezahlt werden. Das ist ein schwacher Trost für diejenigen, die trotz ausgezeichneter und sinnvoller Arbeit immer wieder in Geldnöten sind.

Ansätze wie das bedingungslose Grundeinkommen oder Bürgergeld[9] vertrauen auf den Wunsch des Menschen nach sinnvoller Tätigkeit und gehen davon aus, dass wir uns beim Bezug eines Bürgergeldes nicht für das Faulenzen entscheiden, sondern unseren tiefen Wunsch nach sinnvoller Arbeit realisieren würden und uns aus sinnfreien Arbeitsverhältnissen befreien.

Universität St. Gallen, Mai 1995. Ein goldener Moment meiner Studienzeit. Im Rahmen des St. Gallen Symposiums (ISC) lausche ich der Rede eines mir bis dato unbekannten Unternehmers, der in einfachem Englisch über seine unorthodoxen Initiativen zur Armutsbekämpfung in seinem Heimatland Bangladesch spricht. Der gesamte Saal hängt an seinen Lippen. Der Kontrast zu den vorangegangenen Reden von CEOs und Managementgurus ist überdeutlich, ja körperlich spürbar. Hier spricht einer, der sein Herz einer sinnvollen Sache verschrieben hat und der mit Freude, Klarheit, Ehrlichkeit und Liebe über seine Arbeit und seine Mitarbeiter spricht. Es handelt sich um Muhammad Yunus. Elf Jahre später gewinnt er gemeinsam mit seiner Grameen Bank für die Armen den Friedensnobelpreis.

Ich kenne niemanden, der damals diese Rede gehört hat und nicht tief beeindruckt gewesen wäre. Doch obwohl wir tief berührt sind, bringt Yunus uns nicht von unseren vorgespurten Karrierewegen ab. Wir trauen uns nicht, die Sinnfrage zu nah an uns heranzulassen.

November 2008. Die Saat von Muhammad Yunus ist aufgegangen.
Ich nehme am Vision Summit in Berlin teil, einem Kongress, auf dem
seine Ansätze unter der Überschrift Social Entrepreneurship vorge-
stellt und diskutiert werden. In den Sälen des Henry-Ford-Baus der FU
Berlin ist unter den 1.000 Teilnehmern eine enorme Aufbruchsstim-
mung spürbar. „Tatkraft und Talent suchen Sinn", dies ist die gefühlte
Überschrift dieser Veranstaltung.

Es ist großartig zu sehen, wenn Menschen sich aus ihrem selbst gebauten
Arbeitsgefängnis befreien. Wenn Sie erkennen, dass sie freier sind als
sie denken und sich dem Sinnvollen zuwenden. Immer mehr Menschen
scheinen bereit zu sein, sich aus relativ sicheren und hoch bezahlten
Jobs zu verabschieden, weil sie sich nach Sinn sehnen. Die Finanz- und
Wirtschaftskrise bietet jedem Einzelnen die Chance, sich in diesem Feld
selbst zu befragen und neu auszurichten. Ein Teilnehmer des Vision Summit
formuliert es so:

„Vor zwei Jahren habe ich mein BWL-Studium an einer Eliteuniversität
abgeschlossen. Mein Jahrgang ist von Beratern und Investment-
bankern hofiert worden und fast alle von uns haben ‚Traumjobs'
bekommen. Doch die Realität ist alles andere als traumhaft. Über die
Hälfte meiner Kommilitonen hat heute keine Freude an ihrer Arbeit,
sieht in ihr keinen Sinn. Mir geht es genauso."

Immer mehr Talente suchen nach Sinn und sind bereit, die Annehmlichkeiten und finanziellen Sicherheiten des Mainstreams zu verlassen.

Ein unterstützendes Umfeld wählen

Wer darf uns prägen und parfümieren? Wem schenken wir unsere Tatkraft?

Wir unterschätzen leicht die Prägekraft unseres Umfeldes. Sie ist mächtig.
Als Menschen sind wir durchlässige Wesen, die sich in stetem Austausch
mit ihrem Umfeld befinden und sich dabei ständig neu manifestieren. Im
steten Kontakt mit einer Gruppe übernehmen wir über die Zeit bewusst

und unbewusst ihre Themen, Normalitäten, Emotionen, Einstellungen, Probleme, Problemlösungen, Lebensstile, Garderobe, Tabus, Werte, Begriffe, ihren Habitus und vieles mehr. Wir „interpenetrieren" uns. Viele, die schon da sind, penetrieren uns. Unsere eigene Wirkkraft ist begrenzt. Auch wenn wir uns sehr anders fühlen mögen als unsere Kollegen, nehmen wir doch schleichend den dominierenden Duft unseres Umfeldes an. Thich Nhat Hanh drückt es so aus:

„You are your environment!"

Wir sind unser Umfeld. Wir sind nicht getrennt. Wir können uns nicht unbeeindruckt, unbeeinflusst und unberührt in einer Umgebung bewegen.

Was bedeutet dies für unsere Arbeit?

Wenn wir uns der starken Prägekraft unseres Umfeldes bewusst sind, sollten wir dieses mit Bedacht wählen. Wir sind (in unserer Gesellschaft) relativ frei, unser Umfeld zu wählen, doch wenn wir es betreten, prägt es uns und dann ist es mit der Freiheit ein gutes Stück vorbei.

In Arbeitsretreats ist ein großes Thema, wie wir in einem unachtsamen Umfeld, mit unachtsamen Kollegen unsere eigene Achtsamkeit aufrechterhalten können, ohne unterzugehen. Das ist meist schwer und in manchen Umfeldern aussichtslos. So sehr wir uns bemühen, heilsam, konstruktiv, positiv und verstehend zu agieren – wir dringen nicht durch. Wenn wir müde sind oder einen schlechten Tag haben, spüren wir förmlich, wie die äußere Negativität in uns hineinkriecht.

Das Gegenteil ist auch möglich. Besuche ich meine spirituelle Heimat Plum Village, spüre ich beim Betreten des Klostergeländes und in den ersten Begegnungen mit Mönchen, Nonnen und anderen Praktizierenden, wie die Energie der Konzentration und Achtsamkeit mich durchströmt. Ich tauche in dieses Feld ein und lasse es bewusst auf mich wirken. Es ist wunderbar, von diesen heilsamen Geisteszuständen berührt zu werden. Ohne Anstrengung finde ich mich nach kurzer Zeit in einem friedvolleren, klareren, freudigeren Geisteszustand wieder. Es ist erstaunlich. Wir sind unser Umfeld!

Wer einmal die persönliche Erfahrung gemacht hat, welche Wohltat es ist, in einem achtsamen Umfeld zu leben und zu arbeiten, der gewinnt einen neuen Blick auf das eigene Arbeitsumfeld. Das, was bisher als normal angesehen wurde, ist nicht mehr normal. Wir haben etwas anderes erlebt. Und wir wollen dies nicht nur bei Besuchen in Achtsamkeitszentren erleben, sondern auch in unserer täglichen Arbeit. Der Gegensatz zwischen Achtsamkeitszentrum und eigener Arbeitsrealität kann eine Krise auslösen. Hier einige Stimmen:

> *„Als ich nach einem zweiwöchigen Besuch in Plum Village an meinen Arbeitsplatz zurückkehrte, war ich hoch sensibilisiert. Ich spürte die Schwingungen zwischen den Kollegen und sah, wie sich die Konflikte langsam aufbauten, aus kleinen Bemerkungen und Gebärden, lange bevor sie dann in einem Streit eskalierten."*

> *„In Achtsamkeit zusammenzuarbeiten, hat mir gezeigt, was ich an meinem Arbeitsplatz vermisse. Dort ist kaum Platz für tiefes Zuhören oder ein Lächeln. Der Alltag ist von Hektik, Lieblosigkeit und Aktionismus geprägt. So will ich nicht mehr arbeiten. Ich schaue mich jetzt nach Menschen um, die auch in achtsamer Art und Weise zusammenarbeiten wollen."*

Wollen wir die Energie der Achtsamkeit kennen lernen, ist das Aufsuchen von kraftvollen Übungsorten wie diesen sehr hilfreich. Dies ist gleichzeitig eine effektive Möglichkeit, die Ideen dieses Buches am eigenen Leibe zu überprüfen. Direkte Erfahrung ist durch nichts zu ersetzen. Viele Meditierende bestätigen, dass Arbeitsmeditation uns auf vielen Ebenen wertvolle Erkenntnisse schenken kann, die unser Arbeitsleben revolutionieren können. Diese Erfahrung kann kein anderer für uns machen.

Indem wir Retreats, Achtsamkeitsseminare oder Achtsamkeitstage besuchen, stärken wir unsere Achtsamkeitspraxis.[10] Oder wir können uns Gruppen von Gleichgesinnten anschließen, wie sie sich zum Beispiel im Netzwerk Achtsame Wirtschaft finden. Oder wir besuchen eine regelmäßige Meditationsgruppe.

> *Berlin-Zehlendorf, Herbst 2004. Meine Frau Bettina und ich initiieren die Sangha Zehlendorf, eine wöchentliche Praxisgemeinschaft, die sich auf dem Weg der Achtsamkeit unterstützt. Wir wissen, dass wir uns in Berlin ein förderndes Umfeld von Gleichgesinnten schaffen*

müssen, um nicht Schritt für Schritt unsere Achtsamkeit zu verlieren. Fünf Jahre später sind wir ein Kreis von ca. 30 Freunden und Freundinnen geworden, die sich jeden Mittwoch Abend zur gemeinsamen Praxis treffen. Nach einem anstrengenden Tag, können wir uns hier von der Kraft der Achtsamkeit nähren und uns unterstützen.

Die Wahl eines heilsamen Umfeldes bedeutet nicht, dass wir uns aus schwierigen Gesellschaftsbereichen etc. in eine bequeme Komfortzone zurückziehen. Es bedeutet vielmehr, dass wir uns ein Umfeld schaffen, in dem unsere heilsamen Samen, Haltungen und Talente ausreichend Nahrung erhalten und sich stärken können. Sind wir stabil, ist unsere Achtsamkeitspraxis stark, dann können wir auch – mit vervielfachter Wirksamkeit – in schwierige Umfelder zurückkehren und in ihnen tätig werden.

Einen Beurteilungsmaßstab wählen

Wer beurteilt mich? Wessen Urteil ist mir wichtig?
Nach welchen Kriterien beurteile ich mich selbst?

Wie wir unsere Arbeit erleben, hängt extrem von unseren persönlichen Beurteilungsmaßstäben ab. Was der eine als Traumjob wahrnimmt, kann ein Zweiter als Ausdruck seines persönlichen Versagens sehen. Wir besitzen innere und äußere Beurteilungsmaßstäbe.

Innere Beurteilungsmaßstäbe umfassen unsere Erwartungen an uns selbst, unsere Ambitionen, die Selbsteinschätzung unserer Leistung, die Auswahl relevanter Urteilsdimensionen und „Urteiler" sowie die Intensität und Vehemenz, mit der unser innerer Richter urteilt.

Äußere Beurteilungsmaßstäbe im Feld der Arbeit sind formelle Beurteilungen, Zeugnisse, Lob und Tadel, Gehaltserhöhungen und Kürzungen, Entlassungen, Beförderungen, Feedback jeder Art, Peerreviews oder der Ruf, den wir genießen.

Das Beurteilen unserer Person kann schon vor unserer Geburt einsetzen („Ein Mädchen? Wie schön!"). Sind wir auf der Welt, messen uns Eltern, Nachbarn, Kindergärtner, Lehrer, Meister, Professoren und viele mehr an ihren Maßstäben. Unsere Herkunftsfamilie, unsere Herkunftsschicht, unsere Freunde und die Gesellschaft haben Maßstäbe, die wir übernehmen, ignorieren oder ablehnen mögen. Gleichgültig lassen sie uns nicht. Wir passen uns an oder rebellieren. Wir werden geprägt und prägen uns selbst.

In diesem Feld aus Lob und Tadel hängt unsere Freiheit maßgeblich von unserer Bewusstheit ab. Durch die Achtsamkeitspraxis können wir klarer sehen, mit welchen Maßstäben wir über uns selbst und andere urteilen. Und wir erkennen, welche äußeren Urteile uns bewegen und welche Gefühle diese in uns auslösen.

Wenn wir unseren Beurteilungsmaßstab selber wählen, beginnen wir

- einen eigenen Wertmaßstab für unsere Arbeit zu entwickeln,
- unabhängiger vom Mainstream zu werden,
- unabhängiger von Lob und Tadel zu werden,
- Abstand zum inneren Richter zu gewinnen,
- Manipulationen zu erkennen und nicht in diese einzusteigen und
- aus emotionalen Verstrickungen auszusteigen.

Wir lernen auch, gnädiger mit uns selbst und anderen zu sein. Denn der Maßstab, den wir an andere anlegen, wirkt auch auf uns. Häufig sind wir selbst unsere härtesten Richter. Gnadenlos und wenig liebevoll. Erkennen wir unbewusste Urteilsdimensionen in uns, werden wir freier, unabhängiger im Urteil und können uns inspirierende Vorbilder und Mentoren auswählen.

Einen finanziellen Rahmen wählen

Wie viel Geld brauche ich? Welchen Lebensstil wähle ich?

Es gibt ein altes amerikanisches Arbeiterlied mit dem Refrain:
„I owe, I owe, so out to work I go."
(Ich schulde, ich schulde, drum zieh ich los, um zu arbeiten.)

Finanzielle Abhängigkeiten und Verpflichtungen können starke Fesseln für die Entscheidungen in den anderen Wahldimensionen der Arbeit darstellen. In Seminaren begegne ich regelmäßig Familienvätern, die teilen, wie unglücklich sie mit ihrer aktuellen Arbeit sind, aber keinen Weg sehen, ohne ihr aktuell erzieltes Einkommen zu leben. Finanzielle Ängste können unseren Mut zum beruflichen Neuanfang lähmen. Wir sehen unsere monatlichen Ausgaben und sagen: „Es ist unmöglich."

Unser monatliches Budget, unsere finanzielle Normalität, unser finanzielles „Muss" gilt es zu überprüfen. Es ist auch nicht zwangsläufig „edel", wenig Geld zu verdienen. Mein Lehrer Thich Nhat Hanh verdient durch seine Bücher jeden Monat ein kleines Vermögen. Doch der finanzielle Bezugsrahmen, den er gewählt hat, ist der eines einfachen Mönches geblieben. Dies gibt ihm große Freiheitsgrade und die Möglichkeit, das persönlich nicht benötigte Geld zum Wohle vieler anderer Menschen zu nutzen.

Das Intersein der Wahldimensionen

Wenn wir unsere aktuelle Arbeitssituation betrachten, sehen wir, wie die Entscheidungen in den acht vorgestellten Wahldimensionen einander bedingen und beeinflussen.

Wenn wir einen hohen finanziellen Rahmen wählen, schließen wir schlecht bezahlte – aber vielleicht sinnvolle – Berufe und Umfelder aus.

Wenn wir einen ethischen Bezugsrahmen wählen, schließen wir bestimmte Berufe, Tätigkeiten und Umfelder aus.

Vielleicht sind wir tatsächlich in einer Lebensphase mit geringen Freiheitsgraden und hohen Verpflichtungen für Kinder, kranke Eltern oder andere Bereiche. Doch die Dinge sind in steter Veränderung. Wir erben und gewinnen finanzielle Spielräume. Die Kinder sind aus dem Haus und wir haben mehr Freiraum für andere Tätigkeiten. Wir vertiefen unsere Praxis und sehen die Schönheit eines einfachen Lebens. Die Dimensionen unseres Arbeitslebens sind in steter Veränderung. Die Zeiten von Lebensstellungen sind vorbei. Je klarer uns die vorgestellten Wahldimensionen werden, desto freier können wir uns im Feld der Arbeit bewegen und sinnvoll tätig werden. Wir können immer wieder aufs Neue wählen.

Das Maß der Arbeit

Wie viel arbeite ich? Halte ich Maß? Stimmt die
Balance mit anderen Teilen meines Lebens?

Wir sind als Einzelne, als Gesellschaft und als Menschheit nicht sonderlich begabt, das rechte Maß in unseren Aktivitäten zu halten. Wir überfischen die Ozeane, heizen die Erde auf und türmen Schuldenberge für zukünftige Generationen auf.

Auch im Feld der Arbeit stimmt die Balance in vielen Bereichen nicht. Während Millionen unter Arbeitslosigkeit leiden, arbeiten Millionen mehr, als sie selbst und ihre Familien verkraften können. Chronische Erschöpfung, Burn-out, Depression und Drogenmissbrauch am Arbeitsplatz nehmen kontinuierlich zu. Hochschulabsolventen starten mit der Erwartung auf 70-Stunden-Wochen in ihren ersten Job. Die Basis vieler Karrieren liegt immer noch in extremem Arbeitseinsatz. Ob Chefärzte, Investmentbanker, Musikproduzenten, Politiker oder Unternehmer – die Workaholics sind überall. Wenn die Führungspersönlichkeiten das rechte Maß verlieren, müssen wir das unsere aufrechterhalten. Niemand definiert das rechte Maß für uns. Und wenn wir das rechte Maß nicht finden, sind wir in Gefahr, unsere körperliche und geistige Gesundheit zu verlieren.

Der Mittlere Weg

Im Buddhismus wird der Mittlere Weg gelehrt, der Weg, der die Extreme vermeidet und sich um die Balance von Ansichten und Lebensweisen bemüht. Als Schlüsselgeschichte dient hierzu die Begegnung des historischen Buddha mit seinem Schüler Sona, dem es im Alltag schwerfiel, das rechte Maß für seine Meditationspraxis zu finden. Phasen des Feuereifers wechselten mit Phasen der Erschöpfung und Frustration. Folgender Dialog ist zwischen dem Buddha und Sona überliefert:

Buddha fragte Sona: „Bevor du Mönch wurdest, da warst du doch
Musiker, nicht wahr? Du spezialisiertest dich besonders auf die
sechzehnsaitige Sitar, glaube ich?"

Sona: „Ja, das ist richtig."

Buddha: „Wenn du die Sitar spielst, und die Saiten sind zu locker, was passiert dann?"

Sona: „Wenn die Saiten zu locker sind, dann ist die Sitar verstimmt."

Buddha: „Und was ist, wenn die Saiten zu straff sind?"
Sona: „Wenn die Saiten zu straff sind, dann werden die Saiten voraussichtlich reißen."

Buddha: „Und wenn die Saiten gerade richtig sind, weder zu locker noch zu straff?"
Sona: „Wenn die Saiten gerade richtig sind, dann wird die Sitar wunderbare Musik erklingen lassen."

Buddha: „Genauso ist es, Sona! Wenn man träge und faul ist, kann man in der Übung keine Fortschritte machen. Doch ist man zu eifrig und streng mit sich, wird man Müdigkeit und Mutlosigkeit erleiden. Sona, lerne deine eigenen Kräfte kennen und einschätzen! Zwinge Körper und Geist nicht über ihre Grenzen hinaus. Nur dann kannst du die Früchte der Übung erlangen."[11]

 ## Gesichter der Maßlosigkeit

Während der industriellen Revolution arbeiteten sich viele Männer, Frauen und Kinder in Bergwerken, Fabriken und auf Baustellen zu Tode. Es ist keine Frage, dass diese Menschen zu viel arbeiteten. Sie wurden ausgebeutet, ihre Arbeitgeber hatten das menschliche Maß verloren. Als Menschen sind wir begrenzte Wesen mit verletzlichen Körpern und einem verletzbaren Geist. Wir brauchen ein rechtes Maß in den Dingen, um uns nicht zu schädigen. Wir brauchen Schutz vor Ausbeutung.

Heute schützen uns in Europa und weiten Teilen der westlichen Welt weitgehende Arbeitsschutzgesetze. Wöchentliche Arbeitszeiten sind in vielen Bereichen begrenzt. Mitbestimmungsrechte und das Arbeitsrecht schützen uns vor maßloser Ausbeutung. Dies ist ein enormer Fortschritt.

Natürlich existiert Ausbeutung weiterhin, in Vielem haben wir das Problem nur in Länder mit geringerem Arbeitsschutz exportiert. Subtiler und schwerer zu beobachten als die äußere Ausbeutung ist die wachsende Bereitschaft zur Selbstausbeutung.

Überarbeitung und Selbstausbeutung

Was ist Selbstausbeutung? Selbstausbeutung ist der freiwillige Einsatz von Energie und Zeit über das vertraglich festgelegte (und häufig auch gesunde) Maß hinaus. Für den beruflichen Einstieg oder Erfolg sowie das berufliche Überleben opfern heute viele Menschen ihr geistiges und körperliches Wohlergehen, ihre Familie oder ihr Privatleben.

> *Hamburg, Dezember 2001. Mich erreicht die Nachricht, dass mein erster beruflicher Mentor plötzlich verstorben ist. Mit Ende dreißig. Im Büro soll er zusammengebrochen sein, im Krankenhaus kam dann alle Hilfe zu spät. Eine verschleppte Grippe soll es gewesen sein, die im weiteren Verlauf das Herz angegriffen hat. Ich erinnere mich sehr gerne an ihn. Ein Riesenkerl mit einem ansteckenden Lachen, ein erfolgreicher Unternehmensberater – mit einem unglaublichen Arbeitspensum. Was hat ihn getötet?*

Es existieren Unternehmen und ganze Branchen, die auf dem Prinzip der Selbstausbeutung aufgebaut sind. Die meisten der bekannten internationalen Unternehmensberatungen, Anwaltskanzleien, und Investmentbanken fordern von ihrem Nachwuchs den totalen Einsatz. 80-Stunden-Wochen und mehr gelten hier als normal. Von den Studien, Reorganisationen und Finanzmodellen dieser wirtschaftlichen Elite ging im letzten Jahrzehnt eine enorme Beschleunigung und Verdichtung aller Arbeitsprozesse aus. Der Arbeitsethos hat sich verändert, hat unsere Arbeitswelten radikal umgebaut und ein extrem hohes Tempo in vielen Bereichen etabliert. Der Druck und die Normalität, unter dem diese Taktvorgeber unserer Wirtschaft tagtäglich stehen, wird durch zunehmende Präsenz dieser Extremarbeiter in alle Bereiche der Wirtschaft weitergegeben.

Doch in Zeiten hoher Arbeitslosigkeit sind es nicht nur die hoch bezahlten Jobs, die auf Selbstausbeutung setzen. Unbezahlte Praktika, Einstiegsjobs zum Hoffnungsentgelt oder die Einläutung eines internen

Wettbewerbs um Festanstellung oder Weiterbeschäftigung sind weitere Rahmenbedingungen, die viele Menschen ans Limit treiben.

Ungleichgewichte erkennen

Unser Arbeitsleben droht in verschiedenen Bereichen das Gleichgewicht verlieren. Zu viel Zeit am Computer, Nachtschichten, zu viele Projekte parallel, permanente Erreichbarkeit, einseitige Tätigkeiten, keine Zeit für Pausen, Familie, Freunde, Sport oder Hobbys ...

Eines Tages kam ein Journalist zu Thich Nhat Hanh, der seine Gedichte sehr schätzte. Thich Nhat Hanh war gerade am Gärtnern. Der Journalist fragte, warum er selber gärtnern würde, wenn er doch in derselben Zeit ein weiteres Gedicht schreiben könnte. Thich Nhat Hanh lächelte und antwortete, dass er seine Gedichte nur schreiben könnte, weil er auch gärtnern würde. Er könnte seine Vorträge nur halten, weil er regelmäßig Gehmeditation üben würde. Die Dinge würden einander unterstützen. Ohne Maß und Achtsamkeit wäre sein Leben schon zu Ende.

Auf Dauer rächen sich unbalancierte Arbeitsprozesse körperlich und geistig. Es ist daher wichtig, die zentralen Spannungsfelder im Umgang mit Arbeit zu kennen und bewusst zu beeinflussen. Es gilt immer wieder aufs Neue, den Mittleren Weg zu erspüren und gegen äußere und innere Stimmen zu verteidigen.

 Maßvolle Aktivität und konzentrierte Tatkraft

Wir sprechen heute viel über **Work-Life-Balance**. In der Regel wird hierunter ein Zustand verstanden, in dem Arbeit und Privatleben miteinander in Einklang stehen. Es geht nicht nur um Arbeit und Privatleben. Wir brauchen ein klares Verständnis für Dimensionen unserer Arbeit, die es in Balance zu halten gilt.

Es ist wichtig, die eigenen Erwartungen, Wünsche, Urteile und Träume im Blick zu behalten und unser Streben nach Erfolg, nach Anerkennung, Sicherheit oder Aufstieg zu bändigen. Im Strom der Ereignisse, Pläne und

To-do-Listen ist es immer aufs Neue eine Herausforderung, unsere Achtsamkeit aufrechtzuerhalten. Wir brauchen Warnsignale, wenn wir in Gefahr geraten, unser Maß zu verlieren. Im Folgenden werden zentrale Balancedimensionen unserer Arbeit vorgestellt.

Gutes Timing

Drei Stunden konzentrierter, achtsamer Arbeit können einen wesentlich positiveren Effekt erzielen als zehn Stunden bei geringer Konzentration und Achtsamkeit. Ein Wutanfall in der elften Arbeitsstunde kann die Arbeit einer Woche oder mehrerer Monate zunichtemachen. Der Duft unserer Arbeit ist häufig entscheidender als die Summe der Arbeitsstunden, die wir im Büro verbringen.

Manchmal mühen wir uns ab und es kommt nichts dabei heraus. Je mehr wir ein Ziel erreichen wollen, umso weiter entfernt es sich. Manche Dinge können wir nicht erjagen, sondern müssen geduldig auf den rechten Zeitpunkt warten. Wenn wir ein Gefühl für unseren persönlichen Wirkungsgrad entwickeln, können wir mit wesentlich weniger Energieaufwand und Zeit unsere Aufgaben erfüllen. „Das rechte Wort zur rechten Zeit" kann Wunder wirken. In Zen-Kreisen wird dieses Herangehen an die Dinge durch viele praktische Beispiele gelehrt. Ein Lehrer mag nach einigen Minuten die Defizite eines Schülers sehen. Doch er sieht auch, dass der Schüler noch nicht bereit für diese Einsicht in die eigenen Fehler ist. Jedes Bemühen, den Schüler vor der Zeit auf seinen Fehler zu stoßen, wäre Energieverschwendung, ja kontraproduktiv. Ist die Zeit hingegen reif, braucht es häufig nicht mehr viel, um eine transformierende Wirkung zu erzielen.

Diesen richtigen Zeitpunkt gibt es auch für bestimmte Aktivitäten. Dieses Buch entstand zum großen Teil in den Morgenstunden des Tages. Morgens fällt es mir besonders leicht, mich zu konzentrieren. Drei Stunden konzentrierter Arbeit erlebe ich als mühelos, dann folgt häufig ein steiler Abfall der Konzentration und die Arbeitsqualität sinkt. Ich kann meine Arbeitsleistung nicht durch die beliebige Addierung weiterer Stunden erhöhen. Es ist an uns, zu erkennen, welche Rahmenbedingungen welche Aktivitäten fördern und wo wir gegen den Fluss der Dinge arbeiten und uns erschöpfen.

Sich nicht verzetteln – Prioritäten setzen

Unser Maß zu finden, heißt Prioritäten setzen. Wir wollen unsere wertvolle Zeit nicht mit Dingen verbringen, die für unser Leben nicht wirklich von Bedeutung sind. Ich kenne kaum eine Geschichte, die die Notwendigkeit von Prioritäten deutlicher macht, als die folgende:

Ein Lehrer brachte zum Unterricht eine Reihe von Gegenständen mit: einen großen Blumentopf, Golfbälle, kleine Kieselsteine und Sand. Er füllte den Blumentopf bis oben hin mit den Golfbällen und fragte die Schüler: „Ist der Topf voll?" Die Schüler bejahten dies.

Nun schüttete der Lehrer Kieselsteine in den Topf, bis diese alle Zwischenräume ausgefüllt hatten. Wieder fragte er: „Ist der Topf nun voll?" Und wieder bejahten die Schüler dies. Nun schüttete der Lehrer Sand in den Blumentopf, bis auch die kleinsten Hohlräume ausgefüllt waren.

„Nun", sagte der Lehrer, „der Blumentopf symbolisiert euer Leben. Die Golfbälle stehen für die wirklich wichtigen Dinge im Leben, wie eure Gesundheit, eure Familie, eure Kinder, eure Freunde. Wenn ihr nur diese Dinge hättet und alles andere verloren ginge, dann wärt ihr trotzdem noch sehr reich und euer Leben wäre erfüllt. Die Kieselsteine stehen für Dinge wie euer Haus, euer Auto, eure Arbeit. Der Sand symbolisiert all die anderen Dinge, wie etwa neue Kleider, Einrichtungsgegenstände, ein neues Handy, Fernsehen. Wenn ihr den Blumentopf zuerst mit Sand füllt, dann ist für nichts anderes mehr Platz in ihm. Dasselbe trifft auf euer Leben zu. Wenn ihr eure Energie und Zeit dafür aufwendet, Kleinigkeiten anzusammeln, dann habt ihr keinen Platz mehr für die wichtigen Dinge in eurem Leben und euer Leben wird nicht wirklich erfüllt sein. Achtet also darauf, dass ihr eure Zeit und Energie zuerst für die wichtigen Dinge verwendet."

Was sind unsere Golfbälle im Feld der Arbeit? Was kommt an erster Stelle? Thich Nhat Hanh empfahl einer Gruppe von Unternehmensführern, Achtsamkeit an die erste Stelle zu setzen:

„Eure grundlegendste Investition solltet ihr in euch selber tätigen. In eure eigene Stabilität und euer eigenes Glück. Alle anderen werden davon profitieren."[12]

Ohne Bewusstheit, ohne Achtsamkeit, ohne Mitgefühl, kann unsere Arbeit keinen wahren Nutzen stiften. Daher sollte unsere erste Priorität darin liegen, diese Qualitäten zu entwickeln und während der Arbeit aufrechtzuerhalten.

Der erste Golfball, den wir in unseren Arbeitstag legen, könnte daher eine regelmäßige Achtsamkeitspraxis sein. Eine Sitzmeditation am Morgen, ein achtsamer Gang ins Büro oder das Lesen eines inspirierenden Textes. Achtsamkeit wird uns helfen, unseren Wirkungsgrad zu erhöhen, geeignete Mittel zu finden und die emotionale Dimension in Begegnungen, Meetings und Telefonaten zu spüren. Achtsamkeit sät und nährt Achtsamkeit.

Das Denken mäßigen – maßvolle geistige Arbeit

Während noch vor einigen Jahrzehnten die überwiegenden Arbeiten in unserer Gesellschaft körperlich waren, sind sie heute geistiger Natur.

Wir planen, entwerfen, kalkulieren, beraten, analysieren, formulieren, präsentieren, diskutieren, strukturieren, durchdenken, prognostizieren, bewerten, spekulieren, lernen, erinnern und vieles mehr.

Wir sollten meinen, dass mit dieser Zunahme an geistiger Tätigkeit auch unsere Fähigkeiten, diese zu meistern, gestiegen wären. Doch das scheint nicht der Fall. Viele von uns sind überfordert mit der Vielzahl und Intensität geistiger Prozesse und Eindrücke. Unser individueller und kollektiver Geist ist überlastet und die Folge ist eine rapide Zunahme von psychischen, psychosomatischen und stressbedingten Krankheiten. Unser Geist ist überfordert und angespannt. Unsere geistige Arbeit kann so sehr überhandnehmen, dass wir unseren Körper immer mehr abtrennen und kaum noch wahrnehmen. Körperliche Arbeit und Erschöpfung zwingt uns zum Maßhalten. Doch geistiges Maßhalten fällt uns schwer. Uns fehlt das Training.

Ein Seminarteilnehmer formulierte es so:

„Ich habe Philosophie studiert und war immer ein großer Bücherfreund. Meine Leidenschaft bestand darin, die Dinge möglichst gründlich zu durchdenken. Eines Tages begriff ich, dass ich ständig am denken war. Dass ich ohne Unterbrechung dachte. Nicht aktiv,

sondern passiv. Es dachte mich. Ich stellte fest, dass ich über keiner-
lei Mittel verfügte, bewusst nicht zu denken. Da war kein Ausschalter.
Diese Einsicht kam mir nicht durch intellektuelle Analyse, sondern in
einer Reihe von Sitzmeditationen im Rahmen eines Retreats."

Meditationslehrer schätzen, dass über 95 Prozent unserer täglichen Gedanken nicht nützlich, sondern destruktiv, automatisch oder repetitiv sind.
Wenn wir dazunehmen, dass das Denken im Normalfall 20 Prozent unserer
Gesamtkörperenergie verbraucht, sehen wir, wie verschwenderisch wir hier
agieren. Wir sind maßlose Denker! Unser Denken ist maßlos. Während wir
mehr und mehr geistige Aktivitäten in unsere Arbeitstage integriert haben,
beherrschen wir den zentralsten geistigen Prozess – das Denken – nicht.
Das ist die zentrale Erfahrung, die fast jeder Übende am Anfang seiner
Meditationspraxis macht. Wir sitzen still auf einem Kissen und unser Denken rast hin und her, spekuliert über die Zukunft, bewertet Vergangenes,
kommentiert, wertet, wiederholt sich, springt hin und her. Wir sitzen still.
Es gibt nichts zu tun, keine Arbeit und dennoch läuft unser Denken auf
Hochtouren. In diesem Moment beginnen wir zu ahnen, welche Auswirkungen nicht trainiertes Denken auf unser Leben und unsere Arbeit hat.
Denn Denken ist Handeln. Denken erzeugt Wirkung. Denken stößt Gefühle
an. Denken schafft einen Möglichkeitsraum. Denken kann trennen, was
zusammengehört. Wer länger meditiert, beginnt das eigene Denken mit
einer gewissen Distanz zu betrachten. Dann erkennen wir vielleicht: Nichtdenken ist möglich. Nichtdenken schafft Frieden und Weite. Im Zustand
des Nichtdenkens kann unsere Wahrnehmung sich klären. Dies sind nur
einige Erkenntnisse, die uns regelmäßige Sitzmeditation schenken kann.
Wir erhalten einen Hebel zur Beeinflussung unserer Denkroutinen.

Vielleicht möchten Sie folgende einfache Übung machen. Setzen Sie
sich aufrecht und entspannt auf einen Stuhl. Legen Sie eine Hand auf Ihren
Unterbauch und spüren Sie, wie Ihr Atem die Bauchdecke hebt und senkt.
Gehen Sie einmal alle Gelenke Ihres Körpers durch und spüren, dass sie
nicht starr, sondern lebendig sind. Lächeln Sie sich zu. In den folgenden
fünf Minuten folgen Sie mit Ihrer ganzen Aufmerksamkeit Ihrem Atem.
Zur Unterstützung unserer Konzentration und als Anker zählen wir unsere

Atemzüge. Einatmen eins, ausatmen eins, einatmen zwei, ausatmen zwei ... Verlieren wir uns in unseren Gedanken, kehren wir entspannt zum Atem zurück und beginnen wieder bei eins. Haben wir bis zehn gezählt, beginnen wir von Neuem bei eins. Beschäftigen uns „wichtige Gedanken", lassen wir diese wie eine Wolke durch unseren Geist ziehen und geben ihnen keine weitere Energie. Wir können die Augen schließen und uns diese fünfminütige Zentrierungs- und Konzentrationsübung schenken.

Intimität mit Warnsignalen entwickeln

Wenn wir Achtsamkeit durch das Integrieren von Sitzmeditation und anderen Methoden in den Alltag entwickeln, beginnt eine frische Kommunikation mit uns selbst. Unsere Körperintelligenz erwacht. Unser Körper sendet uns ständig Nachrichten. Doch wir sind selten auf Empfang. Im Extremfall sendet er uns ein verzweifeltes SOS, aber wir hören nicht hin. Unser Körper soll funktionieren, damit wir ungestört weiterarbeiten können. Wenn unsere Körperintelligenz erwacht und wir die Signale unseres Körpers ernst nehmen, sind wir in Vielem auf der sicheren Seite. Wir achten auf die Signalzeichen unseres Körpers, wie Müdigkeit, Hunger, Ohrendruck, Kopfschmerzen, Herzschmerzen, und nehmen auch die emotionalen Signale auf. Das Aufsteigen von Ärger oder die Beklemmung der Angst. Ohne Achtsamkeit eskalieren die Dinge leicht. Aus einem kleinen Kopfweh kann eine ausgewachsene Migräne werden, aus leichter Gereiztheit ein kapitaler Wutausbruch.

Warnsignale fordern uns auf, zu stoppen und genau hinzuschauen. Warnsignale sind die Wärter des rechten Maßes.

Nichtaktivität und Muße

Sind wir in der Lage, sinnvolle, nährende, und erholsame Pausen einzulegen? Viele von uns haben das verlernt, trauen sich nicht oder haben ein schlechtes Gewissen, ihr Pensum nicht zu schaffen. In manchen Arbeitskulturen ist das Einlegen von Pausen verpönt oder gilt als Schwäche oder Faulheit. Welch ein fatales Missverständnis. Statt immer weiterzumachen, ist es häufig die Pause, die uns wieder Raum schenkt und Frische, Offenheit und Kreativität erst ermöglicht. Thich Nhat Hanh schreibt:

„Nichthandeln ist oft wichtiger als Handeln. Allein unsere friedliche Gegenwart kann vieles leichter machen."

Wir können unsere Achtsamkeit nicht hochhalten, wenn wir nicht lernen, wahre Pausen einzulegen. Oder einen Schritt weiter, wenn wir nicht in der Lage sind, auch einmal nichts zu tun. Gar nichts. Aktivität braucht Muße.

Muße ist die andere Seite der Aktivität. Nicht ihr Feind, sondern ihr Bruder. Jede Aktivität braucht Nichtaktivität. Jedes Reden braucht Schweigen. Jedes Planen braucht Nichtplanen. Jede To-do-Phase braucht eine Not-to-do-Phase. Lassen wir die Dinge ruhen, klärt sich vieles von alleine. Jagen wir den Dingen hinterher, entgleiten sie uns oft genug. Ein indischer Yoga-Lehrer wunderte sich einst über einen straff durchgetakteten Yoga-Kongress ohne Pausen. Mit einem Lächeln sagte er: „If you plan everything, nothing will happen." In unserem Hang zur Planung töten wir nicht voraussehbare Gelegenheiten.

Indem wir Dinge bewusst lassen, Handlungen unterlassen, Erwartungen loslassen, schaffen wir Raum. Raum, in dem sich das Wesentliche zeigen kann, in dem wir uns erfrischen, in den das Ungeplante einziehen kann. Raum für uns. Raum für die Themen, Gefühle, Spannungen und Freuden, die im Strom der Ereignisse untergegangen waren. Raum zum Reifen. Muße ist keine Aufforderung zum bewussten Unterlassen oder zur Trägheit. Oft genug ist es die Haltung des Nichttuns, die es uns ermöglicht, neue, kreative Wege zu gehen oder Lösungen zu finden. Muße hilft uns, Nichtreaktivität zu entwickeln und dem – häufig genug eingebildeten – Handlungsdruck mit einem lächelnden, klaren „Nein, ich muss nicht" zu begegnen. Der Geist der Muße, der Geist des Nichthandelns schenkt uns Freiheit. Oder wie Aristoteles es formuliert hat:

„Das Ziel der Arbeit ist die Muße, die Muße ist die Schwester der Freiheit."

Wenn wir die Nichtarbeit nicht mehr genießen können, wenn es uns schwerfällt, ruhig auf einem Stuhl zu sitzen, ohne etwas Produktives zu machen, können wir sicher sein, dass unser Leben aus der Balance geraten ist. Wir sind in Gefahr, unsere wahre Heimat einzubüßen und uns in unseren vielfältigen Aktivitäten zu verlieren. Sind wir an diesem Punkt angekommen, ist es an der Zeit, uns aufs Neue mit der Schlichtheit des gegenwärtigen Augenblicks zu verbinden. Uns ruhig auf einen Stuhl zu setzen, dreimal durchzuatmen und uns selbst zu sagen: „Ich bin angekommen, ich bin zu Hause." Gönnen wir uns diese Freiheit.

Einen „Non-Business-Day" einlegen

Wir sollten uns regelmäßige Auszeiten gönnen, um nicht im Strom der Ereignisse unseren inneren Kompass zu verlieren oder in Aktionismus zu verfallen. Thich Nhat Hanh schlägt hierzu das Ritual eines regelmäßigen „Non-Business-Day" vor:

> *„Wir sollten als freie Menschen leben. Wenn wir nur Sklaven unseres Geschäftes oder unseres Beschäftigtseins sind, können wir nicht frei sein. Wir sind intelligent genug, um zu sehen, dass wir uns selbst und unserer Familie Zeit widmen müssen. Und dennoch können wir es nicht tun. Wir können diese Einsicht nicht implementieren, weil wir alleine schwach sind. Wir brauchen Freunde, Mitübende, Lehrer und eine Gemeinschaft, um stark genug zu sein, uns mit unseren wahren Problemen auseinanderzusetzen. Drei oder vier von uns können zusammenkommen, um einen Achtsamkeitstag zu organisieren. Das ist ein Tag, an dem wir uns selber lehren, jeden Moment des Tages tief zu leben und es unserer Arbeit nicht erlauben, uns in Besitz zu nehmen und uns zu versklaven. Diesen Tag der Achtsamkeit können wir einen ‚Non-Business-Day' nennen. Es ist ein Tag, an dem wir frei von unseren Sorgen sein können und unserer Neigung, in die Zukunft einzutauchen, nicht nachgeben. Es ist ein Tag jenseits der Arbeit."* [13]

Solche Tage, die wir auch Mußetage nennen können, sind nicht nur für Menschen, die sehr viel arbeiten, eine große Herausforderung. Ohne Ziele, ohne To-do-Liste, ohne Pläne durch einen Tag zu gehen und einfach nur wahrhaftig mit dem Tag zusammen zu sein, fällt uns schwer. Wir sind es gewohnt, zu agieren, zu machen, die Dinge planvoll anzugehen. Lassen wir den Tag sich natürlich entfalten, treten wir in ein Feld jenseits der durchgetakteten Welt ein. Wir werden offen für das, was genau jetzt in uns und um uns herum geschieht.

„Es kann ein Tag sein, an dem wir tiefer in unsere Beziehung zu uns selbst und anderen schauen können. An diesem Tag haben wir die Möglichkeit, die Balance in unserem Leben wiederherzustellen. Wir mögen erkennen, dass wir Erholung brauchen. Ein Mußetag ist ein Geschenk an uns und unser Umfeld. Wir können uns an ihm erfreuen und in unsere eigene Zeit, in unseren eigenen Raum eintauchen. Es kann ein sehr stiller Tag für uns alle sein."[14]

Die Motivation der Arbeit

Was treibt mich an? Wofür arbeite ich? Was schenkt meiner Arbeit Sinn und Erfüllung? Was motiviert mich? Wem dient meine Arbeit?

Jeder von uns hat eine tiefste Motivation. Ein bewusstes oder unbewusstes Ziel, eine Leidenschaft oder einen Traum. Diese tiefste Motivation hat eine enorme Macht auf unser Leben, daher ist es bedenklich, dass sie für uns selber häufig nicht sichtbar oder bewusst ist. Tief in uns fließt dieser starke Strom, der unsere kleinen, mittleren und großen Taten ausrichtet, bewertet und priorisiert. Wie viel wissen wir über unsere wahre Motivation? Mich hat die Unklarheit über meine wahre Motivation viele Jahre in die Irre geführt.

Frankfurt, Dezember 1997, McKinsey-Auswahlgespräche. Nach einem Intelligenztest, mehreren Fallstudien und einer Präsentation sitze ich nun im Abschlussgespräch und bekomme die unvermeidliche Frage gestellt: „Warum willst du zu uns kommen?" Ich antworte wie aus dem Lehrbuch. Dass ich mit äußerst intelligenten Menschen zusammenarbeiten will, dass ich mich steil entwickeln möchte und hier ein passendes Umfeld vermute. Dass ich eigene positive, interne Erfahrungen gemacht und zudem viel Gutes über die Firma gehört habe, von aktiven Beratern, Partnern. Dass ich etwas Sinnvolles bewegen will. Ich verdränge meine Diplomarbeit im selben Hause, die mich an den Rand des geistigen und körperlichen Zusammenbruchs

geführt hat. Trotzdem, ich will dabei sein! Meine tiefere Motivation
entzieht sich mir.

Erst Jahre später habe ich (auf dem Meditationskissen) erkannt, was mich wirklich zu McKinsey geführt hatte. Ich wollte mir und anderen beweisen, dass ich es geschafft habe. Mich faszinierte die intellektuelle Überlegenheit, die von vielen Beratern ausging. Ich wollte den unauslöschlichen Ausweis des beruflichen Erfolges in meinem Lebenslauf. Ich suchte Zugehörigkeit, Anerkennung und Brüderlichkeit. Ich wollte ein sicheres Zuhause. Und ich wollte durch ein hohes Einkommen schnell finanziell unabhängig werden.

Sind wir uns unserer tiefsten Motivation bewusst? Wissen wir, was unser Leben auf der tiefsten Ebene steuert und ausrichtet? Versuchen wir Klarheit darüber zu gewinnen, was wir unbewusst anstreben und vermeiden? Ohne diese Klarheit fehlt unserer Arbeit die Ausrichtung. Wir sind nicht wirklich frei. Wir sind verführbar und manipulierbar. Andere können an unsere unbewussten Wünsche und Hoffnungen andocken und uns mitziehen. Thich Nhat Hanh sieht im Tiefen Schauen in unsere Motivation einen Schlüssel zur Befreiung:

„Durch Tiefes Schauen in eure Absichten werdet ihr eure tiefsten Motivationen sehen. Manchmal wird das Gieren nach Ruhm, Macht, Sex oder Reichtum als sozialer Dienst getarnt.

Wir sollten uns nichts vormachen!

Wir sollten keine Argumente suchen, um unsere Einstellung und unsere Taten zu rechtfertigen. Wir müssen Tiefes Schauen praktizieren, um die Nahrungsquelle zu identifizieren, die wir täglich als Motivation unserer Taten nutzen. Es ist diese Motivation, die uns zu einem Ort des Leidens oder des Glücks bringen wird. Eine heilsame Motivation kann uns zu Wohlergehen, zu Glück und zum Glück vieler Menschen führen. Eine unheilsame Motivation führt uns aber ins Leiden. (...) Wir müssen lernen, zwischen mitfühlenden Idealen sowie unseren unheilsamen Wünschen und Begierden zu unterscheiden. Diese beiden Dinge sind verschieden. Manchmal verwechseln wir unsere Begierden und unser Verlangen mit unseren

edlen Idealen. Wir versuchen uns häufig etwas vorzumachen, um
uns friedvoller zu fühlen."

Hinter der glitzernden Fassade

Diese Aussagen sind revolutionär. Nicht, weil sie neu wären, sondern weil sie unserem Leben eine Richtung weisen, die sich fundamental von der vorherrschenden Leitkultur unterscheidet. Obwohl wir mit der aktuellen Finanz- und Wirtschaftskrise täglich vor Augen haben, wohin uns die Sehnsucht nach (schnellem) Geld, Karriere, Ruhm und Macht führen kann, lassen wir nicht los. Wir wünschen uns weiterhin eine Arbeit, mit der wir mehr Geld, mehr Anerkennung, mehr Einfluss oder mehr Bekanntheit erzielen können.

Deutschland sucht nach wie vor den Superstar, fragt „Wer wird Millionär?" und verfolgt gebannt die Schritte und Fehltritte seiner Prominenten. Kaum ein Werbeplakat, dem wir im Alltag begegnen, spielt nicht mit unseren Sehnsüchten nach Geld, Schönheit, Jugend, Sinnesvergnügen, Macht oder Ruhm. Die Posen der Models, die roten Teppiche der Sieger, wir atmen diese Versprechen Tag für Tag ein. Und doch sind sie falsch.

Université de Genève, Januar 1998. Ich verteidige meine Doktorarbeit mit dem Titel „Die Organisation aus der Wissensperspektive". Drei Jahre habe ich mich in dieses Thema hineingedacht, hineingeschrieben, es täglich eingeatmet und gewendet. Zur Vorbereitung habe ich in einem zweiwöchigen Crashkurs mein dürftiges Französisch aufpoliert. Nun stehe ich vor der Prüfungskommission und lege los. Ich spüre Angst, denn mein Französisch limitiert mich arg. Mein Ziel ist summa cum laude. Die höchste Auszeichnung. Ich erreiche es. Man gratuliert mir. Drei Jahre habe ich auf dieses Ziel hingearbeitet. Nun ist es erreicht. Doch nichts passiert. Ich fühle mich nur unendlich müde. Ich bin immer noch derselbe. Was habe ich erwartet? Das Ziel ist erreicht, erzwungen, geschafft. Doch ich bin nicht glücklicher. Ein Doktor, ja. Doch nicht gelassener, nicht glücklicher, nicht liebesfähiger. Enttäuschung breitet sich aus. Was will ich wirklich? Schon verblasst der Erfolg und die nächsten Berge, die nächsten großen Ziele steigen aus den Tiefen meines Bewusstseins auf. Umzug von

*Zürich nach Hamburg – Wohnungsrenovierung – Jobbeginn in vier
Wochen. Es ist ein unendliches Spiel, auf das ich mich eingelassen
habe.*

Uns werden viele Versprechen gemacht. „Das wird dich glücklich machen!"
„Das wird dir Sicherheit geben!" „Das wird dich ‚weiterentwickeln'!" Kultivieren wir Achtsamkeit, sehen wir, ob diese Versprechen wirklich stimmen.
Wir schauen durch die Fassade des Erfolges hindurch. Wir sehen die Angst,
die hinter einem souveränen Siegerlächeln verborgen sein kann. Wir sehen
die Getriebenheit und Magersucht „perfekter" Models. Wir erkennen die
Depression und Einsamkeit vieler gefeierter Persönlichkeiten. Wir berühren
das Misstrauen der ewig Bewunderten und der Reichen. Ihren Verlust von
Freiheit im Alltag. Wir sehen die Unfreiheit, die darin liegt, ein bestimmtes
Bild in der Öffentlichkeit zu wahren. Wir erkennen den Preis, den viele für
Reichtum, Bekanntheit, Macht und Ruhm zahlen, und spüren die Angst,
das scheinbar glücklich Gewonnene wieder zu verlieren. Sehen wir diese
Schattenseiten klarer und erkennen wir dieselben Prozesse und Wirkmechanismen in uns selber, so ändert sich auch unsere eigene Motivation. Wir
ent-täuschen uns und laufen nicht länger unseren Träumen hinterher.

Die falschen Anreize

Um Unternehmen oder andere Akteure unserer Wirtschaft tiefer zu verstehen, sollten wir daher ihre Motivationsstrukturen eingehend analysieren. An welche Motivatoren wird im Rahmen von Incentive-Programmen,
Nachwuchsförderung, Motivationsseminaren oder Laufbahngesprächen
angedockt? Welche Motivation treibt die Vorstände und das gesamte
Führungspersonal? Lautet die Antwort Ruhm, Geld und Macht, so haben
wir als Kunden, als Bürger und als Gesellschaft ein Problem. Gehen wir
als Arbeitnehmer in solche Organisationen, atmen wir diese Motivation
tagtäglich ein und werden gefärbt.

Wir sollten sehr aufmerksam sein, wer uns mit welcher Karotte lockt.
In den Incentive-Strukturen von Organisationen spiegelt sich ihr Menschenbild. Wer weiß, wofür er lebt und arbeitet, braucht nicht motiviert zu
werden. Natürlich braucht jeder Mensch Anerkennung und eine gewisse
Unterstützung. Doch arbeiten wir, um Anerkennung zu erhalten, sind wir auf

einem gefährlichen Weg, der in Unfreiheit und Abhängigkeit führt. Schon bei Kindern gilt die Belohnung als gefährliches Erziehungsprinzip. Es gilt, Bestrafung und Belohnung, wo möglich, zu vermeiden:

> *„Durch das System der Belohnung bekommen Kinder den Eindruck, dass sie nichts tun müssen, wenn für sie nichts herausschaut. Unter solchen Umständen können sie unmöglich ein System der Verant-wortlichkeit entwickeln.“*[15]

Jahrelang haben Großunternehmen ihre Vorstände mit Aktienoptionen und anderen gewinnorientierten Incentives gelockt und ausgerichtet. Diese Belohnungsmechanismen waren im letzten Jahrzehnt der gängige Motivationsmechanismus im Finanzsektor, extrem ausgeprägt bei Investmentbanken und weit verbreitet in großen Aktiengesellschaften. Diese Auslagerung von Bewertungsmaßstäben an die Märkte hat die kollektive Verantwortungslosigkeit, die wir während der Finanzkrise 2008/2009 angetroffen haben, erst möglich gemacht. Konfrontiert man die Investmentbanker mit ihrer Verantwortung erhält man typischerweise die folgenden Antworten:

- „Ich bin es nicht gewesen."
- „Es war der Markt."
- „Ein unvorhersehbarer Unfall."
- „Da haben einige wenige eine ganze Branche in Misskredit gebracht."
- „Ich bin auch ein Opfer dieser Krise."

Im Kern ist dieser „Unfall" aber kein Unfall, sondern eine Manifestation eines Systems, das unheilsame Motivationsziele angewendet hat und anwendet.

Radikale Ehrlichkeit

Das Feld der Motivation ist subtiler Natur. In keinem Feld können wir uns so leicht etwas vormachen wie hier. Hier die Erfahrung eines Managementcoaches:

> *„Eine meiner Hauptaufgaben ist es, meinen Klienten zu einem realistischen Selbstbild zu verhelfen. Nur wenn sie sich gegenüber ehrlich sind, kann ich helfen. Ich treffe zu Beginn meist auf eine Mauer*

aus Selbstbetrug, verzerrter Wahrnehmung und vorgeschobenen
Motivationen. Ein Topmanager behauptet über Wochen, dass seine
Hauptmotivation das Wohl seiner Familie ist, die ihn in der Realität
nur selten sieht und in der sich eine Scheidung anbahnt. Solange ich
diese Mauer nicht durchbreche, wird nichts passieren. Wir bleiben an
der Oberfläche und räumen die Möbel um. Wenn radikale Ehrlichkeit
einzieht, ändert sich alles und kann sich alles ändern."

Um radikale Ehrlichkeit zu erreichen, sollten wir genau darauf achten, was unsere „Knöpfe drückt" – sprich: Worauf wir mit besonders großer Begeisterung oder besonders großer Ablehnung reagieren.

Tiefer Arbeitsmotivator	Unsere Knöpfe – Darauf reagieren wir
Geld	Einkommenshöhe, Rendite, finanzielle Gewinne und Verluste, Vermögensänderungen, Honorare
Ruhm	Anerkennung, Lob, Preise, Orden, Ehre, Medienberichte
Macht	Ressourcen, Einfluss, Nähe zu mächtigen Menschen, Kontrollmöglichkeiten, Hebel
Sinnesfreuden	Angenehme und unangenehme Düfte, Ansichten, Klänge, Geschmäcker und Berührungen
Sex	Signale potenzieller Partner, Attraktivität, Chancenerhöhung

Tabelle 3: **Arbeitsmotivatoren und Reaktionsmuster**

Achtsamkeit hilft uns, unsere „Knöpfe" und Antreiber klarer zu sehen. Wenn wir wissen, wonach wir wirklich streben, können wir uns fragen, ob wir eine sinnvolle Strategie anwenden. Wenn wir klar sehen, dass wir durch das Streben nach Ruhm, Macht, Reichtum, Sex oder Sinnesvergnügen oder ihre vielfältigen Varianten motiviert sind, können wir uns selbst dabei beobachten, wie uns diese Ausrichtung immer und immer wieder enttäuscht. Ein Bekannter, der schon längere Zeit meditierte erzählte mir von seinem Prozess:

„Ich weiß, dass mich Erfolge im Beruf oder bei Frauen nicht langfristig
glücklich machen. Am nächsten Morgen oder manchmal auch nur
wenige Minuten nach dem Erfolgserlebnis spüre ich eine Leere, eine

tiefe Enttäuschung. Und doch treibt es mich weiter. Jeden Tag ein
Knaller! Doch ich hoffe, dass die wiederholte und bewusste Enttäu-
schung eines Tages dieses antreibende Rad in mir auslaufen lässt."

Achtsamkeit hilft uns, die wahre Natur unserer Motivation zu erkennen und
uns von einem inneren Orientierungsraster zu verabschieden, das nicht
wirklich für ein erfülltes Leben taugt.

Heilige Krise

Viele Wege können uns zur Befreiung von falschen Ansichten und Lebens-
strategien führen. Der dramatischste, radikalste und effektivste Weg ist
die Krise. Eine Krise ist definiert als eine problematische, mit einem Wen-
depunkt verknüpfte Entscheidungssituation. Krisen können innerlich oder
äußerlich ausgelöst werden. Wir werden schwer krank, verlieren unseren
Lebenspartner oder entkommen knapp dem Tode. Im Arbeitskontext sind
es häufig Burn-out, Depression, Herzinfarkt oder andere Krankheiten bzw.
Kündigungen oder andere berufliche Rückschläge, die eine Krise auslösen.
In der Zuspitzung einer Krise wird uns klar, dass das alte Leben nicht mehr
weitergelebt werden kann. Wir stehen vor einer Wand.

Wie schmerzhaft Krisen auch sein mögen – zerstören sie uns nicht, so
sind sie häufig der Turbo unserer menschlichen Entwicklung. Das Leben
öffnet uns in der Krise für das Neue. Die Krise kann uns für die Wahrheit
öffnen, sie zerstört verschiedene Schichten von Normalität. Eigenbilder,
Meinungen, Prioritäten, Urteile und Grundausrichtungen gehen in Flam-
men auf. Wir sind offen für das Neue. Wir werden auf einer Ebene neu
geboren.

Hat sich das Tor geöffnet, kann ein Prozess des Wachsens beginnen,
in dem neue Motivationen genährt und gestärkt werden. Das kann Jahre
dauern und wird durch Entschiedenheit, ein günstiges Umfeld und eine
systematische Geistesschulung unterstützt.

Ruhm, Macht, Reichtum, Sex oder Sinnesvergnügen sind an sich nichts Schlechtes, aber als Wegweiser für unser Leben ungeeignet. Sie führen uns in die Irre. Der Buddha hat uns Alternativen zu diesen fünf unheilsamen Formen der Motivation gezeigt. Er empfahl uns, Zuflucht zum Geist der Liebe und des Verstehens zu nehmen oder kurz zu Bodhicitta. Bodhicitta bezeichnet den tiefen und grenzenlosen Wunsch zu verstehen und zu lieben. Den Wunsch zur Befreiung für sich und alle anderen Wesen.

Die Kraft von Bodhicitta erfahren und nähren

Es ist nicht einfach, unsere tiefste Motivation zu erkennen oder uns einzugestehen, dass wir durch unsere Arbeit nach Anerkennung, Lob oder Zugehörigkeit streben. Dass wir nach Einfluss streben und nach mehr Geld. Wir können uns eine Menge vormachen. Sitzen wir auf einem Meditationskissen oder trainieren wir unsere Achtsamkeit, gewinnen wir immer größere Klarheit über unsere wahren Antreiber.

Der historische Buddha war bereits als junger Mann äußerst erfolgreich. Heute würde man ihn vielleicht einen Extrem-High-Potential nennen. Er war jung, sportlich und schön, hochintelligent und von den besten Lehrern seiner Zeit ausgebildet, war als Prinz von Natur aus mit Zugang zur Macht ausgestattet und verfügte über Paläste und Reichtümer. Durch seine Erfolge in Turnieren und auf anderen Feldern hatte er Ruhm erlangt. Er hatte alles. Und dennoch ließ er dieses Leben hinter sich, dieses Leben, von dem der Großteil aller Menschen träumt und es bewusst oder unbewusst anstrebt.

Siddharta erkannte, dass er trotz seiner extrem privilegierten Ausgangsposition keine innere Freiheit entwickelt hatte. Dass ihm tiefere Einsicht fehlte und dass alles das, was er heute besaß, vergänglich war. Er erkannte, dass er seine Jugend verlieren würde, dass sein Körper krank werden würde und dass er eines Tages sterben müsste. Auch seine aktuelle Macht war keine sichere Basis, sondern war immer wieder aufs Neue zu verteidigen. Er erkannte, dass es ein inneres Leiden in ihm gab, das er selber auflösen müsste und das er durch Konsum, Erfolge und Preisungen nur verdecken und nicht überwinden konnte. In einer sechsjährigen intensiven Übungsperiode, in der er als Asket zu verschiedensten Meditationslehrern seiner Zeit zog und sich in den Wäldern Indiens fast zu Tode hungerte, erkannte er einen Weg zur Überwindung des Leidens, den wir heute als Buddhadharma bezeichnen. Er erkannte, dass wir den Geist der Liebe in uns, für uns und für andere wecken müssen und können, um unser Leben in Richtung von Frieden, Glück und Weisheit zu lenken. Der Buddha erkannte, dass ein Leben, das, wie er es nannte, Bodhicitta als tiefste Motivation wählt, uns und unser Umfeld in Richtung von Wohlbefinden, Frieden und Glück führt. Diesen Geist in anderen zu wecken, den Geist der Liebe, den Geist der Erleuchtung, war die tiefste Motivation des Buddha und ermöglichte es ihm, sich mit Menschen aller Religionen, Überzeugungen, Professionen, Kasten und Lebenssituationen zu verbinden.

Mitgefühl im Büro – Im Kontakt bleiben

Mitgefühl fällt nicht vom Himmel. Es fällt uns schwer, Menschen Gutes zu wünschen, die uns unsympathisch sind, die uns verletzt haben oder zu denen wir aus anderen Gründen innere Distanz empfinden. Mitgefühl müssen wir üben. Überwinden wir die innere Trennung oder Aversion zu unseren Kunden, Mitarbeitern, Zulieferern, Investoren oder Vorgesetzten, verbinden wir uns aufs Neue und der Weg für einen Neuanfang wird sichtbar. Wie üben wir uns in Mitgefühl? Ein erprobtes Mittel ist die Meditation der liebevollen Güte (Metta-Meditation), in der wir positive Wünsche zunächst an uns selbst und dann in immer weiteren Kreisen an geschätzte Freunde und Familienmitglieder, an neutrale Personen und schließlich an schwierige Menschen oder gar Feinde senden. Wir sammeln unseren Geist und sprechen innerlich: „Mögest du glücklich sein", „Mögest du zufrieden sein", und andere Formeln. Eine Retreat-Teilnehmerin berichtet:

> *„Vor einem halben Jahr bekam ich einen neuen Chef und von Beginn an erwies sich unsere Zusammenarbeit als schwierig. Sobald wir im gleichen Raum waren, spannte ich mich an. Viele Missverständnisse und Konflikte traten auf. Seit einem Monat schließe ich meinen Chef in meine Metta-Meditation ein. Jeden Morgen wünsche ich ihm und mir alles Gute. Ich wünsche uns, dass wir nicht von Ärger und Ungeduld*

beherrscht werden. Schon nach wenigen Tagen veränderte sich die
Beziehung zu meinem Chef. Die Spannung verringerte sich deutlich.
Unsere Beziehung hat sich sehr zum Positiven verändert.
Es war wie ein Wunder."

Im Folgenden finden Sie eine klassische Metta-Meditation[16], die Sie sich selbst, Ihrem Chef, einem Kunden, einem Kollegen oder einer anderen Person widmen können. Im folgenden Beispiel haben wir den Chef gewählt.

Metta-Meditation im Berufsleben

Setzen Sie sich aufrecht und bequem auf ein Kissen, einen Hocker oder Stuhl und werden Sie sich Ihres Ein- und Ausatmens bewusst. Genießen Sie einfach Ihren Atem für die nächsten Minuten. Beginnen Sie dann damit, die unten aufgeführten Sätze zu wiederholen. Die Sätze können wir entweder mit der Bewegung unseres Atems koordinieren oder einfach in unseren Geist einsinken lassen:

Möge mein Chef friedvoll, glücklich und gelöst sein in Körper und Geist.

Möge mein Chef frei sein von Verletzung und Kränkung.

Möge mein Chef frei sein von Wut, Verstrickung, Furcht und Ängstlichkeit.

–

Möge mein Chef lernen, sich selbst mit den Augen der Liebe und des Verstehens zu betrachten.

Möge mein Chef fähig sein, die Samen der Freude und des Glücks in sich zu erkennen und zu berühren.

Möge mein Chef lernen, die Quellen von Ärger, Verlangen und Täuschung in sich zu erkennen.

–

Möge mein Chef erfahren, wie er die Samen der Freude täglich in sich nähren kann.

Möge mein Chef fähig sein, frisch gefestigt und frei zu leben.

Möge mein Chef frei sein von Anhaftung und Ablehnung, ohne gleichgültig zu werden.

Regelmäßig Metta-Meditation zu üben, imprägniert unseren Geist mit Wohlwollen und wir strahlen auf unser Umfeld positive Gedanken und Wünsche aus. Metta-Meditation ist Nahrung und Dünger für liebevolle, friedliche, harmonische und konstruktive Begegnungen. In schwierigen Situationen oder in der Begegnung mit schwierigen Menschen hilft uns die Metta-Meditation, nicht in die Trennung zu gehen, sondern trotz Meinungsverschiedenheiten und unschönen Taten der anderen Seite im Kontakt zu bleiben. Ein Unternehmen, in dem alle Mitarbeiter regelmäßig Metta-Meditation üben würden, hätte mit wesentlich weniger Missverständnissen, Konflikten oder Mobbing-Fällen zu kämpfen. Gewissenhaft praktizierte Metta-Meditation kann wesentlich wirkungsvoller sein als teure Teamentwicklungsseminare oder Coaching-Sitzungen.

Sich auf den edlen Kern beziehen

Wir kennen das Phänomen der sich selbst erfüllenden Prophezeihung. Indem wir eine starke Erwartung entwickeln, tritt diese ein. So wie wir in den Wald hineinrufen, schallt es heraus. Besondere Wirkkraft hat unser allgemeines Menschenbild. So wie wir die Menschen sehen, so werden sie sich auch uns gegenüber verhalten. Die Wirkkraft unseres Geistes ist mächtig. Wir manifestieren durch unser Menschenbild unsere eigene Welt.

Schweiz, Sommer 2006. Ich leite ein Stressreduktionsseminar in einem großen Konzern. Ich habe schlecht geschlafen und fühle mich schwach und angeschlagen. Mein Blick gleitet über die Seminarteilnehmer. Sie scheinen mich kritisch und feindselig zu beäugen. Mein Körper spannt an. Mein Wettbewerbsdenken erwacht. Ich beobachte, wie ich mir einige schlaue Sätze zurechtlege, um meine Kompetenz zu beweisen. Ein Telefon klingelt in der Ferne und ich wache auf aus meinen Gedanken. Was mache ich denn gerade? Alle Seminarteilnehmer sind potenzielle Buddhas. Nur meine Gedanken machen sie zu Feinden. Ich lächle mir zu und verbinde mich aufs Neue. Noch

einmal schaue ich die Teilnehmer an. Ihre Gesichter haben sich
verändert. Ich sehe das Leuchten in ihren Augen. Die Trennung ist
verschwunden. Erstaunlich. Nun kann ich beginnen.

Der Buddhismus schenkt uns ein realistisches, aber gleichermaßen optimistisches Menschenbild. Erfahrene Lehrer lehren, dass unser Geist in der Regel durch fehlerhafte Ideen und Ansichten verwirrt ist und in Folge leicht unter die Führung unheilsamer Geisteszustände gerät. Entwirren wir diese geistigen Knoten, kann unsere wahre Natur durchscheinen. Und diese ist strahlend, liebevoll und voller Frieden. Sehe ich meine Kollegen als Konkurrenten, werde ich mich mit ihnen leicht in Kämpfe verwickeln. Sehe ich meine Kollegen als wenig vertrauenswürdig an, werden sie mich hintergehen. Sehe ich meine Kollegen hingegen als Gefährten auf dem Weg, als potenzielle Buddhas, ändert sich alles.

In Plum Village lernte ich, mich regelmäßig vor anderen Menschen zu verbeugen. Hierzu sprach ich innerlich: „Ein Lotusblume für dich, werdender Buddha." Eine kraftvolle Übung. Es fällt schwer, ein negatives Bild der anderen Person aufrechtzuerhalten, wenn wir uns in diesem Geist vor ihr verbeugen und sie mit diesen Augen sehen. Meine Erfahrung (siehe oben) ist eindeutig. Schaffe ich es, mich auf den edlen Teil einer – noch so schwierigen – Person zu beziehen, ändert sich die Beziehung enorm. Bleibe ich in diesem positiven Kontakt, obwohl die andere Seite mir viel Anlass gibt, den Kontakt abzubrechen, beginnt heilsame Veränderung. Solange wir nicht von unseren Vorurteilen, negativen Bildern oder destruktiven Menschenbildern („Homo oeconomicus", „Ursünde" etc.) lassen können, sabotieren wir unsere eigenen Beziehungen.

Vielen von uns fehlt es an Vertrauen in diesen edlen Kern und unser positives Potenzial. Es fehlt uns an Vertrauen in unsere strahlende menschliche Natur. Es fehlt uns an Vertrauen in unsere spirituelle Kraft und Entwicklungsfähigkeit. Ein Mitglied des Netzwerkes Achtsame Wirtschaft berichtet:

„Früher sah ich meine Kollegen in erster Linie als Konkurrenten. Man-
che von ihnen habe ich gar verachtet. Durch die Achtsamkeitspraxis
habe ich gelernt, wie sehr ich mir selber schade, wenn ich jemand

anderen negativ betrachte und ihm Negatives wünsche. In meinen Arbeitsmeditationen versuche ich heute, dieses tief verankerte Menschenbild aufzuweichen. Zu spüren, wenn mein Gesicht einfriert oder mein Kiefer während der Arbeit anspannt. Seit ich meine Kollegen mit liebevolleren Augen sehe, bekomme ich sehr viel Wertschätzung und positive Rückmeldung."

Wir lieben es, wenn sich Menschen an unsere gute Seite wenden. Wir blühen auf, wenn wir kein trennendes Urteil von unserem Gegenüber spüren. Aus einem positiven Menschenbild erwächst ein positives Selbstbild. Wir geben unser „So-sind-wir-halt!"-Denken auf. Wir erkennen unser Potenzial und unsere Bereitschaft wächst, dieses durch einen geistigen Schulungsprozess systematisch zu entwickeln.

Input-Orientierung statt Output-Orientierung

Streben wir nach äußerem Erfolg, wird für uns die Erreichung von Zielen wichtig. Wir orientieren uns an äußeren Maßstäben, Planzahlen, Wahlergebnissen, Wettkampfplatzierungen, Beurteilungen, Zeugnissen und vielem mehr. Es zählen die Resultate, der Output, all das, was der eigenen Person leistungsmäßig zugerechnet werden kann.

Das Problem ist, dass wir unsere Erfolge nur teilweise steuern können. Wir haben schon gezeigt, wie vermessen es ist, dass wir ein äußeres Ereignis aus den vielfältigsten Zusammenhängen isolieren und uns zuordnen. „Ich habe es gemacht." Statt uns zu sehr mit dem zukünftigen Ergebnis oder Output zu beschäftigen, sollten wir uns stärker auf den Input konzentrieren. Das kann unser Leben sehr entspannen und uns hohe Zufriedenheit schenken. Thich Nhat Hanh schreibt:

„Ehrliche Anstrengung, das Beste versuchen, die Ergebnisse akzeptieren, das ist ausreichend, das ist gut genug."

Wir setzen bei den beeinflussbaren Größen an. Wir achten auf unsere Motivation und den Duft unseres Geistes. Manchmal geben wir alles und es kommt nichts Sichtbares dabei heraus. Ein anderes Mal tun wir scheinbar nichts und wir eilen von Erfolg zu Erfolg. Wenn wir uns auf unseren Input konzentrieren, sind wir auf der sicheren Seite. Wir werden nicht zum

Spielball äußerer Kräfte. In Zeiten des Misserfolgs bleiben wir beharrlich und in Zeiten des Erfolges heben wir nicht ab.

 ## *Die drei Komplexe des Geistes überwinden*

Der Buddha hat von den drei Komplexen des Geistes gesprochen, die durch unachtsamen Vergleich entstehen können. Vergleichen ist an sich weder gut noch schlecht. Der Vergleich kann uns notwendige Orientierung in einer Vergleichsdimension geben. Doch meistens belassen wir es nicht beim Vergleich, sondern fügen dem Vergleich ein Urteil hinzu. So entstehen die drei Komplexe oder Dünkel des Geistes, die in anderen Zusammenhängen auch die drei Krankheiten des Geistes genannt werden. Krankheit des Geistes – ein drastisches Bild, das auf die Bedeutung des achtsamen Vergleichs für unsere geistige Gesundheit hinweist. Da das permanente Vergleichen eines der Grundprinzipien unserer Wirtschaft ist, begegnen wir in uns einem Prinzip, das unsere ganze Wirtschaft durchdringt und krank machen kann.

Besser sein

Die erste Krankheit des vergleichenden Geistes ist die Überzeugung oder das Urteil, dass ich besser bin als jemand anders (**Überlegenheitskomplex**). Wer sich überlegen fühlt, meint, dass er oder sie über anderen steht oder dass ihm oder ihr mehr zusteht, ein Sonderstatus, eine Sonderbehandlung.

Der Überlegenheitskomplex ist nicht nur im Lager der Sieger und gefeierten Helden verbreitet. Wer aus anstrengenden Ausscheidungskämpfen, Wettkämpfen oder Turnieren als Sieger hervorgegangen ist und von vielen Menschen verehrt wird, mag leichter abheben als andere. Doch anfällig sind wir alle. Wir brauchen keinen globalen Vergleichsmaßstab, um uns überlegen zu fühlen. Jeder hat seine eigene Bühne. Für den einen ist es die Kneipe um die Ecke, für andere die Familie, für dritte eine wissenschaftliche Gemeinschaft. Die Frage ist, wie sehr definieren wir uns über unseren Platz in einer Gruppe. In welchen Dimensionen vergleichen und erhöhen wir uns? Wie beziehen wir uns auf Menschen, die in einer oder mehreren Vergleichsdimensionen weniger leistungsfähig sind als wir? Aus eigener Erfahrung kenne ich den Überlegenheitskomplex sehr gut. Als Stipendiat und Mitglied verschiedener elitärer Zirkel wurde mir stetig zu verstehen gegeben, wie toll ich sei. Erst durch die Achtsamkeitspraxis stellte ich fest, welch süßes Gift ich über Jahre mit Genuss getrunken hatte. Wie hoch der Preis der Überlegenheit und Überheblichkeit ist. Und was darunter liegt. Fühlen wir uns überlegen, dann trennen wir uns innerlich von den anderen. Wollen wir überlegen bleiben, müssen wir uns immer wieder neu beweisen. Haben wir Zweifel an unserer Überlegenheit, haben wir Angst zu versagen oder entlarvt zu werden.

Schlechter oder weniger wert sein

Die zweite Krankheit des vergleichenden Geistes ist die Überzeugung oder das Urteil, dass ich weniger wert als jemand anders bin (**Minderwertig-keitskomplex**). Hieraus leiten wir vielleicht ab, dass uns weniger zusteht, dass wir es verdienen, schlechter behandelt zu werden oder dass wir mit ängstlichen oder bewundernden Augen auf die Überlegenen schauen.

Jeder von uns hat seine wunden Punkte. Wir können in vielen Bereichen exzellent sein und dennoch von Minderwertigkeitsgefühlen beherrscht werden. Überlegenheit und Minderwertigkeit brauchen einander. Sie sind zwei Seiten derselben Medaille.

Gleich sein

Die dritte Krankheit des vergleichenden Geistes ist die Überzeugung oder das Urteil, dass ich genauso bin wie jemand anderes (**Gleichheitskom-plex**). Vielleicht bin ich der festen Überzeugung, dass mir das Gleiche zustehe wie anderen. Oder ich meine, dass ich ein Recht darauf habe, genauso wie andere behandelt zu werden.

Wenn wir genau hinschauen, ist kein Mensch wie der andere. Keine zwei Dinge sind gleich. Die Idee der Gleichheit ist eine Idee, die sich nirgendwo innerhalb oder außerhalb von uns finden lässt. Wenn wir zwei Dinge, die wir für identisch halten, nur lange und intensiv genug beobachten und durchdringen, werden wir sehen, dass sie nicht identisch miteinander sind. 1 ist ungleich 1. Das sollten wir im Hinterkopf behalten, wenn wir mit Zahlen operieren. Zahlen sind die großen Gleichmacher des Ungleichen. Sie verwischen Unterschiede, die bei genauer Beobachtung da sind und Relevanz besitzen. Die Idee der Gleichheit kann viel Unheil anrichten. Sie kann in destruktive Gleichmacherei führen oder wir nehmen Zuflucht zu ähnlichen Fällen oder Situationen und leiten uns ein Urteil aus der Vergangenheit ab.

Jenseits von Lob und Tadel gelangen

Die drei Krankheiten des Geistes sind aufs Engste miteinander verwoben und sie durchdringen alle Arbeitsprozesse. Wettbewerb und Konkurrenz sind zu Leitprinzipien in vielen Unternehmen geworden und kreieren täglich Gewinner und Verlierer. Der tägliche Vergleich, das Messen und Ringen gilt als Motor, als Herz der Marktwirtschaft. Wie gefährlich, wenn all dieses Vergleichen nicht im Zustand der Achtsamkeit erfolgt, sondern von den drei Krankheiten des vergleichenden Geistes durchdrungen ist. Das Vergleichsspiel ist unendlich, wie die folgende Abbildung (s. Abb. 9, S. 113) zeigt.

Der Mensch hat die Gabe, durch Denken und Analyse Vergleiche anzustellen. Doch diese Gabe ist ein zweischneidiges Schwert. Wenn wir nicht achtsam mit unseren Vergleichen sind, werden sie für uns und andere zu einer Quelle der Angst, der Frustration, der Unzufriedenheit oder der Trennung.

Es ist anstrengend, sich ständig mit anderen zu vergleichen. Es raubt uns Ruhe, Energie und Freude und führt uns von der Einheit des Lebens weg. Der Dauervergleich schafft eine Spannung und stete Verbindung mit dem Gefühl des Mangels. Da wir selten bewusst vergleichen, sondern unser Denken häufig unbeobachtet vergleicht, misst und urteilt, kreieren wir eine Reihe von Problemen. Wir vergeuden gedankliche Energie, wir verstricken uns in die drei Krankheiten des Vergleichens, wir betonen das Trennende statt das Verbindende und nähren so Angst, Stolz und Ärger in unserem Bewusstsein.

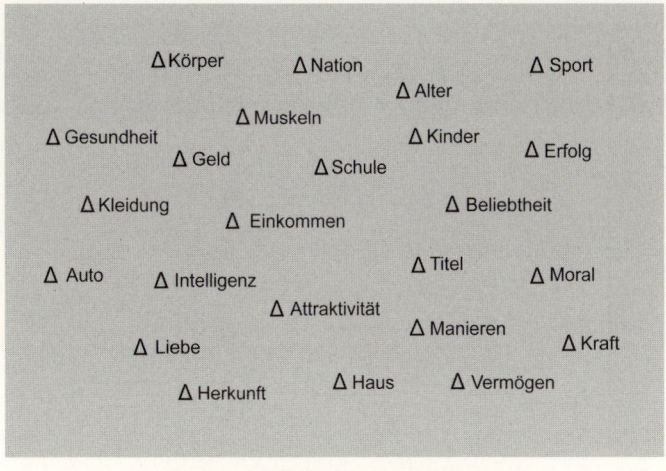

Abbildung 9: **Dimensionen der Vergleichskrankheit**

Jenseits des Wettbewerbsdenkens

Es ist möglich, jenseits des vergleichenden Denkens zu gelangen. Eine Voraussetzung ist die Beruhigung des eigenen Denkens und das Beruhigen des Dauervergleichs (s. Abb. 10, S. 114).

Ein Teilnehmer einer Netzwerkveranstaltung berichtet:

> *„Es ist erstaunlich. Indem ich während zweier Tage meinen Atem be-*
> *obachtet habe und Achtsamkeit auf meinen Körper entwickelt habe,*
> *verlangsamt sich mein Denken immer mehr. Das, was vorher ein*
> *ununterbrochener Strom von Assoziationen, Ideen und Urteilen war,*
> *klärt sich und ich kann nun die einzelnen Gedanken und Urteile klarer*
> *sehen. Ich sehe die Gedanken wie Seifenblasen aufsteigen und zer-*
> *platzen. Es ist erschreckend, was ich mir da teilweise zurechtdenke.*
> *Diese Erfahrung führte dazu, dass ich meine Gedanken nicht mehr*
> *so ernst nehme. Manchmal hört das Denken auch ganz auf. Ich fühle*
> *mich dann extrem friedvoll und mit allem verbunden."*

Diesen Geist der Verbundenheit gilt es zu stärken. Unser Wirtschaftssystem stärkt mit seinem Wettbewerbsdenken und der Überbetonung des Wettbewerbs zu sehr das Trennende und den Vergleich. Wir sollten lernen, dass

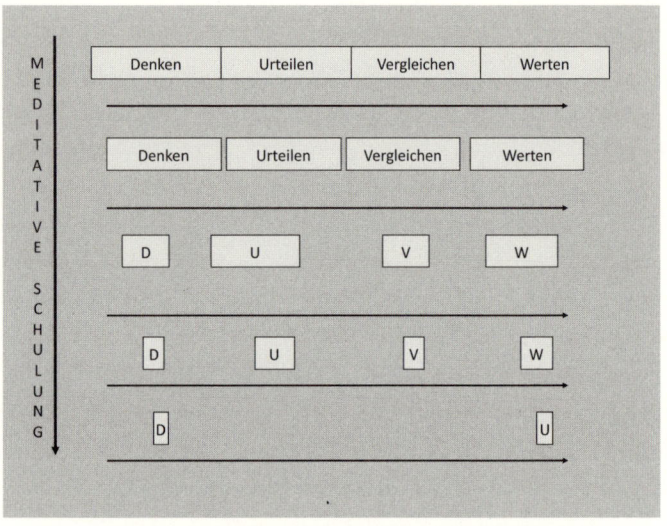

Abbildung 10: **Beruhigung und Mäßigung zentraler Denkprozesse**

wir den Geist der Verbundenheit nicht auf dem Altar der Ökonomie opfern müssen und dürfen. Thich Nhat Hanh schreibt:

„Meine Überzeugung ist, dass es möglich ist, Wettbewerb durch Ko-operation und Zusammenarbeit zu ersetzen. Kooperation zwischen großen Unternehmen ist möglich. Wenn die Führungskräfte verschiedener Unternehmen zusammenkommen und gemeinsam tief in die Situation der Welt schauen und sich um das sorgen, was die Welt am meisten braucht, dann sollten sie in der Lage sein, die Arbeiten auszuführen, die der Menschheit dienen. Wenn sie sensibel für das Leiden der Menschheit und das Leiden anderer Wesen werden, werden sie fähig sein zusammenzukommen, um Strategien zu finden, wie man Produkte entwickelt, die der Gesellschaft wahrhaft dienen, ohne gegeneinander kämpfen zu müssen."

Der Wettbewerb ist vielen von uns zur zweiten Natur geworden. Wir sind von klein auf bewertet und vermessen worden. Uns aus diesem Denken zu befreien, kommt allen Bereichen unseres Lebens zugute.

De-Identifikation:
Ich bin nicht meine Arbeit – Ich bin nicht mein Erfolg

Im verbreiteten Sprachgebrauch gilt die Aussage „Er identifiziert sich voll mit seiner Arbeit" als positiv. Da hat einer seine Aufgabe, seine Erfüllung gefunden und geht voll in seiner Arbeit auf. Doch in jeder Identifikation steckt Enge und potenzielles Leiden. Wir sind viel mehr als unsere Arbeit.

Das Leiden, das in uns entsteht, wenn wir unsere Arbeit verlieren, steht im direkten Verhältnis zum Grad unseres Festhaltens oder Anhaftens an unsere Arbeit.

Juni 1998, Hamburg. Nachdem ich bei McKinsey gekündigt habe, fällt meine Identität und mein Selbstwert langsam in sich zusammen. Wer bin ich, wenn ich nicht mehr für ein Topunternehmen arbeite? Welchen Wert habe ich, wenn ich keinen sichtbaren Erfolg habe? Ich spüre, wie sehr ich mit meinen Erfolgen identifiziert bin. Ich bin mein Erfolg. Und ohne Erfolg? Wer bin ich dann noch? Ich schrumpfe und will meinen Erfolg zurück! Ich habe mir ein „Ich" gebastelt, das auf Arbeit und Arbeitserfolg angewiesen ist. Nie zuvor ging es mir so schlecht.

Die Einsicht, dass wir mehr sind als unsere Arbeit, dass wir mehr sind als die Summe all unserer Meinungen, Gewohnheiten und Ansichten, kann uns befreien. Um diese Freiheit zu erlangen, brauchen wir Einsicht in die Vergänglichkeit aller Dinge, in ihre wechselseitige Verwobenheit und das stete Werden und Vergehen aller Phänomene. Der Zen-Meister Sawaki Roshi beschreibt diesen Prozess der Identifikation drastisch:

„In dieser vergänglichen Welt von Ort zu Ort zu wandern heißt, nach ‚Namen' zu streben. Eine Person wird nackt geboren. Dann aber bekommt sie einen Namen, wird registriert und mit Kleidung bedeckt, ein Nippel in ihren Mund gestopft und so weiter. Wenn sie aufwächst, sagst du: ‚Sie ist groß, stark, clever, reich.' Du findest nur in Worten Trost. Tatsächlich ist jeder nackt."[17]

In welcher Relation steht meine Arbeit zum Rest meines Lebens? Wie sehr identifiziere ich mich mit meiner Arbeit? Wer bin ich, wenn ich nicht mehr arbeite? Unser Geist neigt dazu, sich zu identifizieren oder buddhistisch ausgedrückt anzuhaften. Statt zu denken und zu fühlen: „Da ist Arbeit in meinem Leben", spüren und denken wir: „Ich bin meine Arbeit." Diese Identifikation ist hochgefährlich. Haften oder kleben wir an unserer Arbeit, schaffen wir die Voraussetzungen für vielfältige Probleme.

Bewusste EGO-Schwächung

Wir definieren uns über unsere Arbeit. Wir konstruieren ein „Ich", das auf Arbeit angewiesen ist: Diese Identifikationsprozesse können sehr weit gehen: „Das war ICH." „Das habe ICH gemacht." „Das sind MEINE Mitarbeiter." „Das war MEINE Idee." Unsere Sprache verwendet gern die ICH-Form und eignet sich so geistig Dinge an, die sie dann in ein fiktives, konstruiertes ICH integriert. So sammle ICH (das ICH) Überzeugungen, Gegenstände, Gewohnheiten, Charakterzüge und viele andere Dinge, die MICH (das ICH) ausmachen.

In der Meditation wird dieses ICH als Illusion erkannt, als ein nicht realer Identifikationspunkt (manas), der seine Störsignale in alle Bereiche unseres Seins sendet. Die berühmte deutsche Nonne Ayya Khema sprach einmal die verblüffende Erkenntnis aus: „Ohne mich ist das Leben ganz einfach." Unser ICH ist ein Störenfried, ein Erzeuger falscher Wahrnehmungen, aberwitziger Zurechnungen und es stellt uns stetig in den Mittelpunkt, wo wir allen anderen im Wege stehen. Es stellt stetig Ansprüche, muss geschützt werden und hat Schwierigkeiten, die stetigen Veränderungen im Außen und Innen zu akzeptieren. Nehmen wir Zuflucht zum ICH, nehmen wir Zuflucht zum Starren, zur Trennung, zum Konflikt.

In diesem Zustand sehen wir alles in der Welt als Objekt. Als Objekt, das uns schadet oder nützt. Das uns Spaß macht oder Sorgen bereitet und wir versuchen, mit den verschiedensten Strategien unsere Bedürfnisse zu befriedigen. Wir sind der Mittelpunkt der Welt. Die Objekte, die uns dienen, sind Produkte, Häuser, Tiere, Ehepartner, Kinder oder Landschaften. Alles kann zum Objekt werden, denn wir erleben uns auf einer tiefen Ebene von allem getrennt. So scheint es sinnvoll, unseren persönlichen Nutzen zu maximieren und hierzu diverse Strategien zu entwickeln. Wir betonen unsere Individualität – unser Anderssein.

Wir überschätzen unsere Macht, wenn es gut läuft, oder überschätzen unsere Verantwortung, wenn es schlecht läuft. Hier ein Beispiel von Zen-Meister Uchiyama Roshi:

> *„Wenn der Präsident eines Unternehmens, das einige große Gebäude errichtet hat, denkt, er habe sie selbst gebaut, macht er einen groben Fehler. Er war nur zufällig an der Spitze des Unternehmens, das Kräfte mit aller Macht band, um ein Gebäude fertigzustellen. Er hätte nicht eine einzige verstärkte Eisenstange selbst herstellen können. Moderne Menschen spielen nur Tauziehen miteinander, wetteifernd um illusorische Macht in den Wolken ihres sozialen Systems. Auch wenn das System solide wirkt, ist es tatsächlich vergänglich wie Wolken."[18]*

Unser Individualismus, unsere Trennung sitzt so tief, dass wir sie teilweise kaum mehr wahrnehmen. Als ich in einem vietnamesisch geprägten Kloster lebte, wunderte ich mich, wie schnell sich vietnamesische Neuankömmlinge in das bestehende Beziehungs- und Arbeitsgeflecht integrierten. Sie schwammen mit, sie folgten dem Schwarm und schienen gleichzeitig sie selbst zu sein. Das war für mich sehr irritierend. Mir fiel das nicht so leicht. Bei meinen Imitationsversuchen spürte ich, dass ich versuchte, dem Schwarm zu *folgen* (Trennung von Objekt und Subjekt), während die anderen der Schwarm *waren* (Einheit von Objekt und Subjekt).

Viele Meditationsmethoden zielen auf die bewusste Schwächung unseres Egos. In längeren Sitzmeditationsperioden konzentrieren wir uns auf die Vergänglichkeit aller Objekte unseres Körpers und Geistes. Wir erfahren Moment für Moment die Umwandlung allen Seins und sehen, dass es kein Objekt gibt, das einen festen unveränderlichen Kern besäße. Alle Dinge sind leer, so heißt es im berühmten Herz-Sutra. Unser Ich ist eine selbst konstruierte Illusion, die uns Probleme bereitet. Diese Einsicht kann unseren Geist frei und flexibel machen.

Uns nicht länger verkaufen – Unsere Integrität wahren

Sobald wir über wertvolle Talente, Bekanntheit, Einfluss, Potenziale oder Fähigkeiten verfügen, möchte man sich gerne unserer Dienste, unseres Namens oder unseres Einflusses bedienen. Im Felde des Sportes ist dieses System besonders gut zu beobachten. Der Goldmedaille oder dem Weltmeistertitel folgt sehr schnell der Auftritt als Werber für Schokolade, Autos, Würste, Finanzdienstleistungen, Shampoo oder Bier. Die Versuchung ist groß, in diesem Spiel mitzuspielen. Es ist so normal. Alle spielen mit. Und eigentlich ist Nutella doch auch gesund, oder?

Nicht nur in der Welt der Werbung ist ein modernes Söldnertums zu beobachten.

Spielen wir dieses Spiel mit, verlieren wir leicht unsere Integrität. Wir verkaufen uns. Nicht alle Werbesöldner lernen ihre Lektion wie der beliebte Schauspieler Manfred Krug, der den Börsengang der Telekom bewarb und sich nach der Talfahrt dieser Aktie bei Millionen enttäuschter Kleinaktionäre reuevoll entschuldigte und diesen Werbevertrag als den größten Fehler seiner Karriere einstufte.

Für unsere Arbeit ist unsere persönliche Integrität und Glaubwürdigkeit ein hoher Wert. Wichtiger als die äußere Integrität ist hierbei unsere innere Integrität. Die Übereinstimmung von Wort und Tat, von Innen und Außen, von beruflichem Ideal und persönlichem Leben. Kaum etwas ist tragischer als lieblose Nonnen, arrogante Prediger oder dem Luxus verfallene Gewerkschafter. Wir beschädigen uns selber, wenn wir als Onkologe rauchen, als Verkehrsexperte alkoholisiert fahren oder als Pädagoge unsere Kinder schlagen. Viele von uns kämpfen mit hohen innerlichen und äußeren Ansprüchen, denen sie nicht genügen.

Achtsamkeit hilft uns, diesen Kampf mit uns selbst zu beenden. Uns nicht zu hart zu beurteilen. Uns mit unseren Schwächen anzunehmen und gleichzeitig entschlossen an denselben zu arbeiten.

Die Motivation unseres Umfeldes aufdecken

Eines der größten Missverständnisse im Felde der Motivation ist, dass aus einer individuellen unheilsamen Motivation etwas kollektiv Heilsames entstehen kann. Dass ein gierig und unsozial agierendes Unternehmen durch seine immense Tatkraft, seine Arbeitsplätze und seinen Beitrag zum Bruttosozialprodukt etwas Positives für die Gesamtgesellschaft schaffen könnte.

Die Ausblendung der Motivation ökonomischer Taten ist immer noch in vielen Wirtschaftszusammenhängen alltäglich. Ich erinnere mich an einen persönlichen Zusammenprall mit dem Dekan einer bekannten Wirtschaftsfakultät. Wir waren beide Gast eines Symposiums und tauschten uns in einer Arbeitsgruppe zum Thema Unternehmensethik aus. Ich legte dar, wie immens der Einfluss der persönlichen Motivation auf die Wirkung einer Tat sei. Dass es keine von der Motivation isolierte Tat gäbe. Dass zwei Personen, die einem Menschen helfen wollen, aufgrund ihrer Basismotivation extrem unterschiedliche Ergebnisse erzielen würden. Und wie wichtig es sei, an Universitäten auf diese Zusammenhänge hinzuweisen. Meine Ausführungen lösten beim anwesenden BWL-Professor eine Wutrede aus:

> *„Die Motivation meiner Studenten für ihr Engagement ist mir völlig egal. Hauptsache, sie machen etwas. Ob für den Lebenslauf, für ihre Karriere oder aus anderen Gründen. Hierfür bekommen sie Leistungspunkte. Motivationsforschung ist fürchterlich."*

Die Erkundung der inneren Dimension unserer wirtschaftlichen Motivation, die aktive Auseinandersetzung mit heilsamen und unheilsamen Motivationen, scheint mir für Universitäten und Unternehmen eine große Chance zu sein.

Klärende Auszeiten

Manchmal reicht es nicht, von Zeit zu Zeit einen Non-Business-Day einzulegen. Von Zeit zu Zeit brauchen wir eine längere Auszeit, Distanz zu Alltag und unserer „Arbeitsnormalität". Wir brauchen die Freiheit, uns nicht ums Tagesgeschäft kümmern zu müssen. Der klassische Urlaub kann uns nur zu einem gewissen Grade diese Distanz schenken. Häufig sind Urlaube nicht Konfrontation mit dem Alltag, sondern Flucht vor dem Alltag und schenken uns nicht Klarheit und Einsicht, sondern weitere Aktivitäten, Ablenkungen und Inputs.

Suchen wir Klarheit, ist ein Retreat ein geeignetes Mittel. Ein Retreat bezeichnet den geplanten Rückzug aus der gewohnten Umgebung für einige Tage bis zu mehreren Monaten. Eingebunden in einen festen Tagesplan werden meditative Praktiken vermittelt, geübt und reflektiert. Die verschiedensten spirituellen Praktiken kennen solche Phasen der Kontemplation und des Rückzugs.

Winter-Retreat 2001, Plum Village. Mit einer Gruppe von 15 Männern gehe ich gemeinsam durch das dreimonatige Winter-Retreat. Unsere Tage sind fest strukturiert: Sitz-, Geh-, Ess- und Arbeitsmeditation bilden das Gerüst. Regelmäßig treffen wir uns zum Austausch und teilen unsere Erfahrungen. Die Offenheit und Wahrhaftigkeit unserer Treffen ist berührend und extrem lehrreich für uns. Wir schauen tief in unser Leben, unsere Gewohnheiten und erhalten Inspiration und Klarheit sowie konkrete Methoden für unsere zukünftigen Schritte.

Inzwischen legen immer mehr Menschen auch längere Auszeiten ein, sogenannte Sabbaticals. Diese Auszeiten sind dann besonders verändernd, wenn wir in einen undefinierten und ergebnisoffenen Raum eintreten. Ohne Anschlussvertrag und Arbeitsplatzgarantie öffnen wir uns für die wahren Themen, Werte, Ängste und Hoffnungen in unserem Leben. Ich habe einige Menschen erlebt, die aus solchen Phasen gestärkt und erneuert hervorgingen und den Mut aufbrachten, weitreichende Entscheidungen für ihr Leben und ihre Arbeit zu treffen und wahrhaft neu zu beginnen.

Sinnvollen Zwecken dienen

Es tut uns nicht gut, wenn unsere Arbeit keinem sinnvollen Zweck dient. Nicht umsonst weisen weise Persönlichkeiten ständig auf die Freude des selbstlosen Dienens und die Freudlosigkeit von Ich-Zentriertheit, Selbstsucht und Egoismus hin. Katastrophen wie der Tsunami an Weihnachten 2004 lösen regelmäßig enorme Wellen von Hilfsbereitschaft aus und verändern das Leben vieler Menschen, die Teil der helfenden und dienenden Kräfte sind. Helfen wir anderen, fällt die Last unseres Egos ab.

In der Tiefe unseres Wesens lieben wir es zu helfen. Doch wir haben auch Angst, dass nichts mehr übrig bleibt, wenn wir uns und unsere Arbeit mit allen teilen. Je mehr wir alle von dieser Zurückhaltung und Angst beherrscht werden, desto ärmer werden unsere Gemeinschaften.

Wir sind keine Heiligen. Doch das heißt nicht, dass wir nicht Heilige werden könnten. Wir sind nicht selbstlos und häufig von egoistischen Motiven beherrscht, aber das heißt nicht, dass wir nicht unsere Selbstlosigkeit trainieren können. Schritt für Schritt und ohne falsche Heiligkeit.

Wie in der Metta-Meditation können wir üben und anstreben, dass unsere Arbeit immer weiteren Kreisen zugutekommt. Vom persönlichen Lebenserwerb über die Arbeit für die Familie hin zur Versorgung der eigenen Freunde und Nachbarn und weiter zu einer Arbeit, die allen Menschen dient, ja allen Wesen. Das Wirken von Jesus und vielen anderen weisen Persönlichkeiten der Menschheitsgeschichte kannte keine Grenzen. Sie sind Vorbilder, vor denen wir nicht zurückschrecken sollten, sondern denen wir mit ehrlichem Bemühen und im eigenen Maß nacheifern können.

Thich Nhat Hanh schreibt:

> *„Wenn Sie der Leiter eines Unternehmens sind, ist es Ihre Übung, der Leiter eines Unternehmens zu sein. Ihre Übung ist es, Wohlergehen in Ihr Unternehmen zu bringen. Nicht nur zu den eigenen Mitarbeitern, sondern auch zu Ihren Zulieferern und Kunden. Glück ist keine individuelle Angelegenheit. Wohlstand ist keine individuelle Angelegenheit. Der Buddha sagte: ,Dies ist, weil jenes ist. Dies ist nicht, weil jenes nicht ist.' Das ist die Lehre des Interseins. So sind das Wohlergehen unserer Zulieferer, unserer Kunden, unserer Gemeinschaften und unserer Mitarbeiter miteinander verknüpft."*

Wir wissen tief in uns, ob wir einer sinnlosen oder einer sinnvollen Sache dienen. Wir müssen uns nur still auf einen Stuhl setzen und uns mit unserer aktuellen Arbeit verbinden. Wie fühlen wir uns? Eng oder weit? Ängstlich oder friedvoll? Ärgerlich oder freudig? Angespannt oder gelassen? Was sollte auf unserem Grabstein stehen? Unser wahres Erbe sind unsere Taten in diesem Leben. Die Auseinandersetzung mit der Qualität und dem Sinn dieser Taten kann uns ermutigen, unser Herz zu weiten.

Wir sind das Geld

Das Thema Geld ist in aller Munde. Die globale Finanzkrise hat unser Denken über Geld und Finanzen, aber auch über die Wirtschaft als Ganzes verändert. Wir erleben einen Bruch im kollektiven Selbstverständnis dessen, was Wirtschaft ist, was Wirtschaft darf, was Wirtschaft kann. Wir sehen auch, dass wir es sind, die mit unseren Ideen und Entscheidungen diese Wirtschaft geschaffen haben und täglich neu schaffen. Wir sind die Wirtschaft. Vor diesem Hintergrund lohnt es sich, unsere persönliche Beziehung zum Thema Geld zu beleuchten und zu überprüfen.

Philosophen, Herrscher und Unternehmer aller Zeiten hat das Thema immer wieder beschäftigt. Hier eine Auswahl ihrer Einsichten:

„Das Geld gleicht dem Seewasser. Je mehr man davon getrunken hat, desto durstiger wird man." – **Arthur Schopenhauer**

„Geld ist realisierter Geist." – **Rudolf Steiner**

„Es ist eigenartig, wie das Geld sowohl Charaktere als auch ganze Verhältnisse zu verschleiern vermag." – **Kurt Guggenheim**

„Ein Geschäft, das nichts als Geld verdient, ist kein gutes Geschäft."
– **Henry Ford**

„Mach Geld zu deinem Gott und es wird dich plagen wie der Teufel."
– **Henry Fielding**

„Geld mag die Schale für vieles sein, aber nicht der Kern. Es verschafft dir Essen, aber nicht Appetit, Medizin, aber nicht Gesundheit, Möglichkeiten zum Kennenlernen, aber nicht Freunde, Diener, aber nicht Treue, Tage der Freude, aber nicht Frieden noch Glück."
– **Henrik Johan Ibsen**

Geld lässt uns nicht kalt. Die Erfindung des Geldes hatte einen fundamentalen Einfluss auf unsere Gesellschaft und Kultur. Geld ist weit mehr als nur ein universelles Tausch- oder Aufbewahrungsmittel. Geld durchdringt unsere geistige Welt – unser Innerstes.

Wir arbeiten für Geld und kaufen mit ihm ein. Wir verleihen, sparen und investieren es. Wir erwarten in unseren finanziellen Beziehungen Rückzahlung, Rendite oder Wertsteigerung – oder auch nicht. Schauen wir genau hin, kann unser alltäglicher Umgang mit Geld zum Ausdruck und Spiegel unserer Haltung dem Leben gegenüber werden.

Heben wir den abstrakten Schleier des Geldes, können wir die wahre Natur ökonomischer Prozesse erkennen und unsere eigenen Bedürfnisse und Motivationen klarer sehen. Geld bietet uns eine weite Projektionsfläche für viele unserer unerfüllten Wünsche.

Der monatliche Blick auf das Bankkonto, die Kontrolle der Rechnung im Restaurant, der Abschluss einer Lebensversicherung und die Gabe an den Bettler an der Straßenecke sind alles Ausdrücke unserer Wahrnehmung von Geld – das heißt, von dem, was wir im Bezug zu unserem Geld für wahr nehmen.

Geld scheint ein universeller Schlüssel zu Sicherheit, Macht und Kontrolle zu sein – vielleicht gar zum persönlichen Glück. Ein Teil von uns weiß, dass dies nicht wahr ist.

Kollektive Ratlosigkeit der Experten

Während ich dieses Buch schreibe, bricht eine historische Finanzkrise los, die unser Denken über Geld und die Wirtschaft als Ganzes verändert. Banken brechen zusammen und machen bis dato unvorstellbare Milliardenverluste. Das Weltfinanzsystem schwankt. Millionäre leisten Offenbarungseide, Kleinanleger protestieren vor Bankfilialen. Gemeinnützige Stiftungen verspielen ihr Kapital mit hochriskanten Hedgefonds. In der Öffentlichkeit wächst die Wut auf die Investmentbanker und die Finanzelite insgesamt.

Vor diesem Hintergrund veranstalte ich eine Reihe von Achtsamkeitstagen in Finanzzentren wie Zürich, Frankfurt und Wien, aber auch in anderen deutschsprachigen Großstädten. Das Thema lautet: „Mein Geld und Ich". Ich treffe auf Menschen, die sehr unterschiedlich von der Krise betroffen sind, doch alle eint die Frage und der Wunsch, das Thema Geld mit Hilfe von Achtsamkeit tiefer zu verstehen. Denn eins macht diese Krise deutlich. Wir verstehen das Thema Geld alle nicht tief genug. Führende Wirtschaftsexperten und Banker sind ratlos. Doch diese Krise ist nicht die Krise des „großen Geldes" allein. Wir alle haben zu dieser Entwicklung beigetragen.

Geld, die mysteriöse Energie

Geld ist die Energie unseres arbeitsteiligen Wirtschaftssystems. Wir sollten diese Energie tief verstehen und in heilsame Bahnen lenken. Dies ist in den letzten Jahren in vielen Bereichen unterblieben. Auf der Suche nach hoher Verzinsung hat unser Geld viel Sinnloses finanziert. Geld hat sich vom Sinn entkoppelt. Geld hat sich von der Realwirtschaft gelöst.

Hiddensee, Februar 2009. Intensive Schreibphase. Nachdem ich den ganzen Tag zum Thema Geld gearbeitet habe, schaue ich die Tagesschau. Die Themen sind fast ausschließlich finanzieller und wirtschaftlicher Natur. Mögliche Enteignung der Hypo Real Estate, befürchtete Werkschließungen bei Opel, Obamas Konjunkturprogramm, Konkurs von Qimonda, wirtschaftliche Statements von Finanzminister und Bundeskanzlerin. Es geht um Geld, Geld und noch mehr Geld. Die Finanzfrage ist überall und überstrahlt alles andere.

Das Thema Geld hat sich verselbstständigt und hält uns gleichzeitig im Griff. Geld ist ein Mysterium und bietet eine weite Projektionsfläche für unsere unerfüllten Wünsche. Strömt Geld in unser Leben, scheinen sich unsere Möglichkeiten zu vervielfachen. Die Anhaftung an Geld und Besitz wird im Buddhismus als Quelle vielfältiger Probleme erkannt. Gier („Habenwollen!") und Ablehnung („Nichthabenwollen!") wurzeln in ihr. Der Buddha lehrt: Wir sind weit mehr als das, was wir haben oder ausgeben. Doch Geld und monetäre Prozesse durchdringen unseren Alltag. Sie strukturieren zentrale Bereiche unseres Lebens und unserer Arbeit. Wir arbeiten für Geld und kaufen mit ihm ein. Wir verleihen, sparen und investieren es. Unter dem abstrakten Schleier des Geldes können die wahre Natur ökonomischer Prozesse und unsere wahren Bedürfnisse verschwinden. Wie können wir in diesem Feld klarer sehen und handeln?

Der Buddha und das liebe Geld

Der Buddha besaß kein Geld. Als besitzloser Mönch wanderte er lehrend durch Indien. Auf seinen Reisen lehrte er, wie wir im gegenwärtigen Moment glücklich sein können. Als Prinz geboren, hatte er seinen gesamten Besitz und seine Krone abgelegt, um zu den Wurzeln des menschlichen Leids und Glücks vorzudringen. Immer wieder lehrte er, dass wir uns nicht durch Geld oder Eigentum versklaven lassen sollen. Er zeigte konkret auf, wie wir uns durch beharrliche Übung in Achtsamkeit, Ethik und Großzügigkeit von unseren falschen Ideen und Wahrnehmungen befreien und Frieden und Glück verwirklichen können.

Der Buddha und seine Schüler haben gezeigt und vorgelebt, dass wir mit geringen finanziellen Ressourcen glücklich und zufrieden werden können. Wir können einen heilsamen Umgang mit Geld und Eigentum kultivieren. In einer Gesellschaft, die auf Wachstum als Bewältigung ihrer vielfältigen Probleme setzt, brauchen wir große Klarheit für unser eigenes Leben, um nicht mit- und fortgerissen zu werden. Geld lässt uns nicht kalt. Das merken wir insbesondere dann, wenn unsere finanzielle Sicherheit bedroht zu sein scheint.

Wir können uns ehrlich fragen, wofür Geld in unserem Leben steht. Was erwarten wir uns von materiellem Erfolg? Wie oft am Tag streifen unsere Gedanken das Thema „Geld"? Welche inneren Dialoge entspinnen sich? Eine finanzielle Komfortzone mag dazu führen, dass wir unsere existenzielle Verletzlichkeit weniger wahrnehmen (müssen). Doch als Menschen sind wir verletzlich. Wir werden krank, alt und müssen sterben. Können wir trotzdem glücklich leben?

Der Buddha lehrt, dass dies möglich ist, wenn wir unsere Achtsamkeit kultivieren und tief in unsere wahren Bedürfnisse schauen. Das Bedürfnis, zu lieben und zu verstehen, ist ein wesentlich besserer Wegweiser als das Streben nach Macht, Geld und Ruhm.

Wir verbinden uns aufs Neue mit den Dingen und Lebewesen in unserem Umfeld. Wir halten an und beobachten die vielfältigen Konsumimpulse unseres Geistes, ohne ihnen folgen zu müssen. Indem wir die vielen kleinen Wunder des Lebens berühren, werden wir immer freier.

Achtsamer Umgang mit Geld und Eigentum hat auch auf der Ebene der Gesellschaft viele positive Effekte. Wir leiten unsere finanziellen Energien in heilsamere Bahnen. Wir entziehen destruktiven Produkten, Unternehmen und Denkweisen Energie. Die Verwendung unseres Geldes im Alltag wird zur Demonstration unserer Werte und tatsächlichen Bedürfnisse.

Der Finanztest des Dalai Lama

Der Dalai Lama hat acht hilfreiche Fragen zum rechten Umgang mit Geld und Wohlstand formuliert:

1. Haben Sie Ihren Wohlstand auf rechtmäßige Weise erworben?
2. Hat Ihr Wohlstand nur Sie glücklich gemacht?
3. Hat Ihr Wohlstand auch andere glücklich gemacht?
4. Haben Sie Ihren Wohlstand mit anderen geteilt?
5. Haben Sie mit Ihrem Wohlstand Gutes getan?
6. Hängen Sie an Ihrem Wohlstand oder sind Sie in ihn verliebt?
7. Achten Sie auf die Gefahren des Wohlstandes?
8. Sind Sie im Besitz der Erkenntnis, die zu spiritueller Freiheit führt?

Welche Antworten haben Sie gefunden? In den Endnoten finden sich die Antworten des Dalai Lama.[19]

Die Aussagen des Dalai Lama sind keine moralische Forderung. Sie erwachsen aus der tiefen Einsicht, dass ein anderer Umgang mit Wohlstand zu Problemen führt. Teilen wir unseren immensen Wohlstand nicht, trennen wir uns von der Welt. Wir trennen uns von all der Freude, die erwächst, wenn wir helfen können. Unsere Gesellschaft verschwendet ihren Wohlstand, weil sie ihn nicht richtig teilt. Die schönsten Häuser an den schönsten Orten der Welt stehen den größten Teil des Jahres leer. Ihre Eigentümer haben keine Zeit oder besitzen zu viel, als dass sie alles nutzen könnten.

Es macht tiefen Sinn, über unser Verhältnis zum Geld zu meditieren. Auch wenn wir Kopfschmerzen bekommen. In meiner persönlichen Auseinandersetzung mit achtsamem Wirtschaften war die Auseinandersetzung mit dem Thema Geld ein Schlüsselpunkt, einer der größten Dämonen. Es fiel mir leicht, Bio-Eier zu kaufen und meinen sinnlosen Job aufzugeben. Doch es war für mich sehr schwer, offen und ehrlich in meinen Umgang mit Geld zu schauen.

Im Folgenden werden wir die finanzielle Dimension unseres Lebens aus den bereits bekannten Perspektiven betrachten. Wir fragen nach:

- dem Duft unseres Geldes und unseres Eigentums,
- seiner wahren Natur,
- dem rechten Maß und angemessenen Relationen sowie
- nach unseren Erwartungen ans Geld, unserer tiefsten Motivation und unseren inneren und äußeren Antreibern im Feld der Finanzen.

Der Duft des Geldes

Geld ist Geist

Im Kapitel zur achtsamen Arbeit haben wir gesehen, wie sehr unsere Arbeit davon abhängt, in welchem Geisteszustand wir sie verrichten. Das Gleiche gilt auch für unser Geld. Euro ist nicht gleich Euro. Meine finanziellen Transaktionen transportieren meine Geisteshaltung. Ist mein Geist unzufrieden und voller Verlangen, werden meine finanziellen Taten diese Gier in die Welt tragen. Ist mein Geist mitfühlend und geduldig, werden meine Investments diesen Geist atmen.

Mit einem Geschenk von 100 Euro kann ich eine Person sehr glücklich machen oder beschämen. Wie dieser Geldbetrag wirkt, hängt von der Geisteshaltung des Gebers und des Nehmers ab. Ärgerlich gegebenes Geld nährt Ärger. Freudig gegebenes Geld nährt Freude.

Geld ist eine kraftvolle Energie, die durch unser Leben fließt und verborgene Haltungen und Tendenzen zum Vorschein bringt. Haben wollen oder genug haben. Maßlosigkeit oder Bescheidenheit. Sind wir mit Geld konfrontiert, zeigen sich unsere emotionalen Befindlichkeiten häufig recht intensiv.

Wie riecht unser Geld? Welche Qualitäten besitzt es?

Einem Hundert-Euro-Schein sehen wir seine weite Reise durch vielerlei Brieftaschen nicht an. Er wechselt von Hand zu Hand. Kann Blumen, Zeitungen oder Waffen kaufen. Er dient Kriminellen und Durchschnittsbürgern gleichermaßen. Und doch ist das alte Sprichwort „pecunia non olet" – „Geld stinkt nicht" – irreführend. Geld hat einen Duft. Unsere Motivation, unsere Stimmungen parfümieren es. Jede finanzielle Transaktion ist auch eine geistige Tat. Jedes Nehmen, Investieren und Ausgeben von Geld hat seine Wirkung. Wir können unser Geld nicht von seiner Vergangenheit, Gegenwart oder Zukunft trennen.

An unserem Geld kann alles kleben. Liebe oder Hass. Dankbarkeit oder Gier. Scham oder Freiheit. Mitfreude oder Neid. Eifersucht oder Brüderlichkeit. Geduld oder Ungeduld. Klarheit oder Selbstbetrug. Unruhe oder Gelassenheit.

Jeder dieser Geisteszustände hat einen Einfluss auf unseren Umgang mit Geld. Jede Geldeinheit, die wir einnehmen, anlegen oder ausgeben, hat ihren spezifischen Geruch.

Es ist unsere Haltung zum Geld, die den großen Unterschied macht, und auch hier gilt: **„Machen wir uns nichts vor!"**

Berlin, Herbst 2006. Ich erhalte die Nachricht, dass ein großer Kunde im Zuge einer Reorganisation eine Seminarreihe mit mir storniert. Meine Finanzplanung für das Restjahr bricht zusammen. Angst und Ärger steigen auf. Mir wird schlecht. Erstaunlich, was alles an diesem eingeplanten Geldbetrag hing. Ich setze mich auf mein Meditationskissen, atme ruhig und schaue mir das innere Spektakel an. Etwas Existenzielles scheint bedroht. Meine Gedanken kreisen wie wild ums Geld und malen sich immer neue Horrorszenarien aus. Nach einer halben Stunde werde ich ruhiger. Am Abend sprechen meine Frau und ich lange über die Bedeutung von Geld für unser Leben. Unsere Erwartungen und Ängste werden sichtbarer. Wir sehen, dass wir im Umgang mit Geld noch reichlich blinde Flecken haben.

Qualitäten von Geld

Geld ist ein Chamäleon, das seine Farbe seinem Herren anpasst. Im Alltagssprachgebrauch kennen wir die Vielgesichtigkeit des Geldes. Je nach unserer eigenen Geistesverfassung wandelt sich die Rolle, die Wirkung und die Qualität unseres Geldes in der Welt. Wir übertragen unsere Geisteshaltung auf unser Geld. Achtsamkeit hilft uns, diese übertragenen Qualitäten in unserem Geld klarer zu sehen:

- *Nervöses* Geld ist schreckhaft und kann blitzartig verschwinden, wenn es sich bedroht fühlt (Zuverlässigkeit/Loyalität des Geldes).

- *Schmutziges* Geld stammt aus unethischem Lebenserwerb oder kriminellen Quellen (Legalität des Geldes).

- *Kaltes* Geld baut keine tiefere Beziehung zum Objekt seiner Finanzierung auf (Beziehungsdimension des Geldes).

- *Warmes* Geld hat eine persönliche Beziehung zum Kreditnehmer oder dem Verwendungszweck (Beziehungsdimension des Geldes).

- *Anspruchsvolles* Geld verlangt hohe Renditen (Erwartungen an das Geld).

- *Geduldiges* Geld verfolgt langfristige Pläne (Planungshorizont des Geldes).

- *Mitfühlendes* Geld hilft, wo es Leiden sieht (Wirkkraft des Geldes).

- *Schnelles* Geld interessiert sich nicht für langfristige Auswirkungen oder Risiken (Geschwindigkeit des Geldes).

- *Ängstliches* Geld versteckt sich (Transparenz des Geldes).

- *Berechnendes* Geld zielt auf einen klar definierten Nutzen (Wirksamkeit des Geldes).

- *Altes* Geld ist schon lange in derselben Familie und kennt die Gefahren und Versuchungen des Geldes (Vertrautheit mit dem Gelde).

- *Schwarzes* Geld wird nicht versteuert (Legalität des Geldes).

- *Schmier*geld versucht, sich Vorteile zu erkaufen (Einflussnahme des Geldes).

- *Ehrliches* Geld ist durch Fleiß und angesehene Arbeit erwirtschaftet worden (Würde des Geldes).

Unser Geld kann edlen oder kriminellen Zwecken dienen. Wir sollten genau schauen, was für eine geistige Haltung sich hinter einer Zahlung, einer Spende oder einer Investition verbirgt. Bei uns selber und in unserem Umfeld. So werden wir immer wacher für den wahren Duft des Geldes.

Der Duft unserer finanziellen Handlungen

Es existieren vielfältige Handlungen im Felde des Geldes und Vermögens. Jede Handlung hat zwei Seiten. Der Kreditgeber braucht den Kreditnehmer. Was ich besitze, kann ein anderer nicht besitzen. Mein Gewinn mag der Verlust eines anderen sein. Der Vermieter braucht den Mieter, sonst ist er kein Vermieter. All diese Handlungen spannen unseren Aktionsraum im Umgang mit Geld und Finanzen auf. In all diesen Handlungen spiegeln sich unsere Geisteszustände wider. Ich kann Dinge freudig, misstrauisch oder gleichgültig verschenken, verleihen oder empfangen. Ich kann mich über jeden Euro, den ich ans Finanzamt zahle, ärgern. Verluste können mich aus der Bahn werfen oder ich kann sie schlicht akzeptieren. Der Vergleich mit reicheren Menschen kann mich neidisch und eifersüchtig machen oder meine Mitfreude aktivieren. Im Umgang mit Geld gibt es viele Wege, geistige Energie zu vergeuden oder aufzubauen.

Finanzielle Handlung	Geistiger Duft der Handlung	Finanzielle Spiegelhandlung	Geistiger Duft der Spiegelhandlung
Geben	Wie gebe ich?	Nehmen	Wie nehme ich?
Schenken	Wie schenke ich?	Annehmen	Wie nehme ich an?
Verleihen	Wie verleihe ich?	Ausleihen	Wie leihe ich aus?
Vermieten	Wie vermiete ich?	Mieten	Wie miete ich?
Verkaufen	Wie verkaufe ich?	Kaufen	Wie kaufe ich?
Investieren	Wie investiere ich?	Sparen	Wie spare ich?
Kredit geben	Wie gebe ich Kredit?	Kredit nehmen	Wie nehme ich Kredit?

Gewinnen	Wie gewinne ich?	Verlieren	Wie verliere ich?
Vererben	Wie vererbe ich?	Erben	Wie erbe ich?
Steuern erheben	Wie erhebe ich Steuern?	Steuern zahlen	Wie zahle ich Steuern?
Haben	Wie habe ich?	Nichthaben	Wie gehe ich mit Nichthaben um?
Guthaben	Wie habe ich gut?	Schulden	Wie schulde ich?
Reich sein	Wie bin ich reich?	Arm sein	Wie bin ich arm?

Tabelle 4: Zentrale Handlungen im Felde des Geldes und ihr Duft

Geld kann uns sehr beschäftigen. Wir sollten uns bewusst werden, welche Geisteszustände von unseren finanziellen Alltagshandlungen und Gedanken ausgelöst werden. Wie viel Lebensenergie widmen wir dem Vergleich mit anderen? Wie sehr beschäftigt uns unsere finanzielle Zukunft? Welche finanziellen Sorgen, Erwartungen und Hoffnungen beschäftigen uns? Ärgern wir uns über verpasste Gelegenheiten, falsche Entscheidungen oder erlittene Verluste der Vergangenheit? Nähren wir das Heilsame oder das Unheilsame?

Der Milliardär in meinem Kopf

Wenn wir durch die monetäre Brille auf die Welt schauen, dann verzerren sich unsere Wahrnehmungen bisweilen bizarr. Hier ein Beispiel:

Meditationshalle des Upper Hamlet in Plum Village. Einige Meter neben mir sitzt ein echter Milliardär auf dem Meditationskissen. Ein Freund hat es mir erzählt, nun beschäftigt es mich, während ich doch eigentlich auf meinen Atem achten sollte. Ein Milliardär also. Meine Gedanken werden immer schneller. Ärger flammt auf und Scham, Der Impuls zu beeindrucken, ist auch da. Und der Impuls, den unverschämt Reichen zur Rede zu stellen. Meine Phantasien starten. In meinem kurzen Tagtraum erhalte ich wegen meiner besonderen Talente von „meinem Milliardär" einen Scheck über zehn Millionen Euro. „Sie werden damit schon Sinnvolles anstellen." Puh. Das alles nur, weil mir mein Freund diesen Geldfloh ins Ohr gesetzt hat. Es fällt mir schwer, meinem Sitznachbarn in den nächsten Tagen frei und unvoreingenommen zu begegnen.

Der Chef des Schweizer Chemiekonzerns Novartis, Daniel Vasella, schreibt sehr offenherzig:

> *„Es ist merkwürdig, je mehr ich verdiene, desto wichtiger wird mir, wie viel ich verdiene. Genau in dem Moment, in dem ich mir über Geld keine Gedanken mehr machen musste, fing ich an, mir ständig Gedanken darüber zu machen."*[20]

Es gibt viele Menschen, deren Denken und emotionale Gestimmtheit nicht nur zeitweise, sondern maßgeblich vom Thema Geld geprägt sind. Und zwar quer durch alle Gesellschaftskreise.

 ## Wahre Großzügigkeit

Das Wunder von dana paramita

Die Kultivierung von Großzügigkeit steht am Anfang des buddhistischen Übungsweges. Großzügigkeit weicht unsere Ich-Zentriertheit auf und verbindet uns mit unserem Umfeld. Die Religionswissenschaftlerin Judith Simmer-Brown preist die Kraft der Großzügigkeit wie folgt:

> *„Jeder von uns, der einige Zeit in Asien oder mit asiatischen Lehrern verbracht hat, erkennt die zentrale Rolle von Großzügigkeit in der buddhistischen Praxis. In traditioneller Formulierung beginnt unser Geben mit materiellen Geschenken und weitet sich dann aus auf Furchtlosigkeit und die buddhistische Lehre – das Dharma. Großzügigkeit ist die Tugend, welche Frieden erzeugt – so steht es in den buddhistischen Lehrreden. Großzügigkeit ist eine Übung, die unsere Habsucht und unsere Selbstabsorption überwindet sowie anderen nützt. Sich auf diese Praxis zu verpflichten, mag unser größtes Vermächtnis für das 21. Jahrhundert sein."*

Die Kraft wahrer Großzügigkeit, d.h. des Gebens ohne Erwartung einer Gegenleistung, wird in der Ökonomie sehr unterschätzt. Das Menschenbild vieler Ökonomen beinhaltet, dass wir als Menschen durch unsere Handlungen immer einen persönlichen Nutzen, eine – wenn auch noch so verdeckte – Gegenleistung erwarten.

Großzügigkeit (dana paramita) gilt im Buddhismus als eine der sechs höchsten Vollkommenheiten. Großzügigkeit ist die Fähigkeit, von ganzem Herzen und ohne Berechnung und Hintergedanken zu geben und zu schenken. Wie in dieser berühmten Zen-Geschichte:

Zu einem Zen-Meister kam einmal ein reicher Mann, der wollte 100.000 Goldstücke für eine neue Meditationshalle spenden. Als er zum Meister vorgelassen wurde und den Sack mit den Goldstücken auf den Tisch gewuchtet hatte, blickte er ihn lange fragend an. Dann sprach er: „Wollen Sie nicht zählen?" Der Meister antwortete nicht. Dann rief der reiche Mann energisch aus: „100.000 Goldstücke sind eine Menge Geld!" Wieder erhielt er keine Antwort. Nach einigen Minuten des Schweigens antwortete der Zen-Mönch: „Möchtest du, dass ich dir danke? Ich glaube du musst mir dankbar sein."

Diese Geschichte stellt unseren Umgang mit Geld und Geschenken auf den Kopf. Statt Gelegenheiten des Gewinns zu suchen, suchen wir nach Gelegenheiten zu geben, zu schenken und anderen hilfreich zu sein. Freies Geben macht glücklich. Das heißt nicht, die eigene Existenzgrundlage wegzuschenken, sondern unsere Angst zu überwinden, dass wir oder unsere Familie auf der Strecke bleiben, wenn wir selbstlos handeln oder warmherzig geben. Wir sollten nicht wirtschaftlich verantwortungslos handeln, sondern die zahlreichen Möglichkeiten im Alltag nutzen, Großzügigkeit zu üben.

Berliner S-Bahn, Januar 2009. Nach einer erfrischenden Morgenmeditation fahre ich zum Arbeiten in die Stadt. Mein Herz fühlt sich heute sehr weit an und ich lächle allen Menschen, denen ich begegne, zu. Es ist wunderbar. Ich verschenke meine gute Laune an jeden, der mir zu nahe kommt. Im Laufe dieses Vormittages kehrt mein Lächeln dutzendfach zu mir zurück. Busfahrer grüßen mich herzlich und beginnen zu erzählen, die Bedienung im Starbucks strahlt mich an und die alten Damen an der Bushaltestelle fangen an, mit mir zu scherzen. Heute fühle ich mich mit allen Menschen verbunden. Auch mit denen, von denen mein Lächeln abzuprallen scheint. Ich sende weiter, denn ich spüre, dass kein Lächeln je verloren geht.

Wir können nicht nur unser Lächeln oder unsere gute Laune verschenken. Wir können auch unsere Zeit, Freude, unseren Frieden, unsere Präsenz, unsere Freiheit oder unsere Erfahrungen verschenken. Shunryu Suzuki formuliert es radikal:

> *„Geben ist Nichtanhaften. Das bedeutet, keinem Ding anhaften ist Geben."*[21]

Unser Geben kann immer freier werden. Bis es keine Reste mehr hinterlässt und frei von Erwartungen wird.

> *Berlin, Januar 2009. Mein Laptop ist mir gestohlen worden, mein Backup ist unvollständig. Ich machte eine tiefgreifende Erfahrung. Alle Dateien, Bilder und Dokumente, die ich mit anderen geteilt hatte, kommen zu mir zurück. Alles, was ich nicht geteilt hatte, geht verloren. Das, was wir weggeben, gehört uns wirklich. Das, was wir festhalten, geht mit uns unter.*

Die Kultivierung und Übung von freiem Geben und Absichtslosigkeit ist ein Weg, egozentrisches Handeln aufzuweichen und das kalkulierende Menschenbild der Ökonomie zu sprengen.

In der Abbildung 11 (siehe S. 136) treffen Geber und Nehmer in unterschiedlicher Klarheit aufeinander. Der Geber kann ein Schenkender sein oder jemand, der einen Gefallen tut oder etwas anderes – materielles oder immaterielles – weggibt. Die Matrix untersucht, welche Auswirkung Erwartung im Gebeprozess spielt. Erwartung kann (a) nicht vorhanden sein, (b) vorhanden und bewusst sein oder (c) vorhanden, aber nicht bewusst sein. Dies gilt sowohl für den Geber als auch für den Nehmer. Hieraus ergeben sich neun idealtypische Fälle.

Im Fall A treffen zwei erwartungsfreie Menschen aufeinander und berühren die verbindende Freude von dana paramita. Im Fall E treffen zwei bewusst kalkulierende Personen aufeinander und schließen einen klaren Deal oder Vertrag. Im Fall I kommt es zu einer unbewussten Verstrickung zwischen zwei unbewusst Agierenden. Die anderen Fälle zeigen die Vielfalt der Missverständnisse, die im Feld des Gebens und Nehmens auftreten können auf.

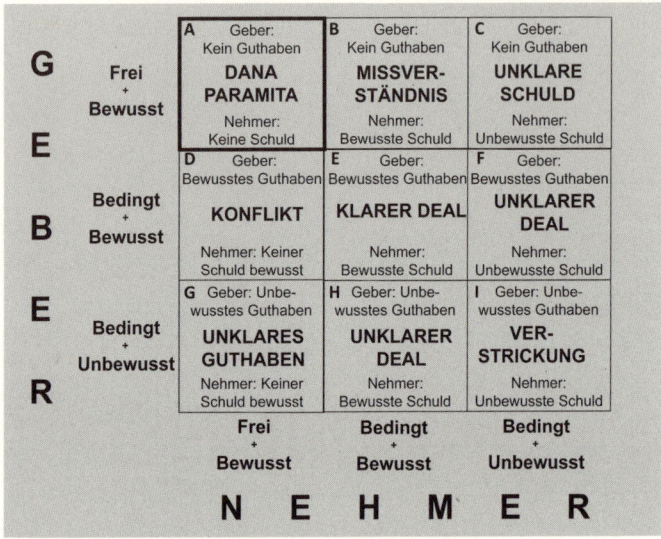

Abbildung 11: **Beziehungen in Austauschprozessen**

Erwartungen können auf den verschiedensten Ebenen liegen und den freien Fluss der Dinge ins Stocken bringen. Selbst so alltägliche Dinge wie ein Gruß oder ein Lächeln entlassen wir selten gänzlich frei in die Welt. Erhalten wir keine Reaktion auf unser „Geschenk", reagieren wir schnell verärgert, irritiert oder enttäuscht. Doch wir können schrittweise unsere scheinbaren Geschenke befreien. Wenn wir uns unserer Erwartungen immer bewusster werden, können wir ihnen entspannt zulächeln und sie immer leichter ziehen lassen.

 Heilsamer Umgang mit Geld und Eigentum

Wie riecht unser Eigentum?

Auch unser Eigentum hat einen Duft. Nehmen wir unsere Häuser, unsere Autos, unsere Gebrauchsgegenstände. Dienen sie dem Leben oder nur uns selbst? Bringen sie uns unserem Umfeld näher oder trennen sie uns von ihm?

Auf meinen Spaziergängen am Genfer See entlang kam ich immer wieder ins Staunen. Da reihte sich Villa an Villa, mit unverbautem Blick auf die Weite des Sees, mit Bootsanlegern und sorgsam gestutzten Hecken und Rosenbeeten. Doch die meisten Häuser waren unbewohnt. Nur sehr wenige Erwachsene und noch weniger Kinder bewohnten diese gesegneten Orte. Stattdessen verriegelte Rollläden und Türen, abgedeckte Boote und leere Gärten. Wie viel Ungenutztes, Ungeteiltes, Ungeschenktes hier ausgebreitet lag! Nicht nur am Genfer See, sondern an vielen der schönsten Orte der Welt liegen diese leeren, unbelebten Häuser. Sie sind für mich zum Symbol verpassten Teilens geworden. Zum Symbol eines unheilsamen Umgangs mit Eigentum.

Eigentum will genutzt werden. Geteiltes Eigentum kann uns verbinden. Doch in der Natur des Eigentums liegt die Idee der Trennung, das Recht auf exklusive Nutzung.

Wenn in einem Haus mit zwanzig Parteien jeder eine Bohrmaschine besitzt, ist dies ökonomischer Unsinn. Eine Bohrmaschine würde wohl ausreichen, wenn wir ein gutes Verhältnis zueinander pflegen. Eigentum reduziert unsere Abhängigkeiten von anderen Menschen, es kann aber auch unheilsame, trennende Geisteszustände in uns nähren. Je stärker unheilsame Geisteszustände wie Neid, Eifersucht, Gier, Arroganz oder Angst in uns werden, desto mehr streben wir Exklusivität in Form von Eigentum an. „My home is my castle." In unserem eigenen Haus kann uns so leicht keiner reinreden. Eigentum bewahrt uns zum Teil davor, uns mit anderen auseinanderzusetzen. In einer Gemeinschaft, die Dinge gemeinsam nutzt, werden unsere emotionalen Knöpfe leichter gedrückt. Wir müssen zurückstecken, teilen und uns mehr mit uns selbst und anderen auseinandersetzen. Eigentum puffert uns hier ab.

Der großzügige Umgang mit Eigentum ist wunderbar. Als einige Könige und Fürsten ihre privaten Lustgärten und Parks öffneten und dem Volk schenkten, zog das Leben an diesen exklusiven Orten ein. Vielleicht tragen auch wir verschlossene Parks oder ungeteilte Schätze in uns. Besitztümer, die wir teilen könnten, aber bewusst oder unbewusst exklusiv für uns behalten. Sei es die Ferienwohnung an der Ostsee, das Wohnmobil oder unsere Erfahrungen, die wir einem anderen Menschen schenken könnten. Es lohnt sich, unsere leeren Häuser zu beleben, unsere Wohlstandsgesellschaft ist voll von ihnen.

Identifikation mit Eigentum

Zehn Personen mögen das gleiche Auto besitzen, doch was sie stark unterscheidet, ist der Grad der Identifikation mit ihrem Auto. Je stärker wir uns mit einem Objekt unserer Wahrnehmung identifizieren und innerlich in der Überzeugung leben „Das ist mein Auto" und daraus Emotionen wie Stolz, Freude, Sicherheit oder Anerkennung ableiten, desto mehr Macht hat dieses Objekt über unser Leben. Das Auto erhält einen immer größeren Einfluss auf unsere Lebensqualität. Je mehr wir identifiziert sind, desto mehr Sorgen machen wir uns um unser Auto.

Identifikation wird häufig als Liebe erlebt. Ich liebe mein Auto, ich kann nicht ohne (m)ein Auto leben. Ich tue alles für mein Auto. In Wahrheit ist diese Form der Beziehung sehr weit von wahrer Liebe entfernt.

Beziehungen, in denen wir den anderen als Eigentum ansehen oder uns mit dem anderen sehr stark identifizieren, bereiten uns und unserem Partner viele Probleme. In ihnen blühen Eifersucht, Sorgen, Ärger und Ängste. Während ich diesen Text schreibe, haben gerade zwei Ehemänner ihre Familien ausgelöscht, sie mit in den Tod genommen. Sie konnten nicht ohne IHRE Kinder und Frauen sterben. Weil sie ihre Familie so sehr „liebten", töteten sie sie.

Je stärker die Identifikation, desto höher das Leiden und die falsche Wahrnehmung der eigenen Position im Leben.

Finanzieller Erfolg

Finanzieller Erfolg kann uns täuschen Wir sollten finanziellen Erfolg nicht isoliert von seinem Zustandekommen betrachten. Sind wir achtsam, sehen wir klar, womit wir selbst und andere ihr Geld verdienen. Finanzieller Erfolg stellt sich auf vielen Wegen ein. Vielleicht sind wir uns einig, dass Drogendealer und Tabakkonzerne finanziell sehr erfolgreich sein können, doch ihre Erfolge auf der Ausbeutung von Sucht und destruktivem Handeln basieren. Häufig ist das tiefe Schauen in die Basis finanziellen Erfolges nicht so einfach, sondern subtil.

Der finanzielle Erfolg einer Person kann uns blind für den Geruch ihres Erfolges machen. Finanzieller Erfolg, der nicht auf rechtem Lebenserwerb beruht oder die systematische Verletzung ethischer Grundregeln in Kauf nimmt, generiert kollektiv negative Energie.

Finanzieller Erfolg ist ein trügerisches Feedback für unser Leben. In einigen Zusammenhängen mag sich finanzieller Erfolg zumindest mittelfristig leichter einstellen, wenn wir uns an das Unheilsame in unserem Gegenüber oder Kunden wenden oder unsere ethischen Standards absenken.

Als Managementtrainer war ich immer wieder einmal in der Situation, mich zwischen finanziellem Erfolg und meinen Überzeugungen entscheiden zu müssen. Entscheide ich mich in solchen Situationen für das Geld und gegen meine Überzeugungen, zahle ich einen hohen inneren Preis. Unser Verstand findet schnell die passenden Argumente für eine Entscheidung, gegen die sich das eigene Herz wehrt.

Doch hat unser Einkommen einen angenehmen Geruch, wird dieser Duft alle Bereiche unseres Lebens berühren. Wenn wir unseren Kindern mit leuchtenden Augen erzählen, wie wir zu unserem Geld kommen, säen wir heilsame Samen aus.

Die wahre Natur des Geldes

November 2008, Wien. Achtsamkeitstag des Netzwerks Achtsame Wirtschaft. In geleiteten Meditationen visualisieren wir typische Alltagssituationen im Umgang mit Geld. Geld ist für viele ein Tabuthema. Ein Vermeidungsthema. Ein Thema mit viel Angst, Scham und anderen verborgenen Emotionen. Im Laufe des Tages kommen die Emotionen zum Vorschein. Ängste und Sorgen, die mit dem Thema verbunden sind. Geld ist für viele ein Sorgen- und Kopfschmerzthema. Ein Mangelthema. Geld ist eine immense Projektionsfläche für unsere Suche nach Glück, die keinen von uns kalt lässt.

Was ist Geld für mich?
Ein Lückentext zum Start

Vielleicht nehmen Sie sich einen Bleistift und eine Viertel-
stunde Zeit, um den folgenden Lückentext zum Thema Geld
auszufüllen. Dieser Text wurde im Netzwerk Achtsame Wirtschaft über eine Serie von zehn Achtsamkeitstagen zum Thema
Geld getestet und weiterentwickelt. Denken Sie bitte nicht
zu viel nach, sondern vervollständigen Sie die Sätze spontan.
Wenn Sie keinen Impuls spüren, dann gehen Sie einfach zur
nächsten Zeile weiter:

Geld ist _____

Ich habe _____ Geld.

Ohne Geld _____

Mit viel Geld _____

Geld und Spiritualität sind wie _____

Mit Geld ist das Leben _____

Ohne Geld ist das Leben _____

Meine finanzielle Situation ist _____

Meine Eltern betrachten
meinen Umgang mit Geld als _____

Armut ist für mich, wenn _____

Reichtum ist für mich, wenn _____

Luxus ist _____

Mein Geld wirkt _____ in der Welt.

_____ Prozent Rendite sind genug.

Zinsen bekommt man dafür, dass man _____

Arbeit ohne Geld ist wie _____

Mein Geld gebe ich an _____

Mein Geld bekomme ich von _____

Für ein einfaches und gesundes Leben braucht man _____
Euro im Monat.

Um zufrieden zu sein, bräuchte ich _____ Euro.

Geld ist Ausdruck von _____

Geld ersetzt in unserer Gesellschaft _____

Geld dient _____

Die dunkle Seite des Geldes ist _____

Mein Erbe ist für mich _____

Eigentum _____

Der Preis eines Produktes ist Ausdruck _____

Meine Ansprüche sind _____

Im Umgang mit Geld macht mich besonders _____ froh.

Im Umgang mit Geld macht mich besonders _____ unruhig.

Mit zehn Millionen Euro würde ich _____

Bitte legen Sie das Buch wieder zur Seite und beobachten
Sie Ihre aktuellen Emotionen achtsam. Bleiben Sie bei Ihrem
Atem und lassen sich zwei bis drei Minuten Zeit. Nun gehen
Sie den Text noch einmal durch. Was ist für Sie überraschend?
Bei welchen Aussagen sind Sie sich sehr sicher, bei welchen
unsicher? Welche Themen wecken starke Emotionen? Was freut
und was beunruhigt Sie? Beenden Sie bitte nun die Übung. Sie
haben einen kurzen Einblick in die Vielschichtigkeit des Themas
Geld gewonnen. Vielleicht schauen Sie sich Ihre Liste in einigen
Wochen noch einmal an und überprüfen Ihre Einschätzungen.

Hilfreich kann hier auch die Teilnahme an einem Achtsamkeitstag zum Thema Geld sein, wie sie das Netzwerk Achtsame Wirtschaft veranstaltet.

Geld – ein Alleskönner?

Geld hat viele verschiedene Funktionen. Es dient der Wertbewahrung und als Tauschmittel. Es transportiert Energie von A nach B. Es dient dem Erwerb, Tausch und der Bewertung von Dingen und Dienstleistungen. Geld speichert Energie und verschafft Flexibilität. Und Geld hat viele psychologische Funktionen. Geld ist Ausdruck von Vertrauen in eine Wirtschaftsordnung. Es signalisiert Wertschätzung, Status, Macht und vieles mehr. Geld ist ein Formwandler, ein Chamäleon, eine Energie und vieles mehr.

Wir sollten dieses Phänomen, das unsere Gesellschaft so sehr prägt, tief verstehen und unsere eigenen Glaubenssätze zum Thema überprüfen.

Berlin, Sommer 2008. Ich treffe Peter König am Wannsee. Er hat ein Buch mit dem provokanten Titel „Dreißig dreiste Lügen über Geld" verfasst und reist mit seinen Geldseminaren durch Europa und um die Welt. Er berichtet, wie tief finanzielle Überzeugungen unser Leben beeinflussen und steuern. Und wie befreiend eine andere Einstellung zur finanziellen Dimension unseres Lebens wirken kann. In seinem Buch demaskiert er unrealistische Erwartungen an Geld und zeigt, dass es nicht das Geld ist, das uns glücklich, sicher, frei, unabhängig oder abhängig macht. Geld entwickelt seine Macht nur, wenn wir an Mythen oder Lügen zum Thema glauben.

Im ersten Teil dieses Kapitels werden wir einige zentrale Mythen im Felde der Finanzen betrachten und mit Hilfe buddhistischer Erkenntnisse hinterfragen und herausfordern. Im zweiten Teil schauen wir, wie wir Transparenz in unsere persönlichen Finanzen bringen.

Mythen zum Thema Geld und Finanzen

Was ist die wahre Natur von Geld? In Zeiten, in denen Finanzexperten in Banken, an Universitäten und in der Politik einen intellektuellen Offenbarungseid nach dem anderen leisten, sollten wir das ganze Thema frisch betrachten. Geld ist ein Mythos. Etwas zutiefst Unverstandenes und Rätselhaftes. Geld ist ein Versprechen, eine weite Projektionsfläche. Hinter dem Streben nach Geld stehen die verschiedensten Motive. Widmen wir uns einigen zentralen Überzeugungen und Begriffen der Geldwirtschaft.

Mythos: „Zeit ist Geld"

„Time is not money, time is life!" Meine Seminare zum Thema Geld tragen diesen klaren Ausspruch von Thich Nhat Hanh im Titel. Die Beschäftigung und das Streben nach Geld ist in der gesellschaftlichen Priorität so weit nach vorne gerückt, dass diese simple Wahrheit zunehmend verdeckt wird: „Time is life!" Vor fünfzehn Jahren waren Meldungen von der Börse Randnotizen, heute nehmen sie einen sehr viel größeren Teil im öffentlichen Bewusstsein ein, bekommen mehr Sendezeit und beschäftigen immer mehr Menschen intensiv.

In der Ökonomie kennen wir den Begriff der Opportunitätskosten. Diese bezeichnen Kosten, die dadurch entstehen, dass ich eine Gelegenheit zum Geldverdienen nicht nutze. Gehe ich aus dem Büro, obwohl ich noch zwei Stunden à 30 Euro arbeiten könnte, entstehen Opportunitätskosten von 60 Euro. Putze ich mein Klo selber, statt eine Putzhilfe für 8 Euro die Stunde zu engagieren, fallen Opportunitätskosten von 30 minus 8 = 22 Euro pro Stunde Kloputzen an. So kann ich mein ganzes Leben durchrechnen. Ein Abend mit der Familie zu Hause hat in dieser Logik einen Preis.

Diese Monetarisierung und finanzielle Bewertung des Alltags hat sich in den letzten Jahren schleichend vollzogen. Am extremsten hat sich das „Time is money"-Prinzip in den Finanzinstrumenten der Investmentbanken und Hedgefonds etabliert. Sie versuchen in einem kurzen Zeitintervall, das Maximum an Geld zu erwirtschaften. Hierzu wird häufig extrem kurzfristig gedacht und das vorhandene Geld über die Aufnahme hoher Kredite gehebelt. Das Zeitintervall wird minimiert, das Geldvolumen durch Fremd-kapitalaufnahme maximiert. Das ist das Extrem des Prinzips „Zeit ist Geld". Natürlich gibt es auch in der Hochfinanz viele Finanzinstrumente, die den Investor dabei unterstützen wollen, stabile Gewinne über einen längeren Anlagehorizont zu erzielen.

Nicht selten werden Prognosen zukünftiger Erträge geschönt, um den Aktienkurs nach oben zu treiben. Der so entstehende Renditedruck führt in Unternehmen der Realwirtschaft zu enormem Arbeitsdruck. Prozesse sollen beschleunigt, Aufgaben verdichtet und mehr Aufgaben in kürzerer Zeit erledigt werden.

In solchen Umfeldern haben immer mehr Menschen das Gefühl, keine Zeit mehr zu haben. Das Leben scheint an ihnen vorbeizurauschen. Die Logik der Opportunitätskosten, der Mythos, dass Zeit Geld sei, trennt uns vom Leben. Achtsamkeit hilft uns, uns nicht an die Zukunft zu verlieren.

Mythos: Reichtum ist unabhängig von Armut

Materielle Armut und materieller Reichtum bedingen einander. Per Definition können wir nicht alle reich sein, denn Reichtum entsteht durch Unterschiede in der Verteilung materieller Güter. Reichtum entsteht, wenn Unterschiede nicht durch Schenken, Umverteilung oder Ähnliches ausgeglichen werden. Reichtum ist ein materielles Ungleichgewicht. Im Tao-Te-King lesen wir:

„Die Art des Himmels ist, von denen zu nehmen, die zu viel haben.

Und sie gibt es jenen, die nicht genug haben.

Die Art des Menschen ist nicht so.

Sie nehmen von denen, die nicht genug haben.

Und geben es jenen, die schon zu viel haben."

Reichtum oder extreme Akkumulation sind nicht natürlich. Sie sind menschengemacht. Indem wir große Unterschiede zulassen oder persönlich anstreben, können wir Unfrieden in soziale oder politische Beziehungen bringen. Entwickeln wir Achtsamkeit und Mitgefühl, kehren wir schrittweise zu dieser Natürlichkeit, dieser Art des Himmels zurück. Unsere Tendenz, die Dinge besitzen zu wollen, nimmt ab.

Vielleicht fühlen wir uns nicht angesprochen, weil wir in unserer Gesellschaft nicht zu den Reichen gehören. Doch ein durchschnittlicher westlicher Konsument verbraucht im Vergleich ein Vielfaches der Ressourcen unserer Erde – Ressourcen die Menschen anderer Erdteile zukünftig nicht mehr zur Verfügung stehen. Aus der Perspektive von 80 Prozent der Weltbevölkerung sind wir materiell extrem reich. Unser Staat verteidigt dieses Wohlstandsgefälle für uns und wir sind Teil des Staates.

Mythos Eigentum

Es gibt kaum eine Idee, die uns so natürlich vorkommt, wie die des Eigentums und des Privatbesitzes. Während eines wortreichen Tages benutzen wir hundertfach Worte wie mein, dein oder sein und noch häufiger denken wir in diesen Begriffen. Unsere Sprache und unser Denken sind durchdrungen von der Idee des Eigentums. Wir sprechen von unseren Kindern, unserem Haus, unserem Hund, aber auch von unseren Mitarbeitern, unseren Ideen oder unserem Erfolg. Über die Idee des Eigentums binden wir Dinge an unsere Person und sichern uns (juristisch oder geistig) Verfügungsrechte.

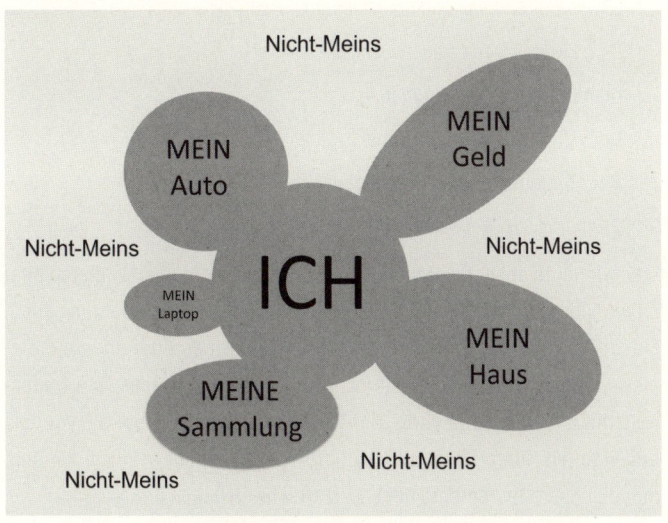

Abbildung 12: **Einige gefährliche Identifikationen – illusionäres Eigentum**

Es scheint normal zu sein, dass einige Menschen wenig oder gar nichts besitzen, andere aber unvorstellbar viel. Eigentum scheint Privatsache zu sein, es wird juristisch geschützt und gibt dem Eigentümer Verfügungs- und Nutzungsrechte. Heutzutage geht der Rechtsschutz des Eigentums so weit, dass Einzelne Milliardenvermögen anhäufen können, während zum gleichen Zeitpunkt Menschen an Hunger sterben.

Wir sollten festhalten, dass dieser Umgang mit den Dingen nur eine Idee ist. Eine Konstruktion, die nur dadurch legitimiert ist, dass sie den Menschen nützt und ihre Beziehungen untereinander vereinfacht oder verbessert. Es existiert kein Eigentum per se. Wir brauchen nur mit dem Flugzeug aufzusteigen und schon sehen wir, dass die Dinge nicht natürlich voneinander getrennt sind. Wolken ziehen über Ländergrenzen hinweg, Atome und Moleküle sind in ständigem Austausch miteinander. Auf der tiefsten Ebene ist alles Intersein, ist alles wechselseitig durchdrungen. Die Idee des Eigentums ist eine geistige Verabredung, die kollektiv geglaubt werden oder durch Macht durchgesetzt werden muss.

Was gehört mir wirklich? Im Gasthof zur Alten Post in Krems an der Donau fand ich folgende Bauernweisheit:

„Dies Haus ist mein und doch nicht mein.

Dem Zweiten wird es auch nicht sein.

Dem Dritten wird es übergeben.

Der Vierte wird nicht ewig leben.

Den Fünften trägt man auch hinaus.

Drum frag ich: Wem gehört das Haus?"

Was wir heute unser Eigentum nennen, können wir morgen verlieren oder es wird uns genommen. Ältere Generationen haben diese Erfahrung durch Flucht, Vertreibung, Enteignung, Währungsreformen oder andere Ereignisse, die Vermögen und Eigentum umschichteten, gemacht. Und spätestens mit unserem Tode endet der Verfügungszeitraum über die von uns angehäuften Güter. Unserer Eigentum zerstreut sich über kurz oder lang, mögen unsere Testamente noch so klare Anweisungen geben.

Eigentum nährt die Idee, dass wir über die Dinge herrschen. Was mir gehört, damit kann ich machen, was ich will. Für mein persönliches Leben und Glück ist allerdings nicht entscheidend, welche Dinge mich umgeben, sondern in welchem Verhältnis ich mich zu diesen Dingen sehe. Im Potsdamer Park Sanssouci kann ich flanieren wie ein König, ohne auch nur einen Quadratmeter zu besitzen.

Im chinesischen Weisheitsbuch Tao-Te-King findet sich folgende Aussage zum Thema:

„Gold und Jade füllen die Halle, wer kann sie sicher aufbewahren?"

Das Streben nach Eigentum kann unser Leben auf falsche Fährten führen.

Mythos Gewinn

Unsere Gesellschaft verehrt die Sieger und Gewinner. Wir studieren ihre Erfolgsstrategien, die Jugend strebt ihnen nach. Nike wirbt mit dem Slogan: „Niemand trainiert, um Zweiter zu werden." Doch buddhistische Lehrer fordern uns auf, den Verlust zu studieren.

Den Verlust studieren. Diese Weisheit des Buddhismus leuchtete mir lange nicht ein. „Verlust studieren", das klang negativ, lebensverneinend oder gar depressiv. Warum sollte der Verlust so wichtig sein? Sollten wir uns nicht lieber auf den möglichen Gewinn konzentrieren? Ist es nicht der Gewinn, der uns das Positive schenkt? Ist nicht Gewinn gleich Erfolg? Sollten wir nicht Verluste vermeiden? Ist es nicht die Hoffnung auf zukünftige Gewinne, die uns antreibt? Wie wesentlich die Auseinandersetzung mit Verlusten ist, wurde mir in folgender Geschichte aus dem Leben des berühmten Psychotherapeuten C. G. Jung deutlich. Zu ihm kam in größeren Abständen ein erfolgreicher junger Mann. Nach längerer Zeit saßen die beiden wieder beieinander. Der junge Mann berichtete von seinen jüngsten Erfolgen. Seiner Hochzeit und der Geburt eines gesunden Kindes. Im Beruf war er befördert worden und man versprach ihm eine glänzende Zukunft. Alles lief prächtig. Als der junge Mann geendet hatte, wendete sich C. G. Jung mit einem Seufzer an ihn und sagte in mitfühlendem Ton: „Das tut mir alles so leid für sie." Der junge Mann war ein Seriensieger. Doch wir lernen weit weniger aus unseren Siegen als aus unseren Niederlagen. Siege und Erfolg können uns in die Irre führen, ein falsches Selbstbild nähren und uns vom Wesentlichen trennen. Jedem Menschen stehen große Verluste bevor. Wir werden unsere Gesundheit, unsere Jugend und schließlich unser

Leben verlieren. Wir werden von allem Abschied nehmen müssen, das uns heute lieb und teuer ist. Das können wir nicht vermeiden.

Es ist nicht klug, die Gewinner zu verehren und die Verlierer zu vergessen oder gar zu verachten Die Auseinandersetzung mit Verlust lässt uns reifen. Wir öffnen uns für die Unvollkommenheit unseres Lebens. In einem wunderschönen Lied heißt es:

„There is a crack in everything, that's how the light gets in."

(Da ist ein Riss in allen Dingen, so kann das Licht eintreten.)

Meine wichtigsten Einsichten habe ich in Zeiten der Niederlage gewonnen. Ich sah klarer, wie mich mein Erfolg von inneren und äußeren Realitäten entfernt hatte. Eines der größten Probleme der Finanzkrise der Jahre 2008/2009 war die Abgehobenheit ihrer Hauptakteure, die als „Masters of the Universe" ein Paralleluniversum erschufen, in dem sie selbst die Rolle der – vermeintlichen – Dauergewinner einnahmen.

Gewinn und Verlust bedingen einander. Sie sind untrennbar miteinander verbunden. Streben wir die eine Seite an und vermeiden die andere, führen wir Krieg gegen die Realität.

Der Buddha sagte: „In einem Kampf mit Gewinnern und Verlierern gibt es nur Verlierer." Dieser Satz zielt auf das Fundament unserer derzeitigen Leitkultur, die auf Wettbewerb und Konkurrenz in immer mehr Lebensbereichen setzt und das Leistungsprinzip zum Heilsprinzip erhöht hat. Wie viele Verlierer stehen dem einen Gewinner einer Goldmedaille bei Olympischen Spielen gegenüber? Was heißt es, wenn der Buddha sagt: „In einem Kampf mit Gewinnern und Verlierern gibt es nur Verlierer." Am Gewinn entzündet sich viel Streit.

Sharon Salzberg, eine bekannte buddhistische Meditationslehrerin, schreibt:

„Die Geschlagenen verlieren Macht, Freiheit, Eigentum, Familie, manchmal das Leben. Und die Gewinner der Schlacht bleiben zurück mit Gefühlen von Hass, Angst und Neid auf jene, die sie bezwungen haben. Im Kreislauf der Rache ist es nur eine Frage der Zeit, wann die Gewinner zu Verlierern werden. Tobt in uns selbst der Kampf darüber, wer besser, wer schlechter, wer glücklicher, wer bedürftiger ist, so machen wir uns selbst zu Verlierern."[22]

Im Streben nach Gewinn zeigt sich ein grundlegender Unterschied zum buddhistischen und taoistischen Denken. Im Tao-Te-King heißt es:

„Denn man gewinnt durch Verlust und verliert durch Gewinn."

Wir gewinnen, indem wir etwas gehen lassen oder verlieren? Das Tao-Te-King rät weiter:

„Gib Schläue auf, verzichte auf Gewinn, Banditen und Diebe werden verschwinden."[23]

Dies ist in etwa das Gegenteil von Gewinnmaximierung und dem schlauen Ausnutzen eines Vorteiles. Aus einer günstigen Gelegenheit hohen persönlichen Gewinn zu ziehen, ohne Rücksicht auf Verluste anderer, ist eine gefährliche Lebensstrategie. Der höchste Gewinn kann immer nur auf der geistigen Ebene bemessen werden. Sind wir weiser, zufriedener, mitfühlender geworden? Gewinner, die die Verlierer vergessen, zahlen einen hohen innerlichen Preis. Wir können nicht auf Kosten anderer leben, ohne uns selbst zu beschädigen. Unsere wahre Natur ist Intersein.

Als Gesellschaft sind wir gut beraten, uns nicht zu sehr mit den Gewinnern zu identifizieren und dabei die Verlierer zu vergessen oder gar zu verachten. Wer weise mit Gewinn und Verlust umgehen kann, der lernt, sich am Gewinn zu erfreuen, aber nicht an ihm zu hängen, und den Verlust zu akzeptieren und nicht zu dramatisieren. Denken und handeln wir so, dann sind wir auf die Wechselfälle des Lebens vorbereitet.

 ## Unsere Finanzen verstehen

Kaum ein Wirtschaftzweig ist so intransparent wie der Finanzmarkt. Die Finanzkrise hat gezeigt, wie falsch selbst die berühmtesten und höchstbezahlten Finanzexperten liegen können. Der Finanzsektor ist der mit Abstand intransparenteste Bereich unserer Wirtschaft. Banken und Versicherungen haben in den letzten Jahrzehnten eine Flut von Produkten geschaffen, die nur noch wenige verstehen. Das ist ein Versäumnis dieser Branche, die sich neu ausrichten sollte, und ein Versäumnis von uns allen, die wir Kunden dieser Institute waren und sind. Wir sind die Wirtschaft. Ein erster Schritt sollte daher für uns sein, unsere finanzielle Situation umfassender und tiefer zu verstehen und zu analysieren. In folgenden Dimensionen wollen wir uns höhere Transparenz verschaffen:

- bezüglich unserer aktuellen Einnahmen und Ausgaben,
- über unser aktuelles Finanzportfolio,
- über Finanzprodukte, die wir besitzen oder die uns interessieren,
- über die Anbieter dieser Finanzprodukte,
- über die Verwendung unseres Geldes durch den Finanzanbieter.

Transparenz bezüglich meiner aktuellen Einnahmen und Ausgaben

Was bekomme ich? Was verbrauche ich?

Es klingt banal, aber unser achtsamer Umgang mit Geld und Finanzen fängt mit einer klaren Übersicht über unsere Ein- und Ausgaben an. Solange wir über unsere finanzielle IST-Situation keine Klarheit besitzen, fehlt weitergehenden Entscheidungen die Basis. Für viele Menschen, ob mit viel oder wenig Geld, ist ihre reale Ausgabensituation eine schwarze Box, deren Inhalt sie nicht kennen. Sie haben nur vage oder falsche Vorstellungen, wo ihr Geld am Ende des Monats geblieben ist.

Ein erster Schritt könnte daher ein simples Einnahmen- und Ausgabenbuch oder eine entsprechende Excel-Tabelle sein. Wenn wir zwei Monate lang alle Ausgaben aufschreiben, gewinnen wir ein wesentlich wacheres Verhältnis zu unseren Ausgaben. Das Aufschreiben selbst kann bereits zu einer Achtsamkeitsglocke werden. Statt automatisch Geld auszugeben, halten wir für einen Moment inne. So behalten wir unsere Ausgaben im Auge. Vielen ist das Führen eines Haushaltsbuches auf Dauer zu aufwändig, doch gibt dieses Vorgehen uns die maximale Transparenz. Schuldenberater wissen zu berichten, dass viele Menschen in finanzielle Schwierigkeiten geraten sind, weil sie die Realität ihrer Ein- und Ausgaben in einem Rechnungskarton entsorgten, bis es zu spät war.

Transparenz bezüglich meines aktuellen Finanzportfolios

Was habe ich eigentlich?

Neben kontinuierlichen Ein- und Ausgaben verfügen viele von uns über Vermögen und Eigentum sowie Schulden. Auch hier brauchen wir Klarheit und ein tiefes Verständnis der Natur der verschiedenen Vermögenswerte, Hypotheken und Kredite.

Viele Bankprodukte sind so kompliziert oder intransparent gestaltet, dass sie nur noch von wenigen Experten verstanden werden. Daher ist es möglich bis wahrscheinlich, dass auch in Ihrem Portfolio Unverstandenes lagert. Oder Sie haben auf einen Finanzberater gehört und stecken nun in Investitionen und Anlagen, aus denen Sie gerne herauswollen.

Erwarten Sie nicht, dass Ihre Finanzberater Ihre besten Ratgeber sind. Sie vertreten die Interessen und Anweisungen ihres Arbeitsgebers und handeln zudem auf Basis persönlicher Anreizstrukturen und Prämien, welche dem Kunden häufig nicht offengelegt werden.

Im Sinne eines achtsamen Umgangs mit Geld sind folgende Schritte wesentlich:

- Verständnis des eigenen Portfolios (Laufzeiten, Kündigungsfristen, Kündigungskonsequenzen, Zeitwerte)
- Klärung und Formulierung unserer finanziellen Pläne, Bedürfnisse und Perspektiven
- Klärung und Formulierung unserer finanziellen Motivation (Zweck versus Rendite)
- Ableitung eines Zielportfolios, das wir persönlich verstehen oder das uns wahrhaft vertrauenswürdige Experten empfehlen
- Identifikation eines vertrauensvollen Finanzpartners, der unsere Werte teilt

Transparenz bezüglich der Finanzprodukte selbst

Was ist das eigentlich? Verstehe ich mein Finanzportfolio?

Während die meisten von uns die Logik eines Girokontos oder eines Bundesschatzbriefes verstehen, haben wir beim Verständnis von Optionspapieren vielleicht schon mehr Mühe. Spätestens bei strukturierten Finanzprodukten[24] stoßen die meisten von uns an Verständnisgrenzen. Auch die inzwischen berühmt-berüchtigten CDOs (collateralized debt obligations) wurden von wenigen verstanden, aber von vielen gehandelt oder gekauft.

Wir sollten unsere Bankprodukte, so gut es geht, verstehen. Ihre Funktionsweisen, ihre Annahmen, ihre Risiken und ihren Geist. Wir sollten uns nur an Geschäften beteiligen, die wir verstehen, die wir von Herzen unterstützen und deren Mittlern wir trauen. Diese Regeln haben viele von uns in der Vergangenheit nicht beachtet.

Viele von uns haben ihren Finanzberatern und Banken vertraut. So, wie wir dem Chirurgen vertrauen, der uns operiert, oder dem Computerfachmann, der unseren Laptop konfiguriert. Doch dieses Vertrauen hat die Finanzbranche in Vielem verspielt und wir sollten es ihren Akteuren nicht zu leicht machen, wieder zur Tagesordnung überzugehen. Ohne höhere Transparenz sollten wir unser Vertrauen nicht aufs Neue verschenken.

Wenn ein Bauer den Erlös seiner Ernte über ein Termingeschäft absichert, kann das für ihn persönlich hohen Sinn ergeben. Doch für uns, die wir keine Ernte abzusichern haben, wäre dieselbe Transaktion eine Spekulation ohne realwirtschaftlichen Hintergrund. Würde jeder Anleger bei den Produkten bleiben, die er versteht oder die in seinem individuellen Leben einen Nutzen erzielen, hätten unsere Finanzmärkte eine völlig andere Struktur. Unsere Finanzmärkte sind unter anderem so instabil und schwankend geworden, weil ...

- ... viele Marktteilnehmer keine weitergehende Bindung an ihr Investment haben und es ihnen weitestgehend gleichgültig ist, womit sie ihr Geld verdienen,

- ... viele Spekulanten im System sind, die selber keinen realwirtschaftlichen Beitrag leisten, aber von Anlegern für ihre „Dienste" bezahlt werden,
- ... viele Anleger nur geringe Geduld haben und sehr kurzfristig denken,
- ... zu viel Geld geschöpft worden ist,
- ... die Renditeerwartungen hoch sind und gleichzeitig Risiken vermieden werden wollen,
- ... die Sinnhaftigkeit eines Investments rein finanziell bewertet wird.

Wir sollten nicht in Dinge investieren, die wir nicht wirklich verstehen oder bei denen die Gefahr besteht, dass sie schädliche Prozesse finanzieren oder gar unsere Lebensgrundlage untergraben. Die Neuorientierung in diesem Bereich können wir unterstützen, indem wir viel nachfragen und Transparenz über die angebotenen Finanzprodukte einfordern und nichts kaufen, was sich verschleiert oder gar aggressiv aufdrängt.

Transparenz bezüglich der Anbieter des Finanzproduktes

Wer ist das eigentlich?

Geld wirkt nie isoliert. Geld ist Energie. Jeder Euro ist eine Abstimmung über die Wirtschaft, die wir wollen. Diese Energie des Geldes kann zu verschiedensten Zwecken eingesetzt werden. Wenn wir einer Bank unser Geld anvertrauen, geben wir dieser Bank Energie und unterstützen damit die Zwecke und Ziele der Bank. Gleichzeitig parfümieren wir dieses Geld mit unseren eigenen Erwartungen und Intentionen.

Wir sollten unsere Bank oder unsere Financiers gut kennen oder besser kennen lernen. Wenn nicht jetzt, wann ist der Moment des Neuanfangs? Welche Motivation hat Ihre Bank? Was bietet sie Ihnen als Kunde an? Steht an erster Stelle und als höchstes Ziel eine bestimmte Eigenkapitalrendite?

Heute bewerben noch fast alle Banken ihre Produkte über Zins- oder Renditeversprechen. Es ist noch unüblich, nichtfinanzielle Ziele nach vorne zu stellen, wie es beispielsweise die GLS-Bank mit ihrem Motto „…. und Geld bekommt Sinn" tut. Und dies liegt auch an uns Kunden. Wir fordern hohe Verzinsung. Wir wechseln die Bank, weil ein kostenloses Girokonto lockt. Wir fragen zu wenig nach der Sinndimension unserer Anlagen. Sind wir bereit, für eine objektive und erfolgsunabhängige Beratung ein Honorar zu zahlen? Auch wenn wir keine Millionen bewegen, unsere Verantwortung als Kleinanleger ist bedeutend und wir sollten sie nutzen.

Viele Menschen sind im Umgang mit ihrer Bank befangen oder eingeschüchtert. Als Anleger und Bankkunden müssen wir uns aus unserer Angst, Lähmung und Lethargie befreien und die richtigen Fragen stellen. Thich Nhat Hanh schreibt:

> „Ich habe einen Freund, der Wertpapierhändler geworden ist. Zu Beginn war er sehr beredt und versuchte seine Kunden zu überzeugen, Aktien zu kaufen. Aber nachdem er mit der buddhistischen Lehre in Kontakt gekommen war und das Mantra ‚Bist du dir sicher?' kennen lernte, änderte er seine Methode. Wenn Kunden ihn fragten, ob er sich sicher sei, entgegnete er: ‚Ich kann nicht sagen, dass ich sicher bin. Dies ist meine Meinung und diese basiert auf dem besten Verständnis, das ich zurzeit habe.' Er war ehrlich. Das interessante Ergebnis war, dass mehr Menschen seinen Rat suchten."

Personen mit einer solchen Einstellung gibt es in der Finanzszene. Wir müssen sie nur suchen und finden. Letztlich sind wir es, die uns unsere Banken schaffen. Es gilt, Licht und Transparenz in die Bankenszene zu bringen. Es war organisatorische Intransparenz und unser kollektives Nichthinschauen, die es ermöglicht haben, dass finanzielle Risiken immer weiter verschoben und verschleiert wurden und so unsere Haushalte und zukünftige Generationen mit dreistelligen Milliardenbeträgen belasten.

Transparenz bezüglich der Verwendung

Was macht mein Geld eigentlich? Wie wirkt es in der Welt?

Verstehen wir, wie die Zinsen auf unserem Kontoauszug zustande gekommen sind? Haben wir Transparenz bezüglich der Verwendung unseres Geldes?

Im Dokumentarfilm „Let's make money" von Erwin Wagenhofer fliegt ein Flugzeug über sich schier endlos erstreckende Neubausiedlungen an der spanischen Küste entlang. Unbewohnte Geisterstädte, milliardenschwere Spekulationsruinen. Der aktuelle Leerstand wird auf bis zu drei Millionen Einheiten geschätzt.

> „Hinzu kommen 800 neu entstandene Golfplätze, die zur Erhaltung ihrer künstlichen Rasenflächen so viel Wasser verbrauchen wie 16 Millionen Menschen zum Leben."[25]

Diese Häuser stiften keinen realen Nutzen. Ihre Eigentümer haben sie als Geldanlage oder Steuersparmodell gekauft. Ihre Motivation war vom realen Nutzen abgekoppelt. Ob Immobilien-, Rohstoff- oder Aktienspekulation, die Abkopplung des Finanzsystems von der Realwirtschaft birgt immense Gefahren und kann das ganze Wirtschaftsgefüge zerstören. Wenn die Energie des Geldes in der Realwirtschaft keinen Sinn stiftet, sondern Verwerfungen und Probleme generiert, läuft etwas grundlegend schief. Dass viele Staaten und internationale Wirtschaftsinstitutionen hier regulierend eingreifen, ist zwingend nötig. Wir können unseren kleinen Beitrag leisten, indem wir genauer wissen, was unser Geld gerade macht, und indem wir übersichtliche, verstehbare und sinnvolle Projekte finanzieren.

Jenseits der Bankenlogik: Das Beispiel Grameen Bank

Im Jahre 2006 erhielt die Grameen Bank in Bangladesch gemeinsam mit ihrem Gründer Muhammad Yunus den Friedensnobelpreis. Den Friedensnobelpreis? Für die Gründung einer Bank? Muhammad Yunus ist seither für noch mehr Menschen ein leuchtendes Vorbild im Prozess der Befreiung unseres Geldes aus intransparenten, schädlichen oder sinnlosen Zusammenhängen.

Yunus setzt in seiner Arbeit auf Sinn und Vertrauen. Er glaubt an das große menschliche Potenzial der Ärmsten seines Landes und setzt mit seinen Projekten bei konkreten Problemen an. Er tut dabei delikaterweise in Vielem das Gegenteil von dem, was er bei den traditionellen Banken seines Heimatlandes im Felde der Kreditvergabe beobachtet hat:

- Minikredite statt Riesenkredite
- Kredite für die Armen statt die Reichen
- Vertrauen statt Sicherheiten
- keine Bonitätsprüfung statt Bonitätsprüfung
- Kredite an Frauen statt Kredite an Männer
- Verpflichtung gegenüber Kreditnehmern statt den Aktionären
- Dividende in nützlichen Naturalien statt in Geld
- Fokus auf Gemeinschaft statt auf das Individuum
- Erfolg = Verbesserung der Lebensumstände des Kreditnehmers *versus* Erfolg = finanzielle Rendite
- Banker gehen zum Kunden *versus* Kunden gehen zum Banker
- Interesse am laufenden Geschäft *versus* Interesse an Vertragsabschluss und Rückzahlungsfähigkeit

Lange wurde Yunus von seinen Bankerkollegen für verrückt erklärt. Doch der Erfolg gibt ihm in Vielem Recht, auch wenn das Bankgeschäft vielleicht nicht in allen Kontexten so funktionieren kann wie in Bangladesch. Durch Grameen-Kredite hat sich die finanzielle Situation der Ärmsten und insbesondere der Frauen in Bangladesch in Vielem zum Positiven verändert. Seit ihrer Gründung 1983 hat die Bank nach eigenen Angaben für acht Millionen Kreditnehmer Gelder bereitgestellt. Die Vorherrschaft zinswuchernder Geldverleiher – traditionelle Banken waren an den Ärmsten nie interessiert – konnte gebrochen werden. Unternehmerische Freiheit hat eine neue Schicht von Kleinunternehmern geschaffen, deren Rückzahlungsquoten mit 98 Prozent wesentlich höher sind als diejenigen von Konsumkrediten in westlichen Ländern. Yunus sagte einmal, dass er nur das Gegenteil dessen tun müsse, was in Bangladesch im Finanzsektor als normal gelte, um nachhaltig erfolgreich zu sein.

Wenn wir wie Yunus den Zweck unseres Geldes klar definieren und auf sinnvolle Ziele lenken, verändert dies unseren Umgang mit Geld dramatisch. Wir beteiligen uns nicht länger an Spekulationen oder Börsenspielen, die rein renditeorientiert sind. Wir beginnen, uns für die Wirkungen unseres Geldes in der Welt zu interessieren. Vielleicht brauchen wir gar keine Bank, um unser Geld sinnvoll zu platzieren. Vielleicht finden wir in unserer Nachbarschaft sinnvolle Projekte, die wir unterstützen wollen. Wir holen uns unsere Energie zurück und lenken sie in heilsamere Projekte.

Was mache ich zum Renditeobjekt?

„Zukunftsmarkt Krebs." „Zukunftsmarkt Wasser." „Zukunftsmarkt Rohstoffe." „Zukunftsmarkt Pflege." Auf den Wirtschaftsseiten und an den Wirtschaftsuniversitäten wird jeder Bereich unserer Gesellschaft durchgerechnet und unter Rentabilitätsgesichtspunkten analysiert. Schweinemägen oder private Grundschulen. Finnisches Holz oder Atomkraftwerke. Wenn wir mit dem Blick eines rein renditeorientierten Anlegers die Welt betrachten, löst sie sich in Ströme erwarteter Ein- und Auszahlungen auf, die von vielfältigen Annahmen abhängen. Wollen wir dieses entfremdete Rendite-Spiel weiterspielen? Wir brauchen mehr Anleger, die eine reale Beziehung zu ihren Anlageobjekten haben. Heute besitzen viele Menschen Wohnungen, die sie nie betreten haben, halten Anteile an Unternehmen, deren Führungskräfte und Mitarbeiter sie nicht kennen, und kaufen Optionen auf Schweinemägen, obwohl sie selber Vegetarier sind. Es ist ein seelenloses Spiel geworden. Ökonomen wie Gary Becker haben es auf die Spitze getrieben, indem sie Kinder und Institutionen wie die Ehe aus Renditegesichtspunkten durchleuchtet haben.

Reines Renditedenken konterkariert den tieferen Sinn jedes Wirtschaftens. Die Wirtschaft sollte unser Helfer und nicht unser Herrscher sein. Wir haben dieses Ziel in einigen Bereichen aus den Augen verloren. Viele von uns dienen wider Willen den Renditeerwartungen Dritter und nicht länger heilsamen Zwecken. Unsere Wirtschaft sollte uns dabei helfen, sinnvolle Dinge zu tun und zu realisieren. Unsere Ideen vom guten Leben sollten durch wirtschaftliche Aktivitäten und Strukturen Geburtshilfe erfahren.

Ohne Sinn ist Wirtschaft nichts als eine rastlos laufende Maschine, die versucht, sich selber zu erhalten.

Finanzielle Blüten

Wenn wir die wahre Natur unseres Geldes tiefer verstehen, werden wir zu mündigen Anlegern, Sparern und Konsumenten. Es ist uns nicht länger gleichgültig, was unser Geld tut und wessen Zwecken es dient. Und wir gewinnen an Selbstbewusstsein im Umgang mit den zentralen Akteuren des Finanzsystems und stellen ihre Prinzipien und Projekte in Frage. Oder wie es ein Seminarteilnehmer ausdrückt:

> *„Lange Zeit war bei mir Angst und Nebel um das Thema Geld. Ich habe meine Verantwortung an die so genannten Experten abgegeben. Am Ende war das Geld weg und der Experte auch. Das war meine Lektion. Ich muss schon selber hinschauen, was ich mit meinem Geld mache, was ich unterstützen will. Und es gibt so viele gute Ideen, die nur ein wenig Geld brauchen, um aufzublühen. Das ist die Richtung für die Zukunft meines Geldes."*

Finanzielles Maß

Die Gefahren des Wohlstandes

Wir leben in einer Gesellschaft, die das Festhalten, die Akkumulation und ein stetes „Mehr" in allen Lebensbereichen schätzt und braucht. Nichtwachstum wird als Rückgang erlebt. Im kollektiven Geist wirkt die Vermutung, dass wir „mehr" bräuchten, um glücklich zu sein. Was immer dieses „Mehr" auch sei.

Die spirituellen Traditionen sind sich weitgehend einig, dass das Streben nach Vermögen oder Reichtum eines der größten Hindernisse auf dem Wege zu höherer menschlicher Entwicklung ist. Der Tanz um das Goldene Kalb versinnbildlicht dies. In diesem Bild haben Habgier, Habsucht und Vergötterung des Materiellen die Oberhand gewonnen. Das Volk Israel fällt in Verblendung und Unwissen zurück.

Was ist angemessen? Was ist das rechte Maß? Was maßen wir uns an? Wo beginnt die Maßlosigkeit? Wenn wir über das rechte finanzielle Maß sprechen, berühren wir eine Reihe von heiklen Themen. Mindestlohn, Vermögensverteilung, Existenzängste, Lebensträume ... Es geht um ungewollte Beschränkung und Selbstbeschränkung, um unsere Ideen von Reichtum und Armut, um die Balance zwischen Wollen und Haben sowie zwischen Anhäufung und Teilung von Ressourcen. Thich Nhat Hanh schreibt:

„Die fehlende Bereitschaft zu teilen, ist auch eine Art Diebstahl."[26]

Die Finanzkrise hat uns gezeigt, wie uns Maßlosigkeit in diesen Bereichen an den Rand des wirtschaftlichen Zusammenbruchs führen kann. Es ist leicht, der Versuchung des „Höher, schneller, weiter" zu erliegen. Doch als Menschen sind wir begrenzte Wesen. Als Menschheit brauchen wir ein Maß, das uns das langfristige Überleben in Harmonie mit allen anderen Wesen auf diesem Planeten ermöglicht. Unsere Maßlosigkeit kann uns zerstören. Folgende Fragen können wir uns zum Einstieg ins Thema stellen:

- Weiß ich, wann es genug ist?
- Woran orientiert sich meine finanzielle Normalität?
- Woraus leite ich finanzielle Ansprüche ab?
- Wie viel besitze ich im Verhältnis zu anderen?
- Was sind meine finanziellen Erwartungen?
- Wie gehe ich mit meinem Vermögen um?
- Habe ich meinen Wohlstand mit anderen geteilt?
- Wie gehe ich mit finanzieller Begrenzung um?

Wir werden zunächst einige Probleme der Maßlosigkeit ansprechen und dann zeigen, wie die Kultivierung von Geduld, Dankbarkeit, Loslassen und Einfachheit uns helfen kann, unser persönliches Maß zu finden und wahre finanzielle Freiheit zu kultivieren.

Das Problem der Maßlosigkeit

Vor elf Jahren las ich ein Buch von Bodo Schäfer mit dem Titel „Der Weg zur finanziellen Freiheit: Die erste Million". Die Versprechungen dieses Buches waren immens und erwischten mich in einer Phase, in der ich ohne inneren Kompass und geistige Klarheit nach neuen Wegen für mein Leben suchte. Warum nicht Millionär werden, dachte ich mir, und je mehr ich las, desto größer mein Mangel, umso gieriger wurde ich. Der tibetische Meditationslehrer Chögyam Trungpa hat den Traum von der ersten Million so gesehen:

> *„Wenn man Millionär werden will, muss man zuerst versuchen, psychologisch zum Millionär zu werden. Man fängt damit an, von sich selbst ein Bild, eine Vorstellung als Millionär zu haben und arbeitet dann sehr hart auf dieses Ziel hin. Man stößt sich selbst in diese Richtung – ohne Rücksicht darauf, ob man überhaupt dazu in der Lage ist, ein solches Ziel zu erreichen. Diese Haltung macht uns blind und unempfänglich für den gegenwärtigen Augenblick, weil wir sehr stark in der Zukunft leben.“*

Wir bekommen einige Probleme, wenn wir so vorgehen: Wir wissen nicht, ob wir unsere Zielexistenz erreichen werden und können uns so als Verlierer, Gescheiterte oder Versager empfinden. Wir können in Kampf und Wettbewerb mit anderen geraten, welche dieselbe Zielexistenz anstreben und somit viel Anspannung und Stress in unser Leben bringen. Wir können eine unrealistische Vorstellung von unserer Zielexistenz entwickeln, die dazu führen kann, dass wir selbst bei Zielerreichung enttäuscht werden. Haben wir unser Ziel erreicht, ist nicht sicher, dass wir unseren Reichtum nicht wieder verlieren können. Viele Lottomillionäre waren dies nicht lange.

Uchiyama Roshi erzählte folgende Begebenheit:

> *Eines Tages kam der Manager einer der größten Banken im Zentrum einer großen Stadt zu Besuch und gestand mir seine Pein. Es sagte: „Meine Pensionierung steht bevor, und ich bin so besorgt übers Altwerden, dass ich nicht schlafen kann.“ Ich antwortete: „Sie wollen zu viel. Sie erhalten jeden Monat ein Riesengehalt und einen regelmäßigen Bonus. Ich bin sicher, Sie haben eine Menge gespart. Schauen Sie sich meine Lage an. Ich hatte nie ein geregeltes Einkommen. Ich habe nichts gespart. Jeden Tag gehe ich wie ein herumstreunender Hund betteln und lebe mein Leben im Gedanken: Es ist in Ordnung, wenn dieser Tag vorübergeht. Egal, wie viele Jahre ich mit dieser Art*

zu leben fortfahre, ich werde keinen Bonus erhalten, keinen Alters-
zuschuss und keine Rente. Ihre Angst um Ihr hohes Alter kann mit
meiner nicht mithalten. Ihre Idee ist, zuerst abzuschätzen, wie viele
Jahre Sie noch leben werden, und die dann mit Ihrem Gehalt und
Ihren Boni zu multiplizieren. Wenn Sie sehen, dass Sie das nötige
Geld haben, werden Sie sich sicher fühlen. Doch es ist unmöglich,
sich auf diesem Weg sicher zu fühlen, darum haben Sie keine Wahl,
als sich nervös zu fühlen. (...) Nach diesem Gespräch dachte ich: „Für
manche Menschen ist Leiden ein Luxus."[27]

Wir leiden an individueller und kollektiver Maßlosigkeit. Sie hält uns in
Atem, macht uns Angst und verursacht diverse Probleme.

Festhalten – die gelernte Strategie der Verschwendung

Wenn wir Eigentum ansammeln, halten wir die Dinge fest. Aus einem Fahrrad wird **mein** Fahrrad. Niemand darf dieses Fahrrad nutzen, ohne mich
vorher zu fragen. Wenn wir etwas festhalten, kann es sich nicht mehr frei
bewegen. Hier ein alltägliches Beispiel:

Berlin-Schöneberg, Januar 2008. Ich gehe mit meinem Sohn
schwimmen. In der oberen Etage des Stadtbades Schöneberg gibt
es ein Sole-Becken, zwei Whirlpools, eine 25-Meter-Bahn und ...
35 Liegestühle. In keinem einzigen Liegestuhl liegt ein menschlicher
Körper. Sie sind alle frei. Und gleichzeitig sind sie alle – alle! – besetzt.
Alle Liegestühle sind mit Schwimmtaschen, Handtüchern oder Bade-
mänteln belegt. Wir finden keinen Platz, obwohl alles frei ist. Dies ist
die Armut des Festhaltens. Dies ist die Armut des Nicht-
teilens, des Für-sich-Beanspruchens.

Je mehr wir besitzen, je mehr uns gehört, desto weniger kann das einzelne Objekt unseres Besitzes von uns genutzt werden. Wir können nicht
zwei Paar Schuhe gleichzeitig tragen. Was für ein Paradox: Während in
Unternehmen darauf geachtet wird, dass wir den Auslastungsgrad des
Maschinenparks möglichst hochhalten und in der Arbeitszeitplanung darauf achten, dass keine Leerzeiten entstehen, in denen die Arbeitskräfte
beschäftigungslos herumstehen, verhalten wir uns im Privaten extrem anders. Stellen wir eine Liste unserer Besitztümer auf und fragen wir uns nach

ihrem Nutzungsgrad. Wir werden eine Reihe von Gegenständen finden, deren Nutzungsgrad nahe null liegt. Der durchschnittliche Nutzungsgrad des deutschen Autobestandes liegt bei ca. vier Prozent.[28] Den Rest der Zeit stehen unsere Autos ungenutzt herum. Doch uns fällt es schwer, unsere Autos zu teilen. Wir möchten das individuelle, exklusive Nutzungsrecht als Teil unserer persönlichen Freiheit behalten. Inzwischen machen es uns individualisierte Versicherungstarife gar schwer, unser Auto einer anderen Person zu leihen, ohne den Versicherungsschutz zu verlieren.

Schiefe Relationen

Ein Maß ist immer ein Vergleich. Doch mit wem vergleichen wir uns? Woher stammen unsere finanziellen Maßstäbe und Ansprüche? Sind es die Maßstäbe unserer Herkunftsfamilie, unserer Freunde oder der Gesellschaft im Ganzen? Wie kommen wir zu unserer finanziellen Normalität?

Universität St. Gallen, Sommer 1993. Ich höre unfreiwillig das Gespräch zweier Zweitsemester. Die eine beklagt sich, dass ihre elterliche, monatliche Unterstützung zu gering sei. „Stell dir vor, sie geben mir nur 5.000 DM im Monat!" „Wie kommst du damit bloß aus?", war die empörte und mitfühlende Antwort ihrer Freundin.

Diese Dimensionen waren nicht typisch. Die beiden hatten ihren eigenen finanziellen Maßstab, sie lebten in einer finanziellen Parallelwelt. Ähnlich wird es chinesischen Wanderarbeitern gehen, die unseren finanziellen Klagen lauschen. Messen wir unsere finanzielle Normalität allein an den Lebensverhältnissen unserer Familie oder Umgebung, entkoppeln wir uns von anderen Lebenswelten. Wir brauchen aber auch ein absolutes Maß, das uns unabhängig von gesellschaftlichen Normalitäten und Maßstäben zur Verfügung steht. Sonst wachsen oder schrumpfen unsere Ansprüche in Abhängigkeit von unserem Umfeld.

Wir sollten zwischen einfachem Leben und materieller Not unterscheiden. Materielle Not scheint gegeben, wenn folgende Grundbedürfnisse in einem menschlichen Leben nicht abgedeckt sind:

- Essen und Trinken
- Dach über dem Kopf

- Zugang zu medizinischer Versorgung
- Kleidung

Die Abdeckung dieser vier Dimensionen bildet so etwas wie eine unterste Linie für ein materielles menschliches Maß des „Genug.". Gute soziale Beziehungen, Zugang zu Bildung, Garantie von Sicherheit, Wahl- und Handlungsfreiheit gelten als weitere Dimensionen eines zu gewährleistenden Mindestmaßes.

Unsere aktuelle materielle Situation liegt weit über diesen Minimalforderungen. Hier soll nicht vorgeschlagen werden, dass wir uns alle auf ein minimales Niveau zurückbegeben und unseren aktuellen Wohlstand aufgeben sollten. Die Frage lautet vielmehr, können wir uns ein glückliches Leben vorstellen, wenn uns lediglich die obigen Grundzutaten zur Verfügung stünden? Oder haben wir Angst, in eine solche „Armut" abzustürzen? Können wir uns ein Leben auf Sozialhilfe-Niveau nur als Hölle vorstellen?

Der Buddha hatte in Bezug auf Eigentum und Geld sehr klare Regeln für seine Mönche und Nonnen: „Drei Roben sind genug." Zusätzlich durfte jeder Ordinierte noch einen Wasserfilter, eine Almosenschale und kleinere Alltagsgegenstände wie einen Zahnstocher besitzen. Die Besitzlosigkeit der Mönche war ein deutliches Signal an den Rest der Welt, dass es nicht unser Geld und Eigentum ist, das uns auf einer tiefen Ebene glücklich macht. Kaufleute, Politiker, Handwerker und andere Menschen, die den glücklichen, friedvollen und mitfühlenden Bettelmönchen begegneten, bekamen einen Weg zum Glück angeboten, der allen Menschen unabhängig von Geld, Macht oder gesellschaftlicher Stellung offenstand.

Verteilungsgerechtigkeit – Stimmen die Relationen?

Wir brauchen nur die Augen aufzumachen, um zu sehen, dass wir in einer Welt leben, in der die Relationen nicht stimmen. Die Relationen zwischen Besitzenden und Nichtbesitzenden, zwischen Nord und Süd oder zwischen einzelnen Professionen. Vergleichen wir nur einmal die Stundenlöhne verschiedener Berufsgruppen auf Basis eines Stundenlohnes.

Die beiden Abbildungen 13 und 14 (siehe S. 164) zeigen, wie stark unsere Gesellschaft finanziell auseinandergedriftet ist. Im Vergleich

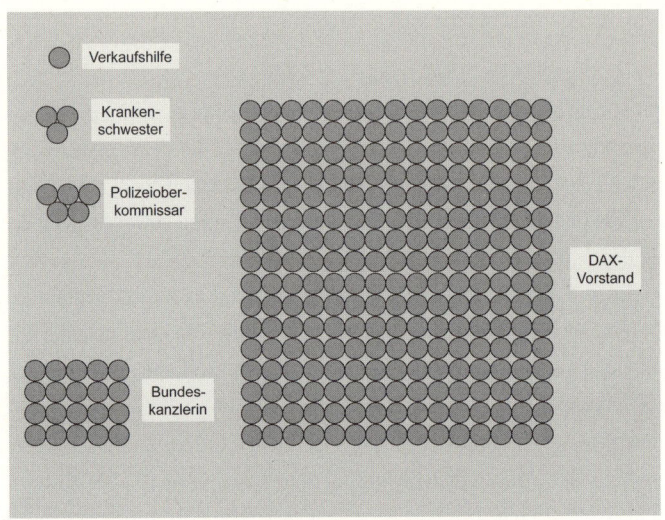

Abbildung 13: **Stundenlöhne im Vergleich (ein Punkt ~ 5 Euro)**

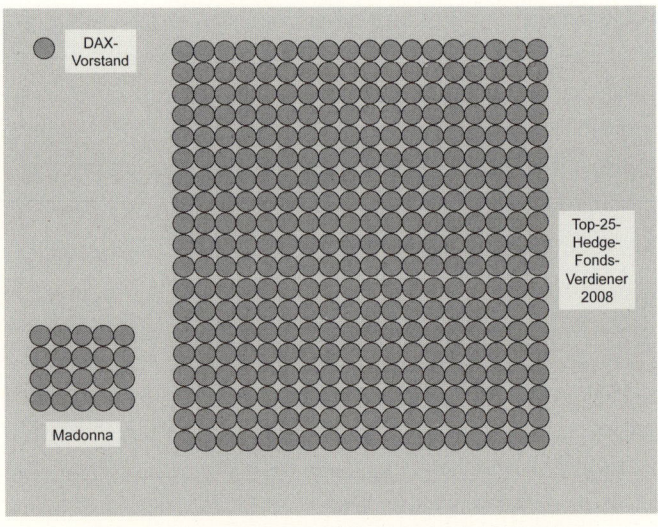

Abbildung 14: **Stundenlöhne im Vergleich (ein Punkt ~ 1.000 Euro)**

zu einem DAX-Vorstand ist das Einkommen einer Verkaufshilfe grotesk niedrig. Der gleiche Vorstand mag sich gleichzeitig im Vergleich mit einem Hedge-Fonds-Manager extrem unterbezahlt fühlen. Hier zeigt sich, wie ein relativer Maßstab in die Maßlosigkeit führen kann. Einer deutschen Verkaufshilfe steht wiederum im Vergleich mit einer indischen Tagelöhnerin ein kleines Vermögen zur Verfügung. Es ist wichtig, auch diese Relationen im Hinterkopf zu haben, wenn wir uns über exzessive Managergehälter oder Vermögenseinkünfte aufregen. Jeder von uns lebt in seiner eigenen Normalität und seinen eigenen Maßen. Jeder von uns ist gefordert, finanzielle Maße und Normalitäten in Frage zu stellen.

Diese internationalen Relationen im Hinterkopf zu behalten, fällt uns häufig schwer. Unser Wohlstand scheint so normal zu sein und wir schauen in der Regel auf diejenigen, die mehr als wir besitzen und orientieren unsere Ansprüche an diesem potenziellen „Mehr". Dabei gibt es genügend Gründe für uns, täglich dankbar auf die Knie zu sinken und unseren Wohlstand zu würdigen.

Gefühl für Relationen trainieren

9 Fantastilliarden 657 Zentrifugillionen Taler und 16 Kreuzer betrug in einem lustigen Taschenbuch das Vermögen von Dagobert Duck. Auch wenn es nicht um scherzhafte Übertreibungen wie diese geht, haben wir Mühe, uns Zahlen mit vielen Nullen vorzustellen, die jenseits eines Jahreseinkommens oder des Preises eines Einfamilienhauses liegen. Dies ergab die Forschung des Neuroökonomen Arnim Falk von der Universität Bonn. Seit zwei Jahrzehnten habe ich es mir zur Gewohnheit gemacht, hohe Zahlen in den Medien auf ihre Plausibilität zu überprüfen. Und es ist erstaunlich, wie regelmäßig selbst seriöse Medien um mehrere Nullen danebenliegen. Da werden aus Milliarden Millionen und aus Milliarden Billionen. Häufig, weil klassische Übersetzungsfehler vom Englischen ins Deutsche („billion" bedeutet auf Deutsch Milliarde) nicht durch eine wache Plausibilisierung korrigiert werden. Vielen von uns fehlt ein natürliches Gefühl für große Zahlen und das ist problematisch.

Es ist problematisch, weil wir ein Gefühl für genau diese Relationen brauchen, um die aktuellen Vorgänge auf den Finanzmärkten zu verstehen.

Weil wir ohne ein Gefühl für diese Relationen kein tiefes Verständnis für weltweite Maße und Verteilungen erhalten. Wir müssen Zahlen erlebbar machen und auf unser Leben beziehen, sonst bleiben die verhandelten Prozesse abstrakt und verschwinden von unserem Radar. Vielleicht möchten Sie folgendes Experiment machen. Ordnen Sie den unten aufgelisteten Zahlen den Preis von Gegenständen, Projekten oder anderen finanziellen Vorgängen zu. Also beispielsweise: 1 € = 2 Kugeln Eis, 1.000 € = Marken-Laptop, 100.000.000.000 € = Rettungspaket Hypo Real Estate und so weiter.

1 €	10.000.000 €
10 €	100.000.000 €
100 €	1.000.000.000 €
1.000 €	10.000.000.000 €
10.000 €	100.000.000.000 €
100.000 €	1.000.000.000.000 €
1.000.000 €	10.000.000.000.000 €

Hilfreich für das Erfassen und Einordnen großer Zahlen ist das Herunterrechnen pro Kopf: Aus 100 Milliarden Neuverschuldung des Staates werden dann bei 80 Millionen Deutschen und einem Haushalt von drei Personen 3.750 Euro neue Schulden fällig. 3.750 Euro mehr Schulden für unseren Haushalt, das können wir uns wieder vorstellen.

 Wege zum rechten Maß

Die vier Maßstäbe in Harmonie bringen

Lassen wir die Not hinter uns, die durch existenzielle Armut ausgelöst wird, hat unsere materielle Situation langfristig nur noch geringen Einfluss auf unser Glück. Der britische Nationalökonom und Professor an der London School of Economics, Richard Layard, hat diesen Zusammenhang in vielen Studien und Veröffentlichungen nachgewiesen.[29] Das Time Magazine fasste diesen Zusammenhang mit der Überschrift „Healthy, wealthy and unhappy– Gesund, wohlhabend und unglücklich" zusammen.[30]

Das reale „Haben" wird immer unbedeutender. Entscheidend ist vielmehr die Relation zwischen Haben und Wollen. Und dieses Wollen ist wiederum abhängig davon, in welchem Maße wir uns mit unseren Nachbarn, Freunden, Kollegen, Familienmitgliedern oder Prominenten vergleichen. Will ich mehr, als ich habe, bin ich unzufrieden. Habe ich mehr, als ich will oder bräuchte, kann ich mich entspannen und ein zufriedenes Leben leben.

Wir können vier Maßstäbe oder Dimensionen unterscheiden:

Unser Haben: „Das habe ich zur Zeit zur Verfügung."

Unser Wollen: „Das strebe ich an, das will ich haben."

Unser Verbrauchen: „Das verbrauche ich aktuell."

Unser Können: „Das ist mein realistisches finanzielles Potenzial."

Mein *Haben* ergibt sich aus meinem Einkommen, meinem Vermögen und meinen Schulden.

Mein *Wollen* ergibt sich aus meinen Wünschen, Ansprüchen, Plänen, meinen persönlichen Erwartungen und den Erwartungen meines Umfelds.

Mein *Verbrauch* ergibt sich aus meinem Lebensstil, meinen Verpflichtungen sowie meiner Sorgfalt im Umgang mit Geld (Sparsamkeit/Verschwendung).

Mein *Können* ergibt sich aus meinen Einkommensmöglichkeiten, meiner Lernfähigkeit und Lernbereitschaft, meiner Ausbildung, der aktuellen Arbeitsmarktsituation, meinem Marktwert und meinen Kontakten.

A größer als B	B. Wollen	B. Haben	B. Verbrauchen	B. Können
A. Wollen		Unzufriedenheit	Triebkontrolle, Mäßigung	Selbstüberforderung
A. Haben	Zufriedenheit		Sparen	Einkommensgefährdung
A. Verbrauchen	Verschwendung Unbewusstheit	Schulden		Nicht durch Qualifikation gedeckter Lebensstil
A. Können	Understatement Nichtausreizen	Einkommenspotenzial	Durch Qualifikation gedeckter Lebensstil	

Tabelle 5: **Zusammenhänge zwischen Wollen, Haben, Verbrauchen und Können**

Das Verhältnis zwischen diesen vier Maßen ist ausschlaggebend für die Einschätzung unserer finanziellen Situation.

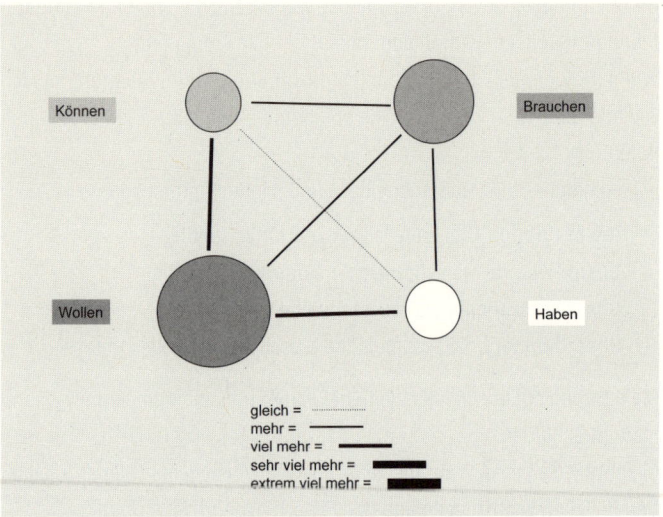

Abbildung 15: **Analyse der vier Maßdimensionen: Person 1**

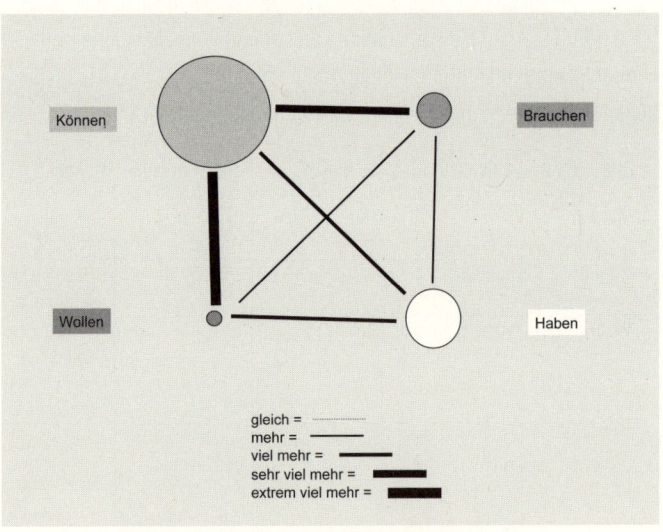

Abbildung 16: **Analyse der vier Maßdimensionen: Person 2**

Person 1 hat ein Einkommen, das dem eigenen, begrenzten Einkommenspotenzial entspricht. Gleichzeitig gibt Person 1 aber mehr aus, als sie hat, und würde gerne noch wesentlich mehr ausgeben. Hier ist mit Verschuldung zu rechnen, die ohne Weiterqualifizierung nicht durch zukünftige Einkommenssteigerungen kompensiert werden kann. Gleichzeitig herrscht trotz Überziehung des Budgets Unzufriedenheit, da die Wünsche größer sind als der Verbrauch.

Person 2 verfügt über das gleiche Einkommen wie Person 1 und befindet sich dennoch in einer völlig anderen Position. Sie verbraucht weniger, als sie hat, und legt damit Geld beiseite. Ihre Wünsche sind sehr bescheiden, so dass sie mit der aktuellen Situation zufrieden sein kann. Zudem verzichtet sie auf viel Einkommen, denn sie reizt die eigene Qualifikation oder den eigenen Marktwert nicht aus. Dies verschafft ihr viel finanzielle Luft.

Es ist sehr aufschlussreich, die eigene finanzielle Situation mit diesen vier Dimensionen zu analysieren. Vielleicht malen Sie Ihre eigene finanzielle Situation in den vier Dimensionen auf? Zudem können Sie als fünfte Dimension und finanzielle Notlinie die soziale Mindestsicherung eintragen, die Ihnen im Notfalle zur Verfügung gestellt werden würde. Mit diesem Minimalbetrag eichen wir alle anderen Dimensionen und setzen unsere Finanzen in Relation zu den sozial Schwächsten unserer Gesellschaft.

Die Freude des Loslassens

Bitte machen Sie folgende Übung. Ballen Sie beide Hände zu Fäusten und drücken Sie mit all Ihrer Kraft zu. Zählen Sie langsam bis 30. Nun öffnen Sie die Fäuste, wenden die Handinnenflächen nach oben und lassen die Anspannung los. Wie fühlt sich das an? Lama Gendün Rinpoche schreibt:

> *„Öffnen und Loslassen ist nicht schwierig.*
>
> *Eigentlich ist es viel schwieriger,*
>
> *immer festzuhalten und sich abzumühen."*

Der Begriff des „Loslassens" ist in manchen esoterischen Zirkeln zu einem Schlagwort verkommen. Doch im Kern zielt der Prozess des Loslassens, des Freigebens, des Nichtfesthaltens oder Nichtanhaftens auf einen sehr tiefen und zentralen Prozess unseres menschlichen Lebens und einen geistigen Prozess, der sich in jeder Minute viele Male in uns abspielt: Greifen – Festhalten – Festhalten – Greifen – Festhalten ...

Dieses permanente Greifen und Festhalten erschöpft uns. Doch wie funktioniert „Loslassen"? Der buddhistische Meditationslehrer Reb Anderson rät, das Loslassen nicht zu forcieren, sondern sich auf das Objekt zu konzentrieren, das wir festhalten. Erkennen wir, welche Probleme wir uns schaffen, indem wir an einer Meinung, an einem Gedanken, einem Objekt oder etwas anderem festhalten, entsteht in uns die Einsicht und der Wunsch, diesen Zustand gehen zu lassen, auch wenn wir dazu nicht von heute auf morgen in der Lage sind. Das buddhistische Geistestraining ist darauf angelegt, unseren Geist geschmeidiger zu machen.

Unsere Gesellschaft ist keine Gesellschaft der „Loslasser", sondern eine Gesellschaft der „Festhalter". So ist es nicht verwunderlich, dass im Alltag und in den Medien das Thema „Kampf" allgegenwärtig ist, ja als natürliche und legitime Strategie im Felde der Meinungsverschiedenheit oder des Interessenkonfliktes angesehen wird. Es wird um Mehrheiten, Arbeitsplätze, die Kinder, den Weltfrieden und – immer wieder – um Geld gekämpft.

Loslassen ist ein weites Übungsfeld und im Buddhismus existieren hier einige bewährte Methoden. Hier die Fünf Gewissheiten, eine weit verbreitete Meditation, die uns mit dem Loslassen vertraut macht[31]:

1. *Es ist der natürliche Verlauf, dass ich alt werde.*
Es gibt keinen Weg, dem Altern zu entgehen.

2. *Es ist der natürliche Verlauf, dass ich Krankheiten bekommen werde.*
Es gibt keinen Weg, dem Krankwerden zu entgehen.

3. *Es ist der natürliche Verlauf, dass ich sterben werde.*
Es gibt keinen Weg, dem Tod zu entgehen.

4. *Es ist der natürliche Verlauf, dass alles, woran ich hänge,*
und alle, die mir lieb sind, sich verändern.
Es gibt keinen Weg, dem Getrenntwerden von ihnen zu entgehen.

5. *Meine Taten sind mein einzig wirkliches Erbe.*
Den Folgen meiner Taten kann ich nicht entgehen.
Meine Taten sind der Boden, auf dem ich stehe.

Die Heilung vieler Krankheiten unserer Zeit liegen in Richtung eines „Weniger". Verzicht, Loslassen, Reduktion oder Vereinfachung bringen uns neue Freiräume.

Balanced Spending Card

Der Buddha rät seinen Laienschülern nicht, auf Geld zu verzichten, sondern bewusst und achtsam mit ihm umzugehen. Unter seinen Schülern waren viele Unternehmer, die ihren Reichtum zum Wohle der Gesellschaft einsetzten. Der Buddha empfahl ihnen, im Umgang mit Geld vier Bereiche im Auge zu behalten:

- den eigenen Lebensunterhalt
- Rücklagen fürs Alter
- Unterstützung der eigenen Familie
- Unterstützung der Gesellschaft

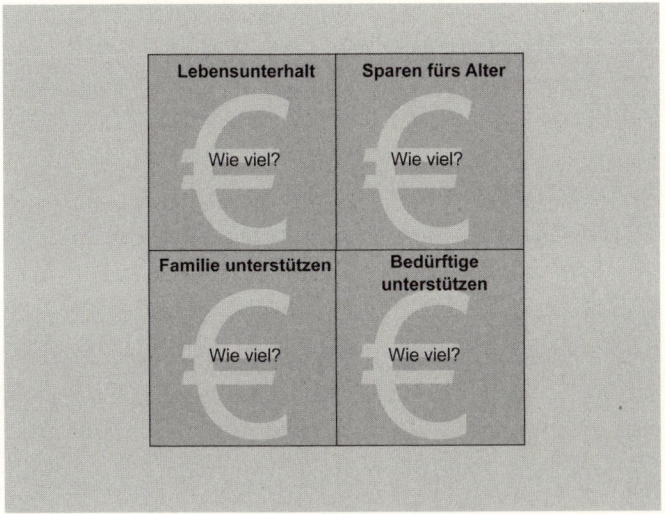

Abbildung 17: **Finanzielle Aktivitätsfelder**

Für viele Menschen sind diese vier Quadranten ein Luxusproblem. Sie sind froh, wenn sie ihren eigenen Lebensunterhalt oder den ihrer Familie bestreiten können. Doch je mehr Geld wir zur Verfügung haben, desto mehr stehen wir vor einem Auswahlproblem und müssen unser Maß festlegen. Überlegen Sie, wie es bei Ihnen aktuell in den einzelnen Quadranten aussieht. Arbeiten Sie mit konkreten Geldbeträgen und tragen Sie diese in die Quadranten ein. Stimmt das Maß? Haben Sie Ihr Maß in diesen Dimensionen bereits gefunden?

Angst vor Nichthaben überwinden

Die Angst vor sozialem Abstieg ist gerade in den Mittelschichten sehr verbreitet. Während es nach dem Krieg für die meisten Menschen materiell stetig bergauf ging, leben wir heute in unsichereren Zeiten. Die Arbeitslosigkeit kann fast jeden treffen und die Angst vor der Arbeitslosigkeit kann uns lähmen. Tief im kollektiven Bewusstsein wurzelt die Überzeugung: „Haste was, biste was. Haste nichts, biste nichts."

Mein langer Aufenthalt im Kloster hat mir diese Angst vor materiellem Abstieg zum Großteil genommen und meine Sicht auf Reichtum und Armut verändert. Er hat mir auch die Angst vor dem gesellschaftlichen Verständnis von Armut genommen. Ich weiß, dass ich mit extrem wenig Geld glücklich sein kann, wenn ich weiterhin an meiner geistigen Entwicklung arbeite und mit Gleichgesinnten zusammenlebe. Das Leben auf Sozialhilfe-Niveau hat für mich viel von seinem Schrecken verloren oder wie es eine anonyme Stimme im Internet ausdrückt:

„Soziale Armut ist, wenn nicht zurückgelächelt wird. Wenn einem das Lächeln im Gesicht gefriert."

Wahrhaft arm scheint mir, wer nicht zufrieden ist, keinen Weg aus dieser Unzufriedenheit sieht und daher in einer Welt des Mangels lebt. Wir sollten uns bewusst machen, dass wir heute – auch als offiziell Arme – einen höheren Lebensstandard (Gesundheitsversorgung, Zentralheizung etc.) haben als die Könige des Mittelalters.

Selbstbeschränkung

Unsere Gesellschaft im Allgemeinen und unsere Ökonomie im Speziellen ist auf Wachstum ausgerichtet. Wir orientieren uns eher daran, was wir noch alles kriegen könnten, als an dem, was wir tatsächlich bräuchten. Wir nutzen Gelegenheiten. Wir machen den logischen nächsten Karriereschritt.

Wir jagen das Schnäppchen. Wir orientieren uns am äußeren Angebot und nicht am inneren Bedarf.

Lew Tolstoi erzählt in seinen Bauernlegenden die Geschichte des Bauern Pachom, der – nachdem er sein erstes Stück Land gekauft hat – der Habgier nach Eigentum verfällt und es sich mit seinen Nachbarn wegen kleiner Unstimmigkeiten verdirbt. Um der Brandstiftung zu entgehen, zieht er nach Osten, siedelt sich ca. 400 km östlich der Wolga an, wo das Land günstig und fruchtbar ist. Er wird wohlhabend. Doch immer noch gibt es reichere Nachbarn, wieder gerät er in Streit mit ihnen und so zieht er weiter nach Osten, wo man von den Baschkiren sehr billig gutes Steppenland kaufen kann. Die Baschkiren kennen in den Weiten der Steppe keine Grenzen und keinen Besitz, doch sind sie bereit, Pachom so viel Land zu verkaufen, wie er von Sonnenaufgang bis Sonnenuntergang zu Fuß umrunden kann. Pachom überschätzt seine Kräfte und kehrt zu spät von seiner Tour um. Bei sinkender Sonne rennt er sich die Seele aus dem Leib und bricht am Ende vor den Baschkiren tot zusammen. Am Ende begräbt ihn sein Knecht in einem Grab von wenigen Quadratmetern. Die Geschichte trägt den Titel: Wie viel Erde braucht der Mensch.

Statt uns an einem externen Potenzial zu orientieren, ist es wesentlich heilsamer, sich am eigenen Bedarf zu orientieren. Brauche ich das wirklich? Welche Konsequenzen hat der Karrieresprung für andere Bereiche meines Lebens? Ein Absolvent einer Wirtschaftseliteuni sagte zu mir:

„Wenn man das Einstiegsgehalt eines Unternehmensberaters angeboten bekommt, kommen einem andere Angebote armselig vor."

Mit diesen Verlockungen gilt es umzugehen.

„Die 84 Einwohner der irischen Insel Inishturk haben in der Kirche abgestimmt und dann beschlossen, einer Bergbau-Gesellschaft die Schürfrechte zu verweigern. ‚Wir finden in unserer Natur alles, was wir zum Leben brauchen. Seit einiger Zeit haben wir sogar elektrischen Strom. Wozu brauchen wir da Gold?'"[32]

Selbstbeschränkung ist ein wesentlicher Schlüssel zur finanziellen und persönlichen Freiheit. Ich klinke mich aus dem kollektiven Maß aus und definiere selbst, wie viel für mich genug ist. Ich steige aus dem Vergleichs-rennen aus. Im Tao-Te-King heißt es:

„Wer weiß, dass genug genug ist, wird immer genug haben."

Wer nicht weiß, dass genug genug ist, wird immer im Mangel leben. „Es ist nie genug!"

Berlin, Meditationsretreat zum Thema „Achtsame Arbeit". Wir beko-chen uns selber. Das Kochteam findet einen vollen Kühlschrank vor und eine gut ausgestattete Küche mit verschiedensten Gewürzen. Nach zehn Minuten kommt einer der Köche zu mir. Er möchte ein spe-zielles Reisgericht kochen. Leider kann er in der Küche keinen Safran finden. Ich frage, ob er nicht ein anderes Gewürz verwenden könne. Nein. Dann zieht er los und kehrt nach einer Stunde mit Safran zurück. Das Essen verschiebt sich für uns alle nach hinten.

Wir können ausreichend Zutaten haben und dennoch im Mangel leben. Bernie Glassmann gibt uns Lebensköchen in seinem Buch „Anweisungen für den Koch" folgenden Rat:

„Das nehmen, was man hat statt das, was man will."

Nach den bereits vorhandenen Ressourcen schauen, statt sich eine Ideal-situation auszumalen, das fällt uns nicht leicht.

Achtsamer Umgang mit Schulden

Schulden sind grundsätzlich weder gut noch schlecht. Geld und Schulden werden in unserer modernen Wirtschaft gleichzeitig erschaf-fen. Wirtschaftliches Handeln erschafft und braucht immer temporäre Ungleichgewichte. Geld muss fließen. Geld ist ein Zahlungsversprechen der Nationalbanken an die Besitzer des Geldes[33]. Schulden sind Zahlungs-versprechen an einen privaten oder institutionellen Gläubiger.

Schulden verursachen wenig Probleme, wenn Schuldner und Gläu-biger ...

- ein Schuldenmaß halten,
- eine hohe Beziehungsqualität haben und aufrechterhalten,
- Risiken transparent gemacht haben.

In der aktuellen Finanzkrise haben Gläubiger und Schuldner auf allen Ebenen das Schuldenmaß verloren. Schuldner überschuldeten sich und Gläubiger achteten nicht ausreichend auf die Bonität ihrer Schuldner. Dies gilt für Unternehmen, Staaten und Privatpersonen.

Gleichzeitig entpersonalisierten sich über einen langen Zeitraum die Beziehungen zwischen Gläubigern und Schuldnern immer weiter. Kredite wurden zu Produkten, die mit teils aggressiver Werbung in den Markt gedrückt worden sind. Banken brachten ihre Kunden in Versuchung. Statt ihnen von Krediten abzuraten, verkauften sie den Kredit zum hohen Zins, der für die Bank bereits die Kreditausfallversicherungen enthielt. Durch Konsumkredite, Kreditkarten und zu hohe Hypotheken stecken heute Millionen Menschen in der Schuldenfalle.

Häufig bleiben die wahren Kosten von Krediten intransparent. Zwar muss inzwischen der effektive Zinssatz (inkl. Kosten) ausgewiesen werden, doch die weit verbreitete Restschuldversicherung gehört nicht dazu. Hier haben viele Banken extreme Gebühren verlangt und teilweise Prämien in Höhe von 30 bis 50 Prozent der Kreditsumme berechnet.

Schulden sind verführerisch. Sie erhöhen in der Gegenwart unsere Energie und senken unsere Energie für die Zukunft ab. Schulden begründen langfristige Bindungen und Beziehungen. Wir sollten genau wissen, mit wem wir uns einlassen. Schauen wir achtsam in unsere Schulden, sehen wir, ob wir Maß halten oder nicht. Wir sehen auch, welche Motivation uns in den Bereich der Schulden geführt hat und können diese ändern.

„Vor zehn Jahren haben wir uns ein Haus gebaut und es wird erst in zwanzig Jahren abbezahlt sein. Vor einem halben Jahr verlor meine Frau ihren Arbeitsplatz. Seitdem begleiten mich meine Schulden jeden Tag zur Arbeit. Was, wenn auch ich arbeitslos werde? Was, wenn eine größere Reparatur anstünde? Ich arbeite nur noch für das Haus und die Abzahlung meiner Schulden. Nun sprechen wir darüber, wie wir uns von unserem einstigen Traumhaus befreien können.“

Millionen Hausbesitzer stecken in derselben Situation. Wir sollten nicht unser ganzes Leben in einem verbringen. Wir können unsere Schulden und Besitztümer neu ordnen und für die Zukunft ein realistisches Schuldenmaß definieren. Und wir können an der Beziehungsqualität zu unseren Gläubigern arbeiten. Im Extrem mag diese Neuordnung uns durch einen Privatkonkurs mit all seinen Konsequenzen führen. Ein Neuanfang ist immer möglich.

Auf Rendite und Zins verzichten

Auf unsere Finanzen – insbesondere im Feld der Geldanlage – lässt sich das Prinzip der Selbstbeschränkung wunderbar anwenden. Je geringer unsere Renditeerwartung, desto mehr können wir uns entspannen. Steigen wir aus der Jagd um die höchste Rendite aus, glättet sich die See.

> *„Von Haus aus habe ich nicht viel Geld. Doch über die letzten Jahre habe ich einiges gespart und begann, mich für die Börse zu interessieren und einige Aktien zu kaufen. Da ich seit über zehn Jahren regelmäßig meditiere, konnte ich die geistige Wirkung meines Einstiegs in die Börse gut verfolgen. Ich habe mir früher nie viel Gedanken über Geld gemacht und lange in einem Kloster gelebt. Doch nun beobachtete ich, wie häufig meine Gedanken während des Tages zu meinen Aktien wanderten. Wie ich mich sorgte und die Kurse verfolgte. Wie mein Jagdfieber erwachte. Es war erstaunlich, wie viel Unruhe so in mein Leben kam. Inzwischen habe ich die Aktien wieder verkauft und schlafe besser."* **– Teilnehmer eines Geldseminars**

Geben wir als Vermögender das Postulat der Vermögenserhaltung auf, können wir unser Geld frei von Renditedruck nach selbst gewählten und für uns sinnvollen Kriterien anlegen. So fragt die GLS-Bank ihre Kunden beispielsweise bei der Anlage von Festgeld, in welchem Ausmaß sie ihr Geld verzinst haben wollen. Hierzu wird ein Zinsspektrum angeboten. Wählen die Kunden eine geringe Verzinsung, fließt dieses günstige Kapital in förderungswürdige Projekte, die Sonderkonditionen erhalten. Befreien wir uns aus der klassischen Zins- und Renditemaximierung, verändert sich vieles und unser Blick weitet sich. Statt uns auf Kapitalerhaltung und Absicherung unseres Lebensstandards im Alter zu konzentrieren, entdecken wir die Schönheit und Freude, unser Geld sinnvoll einsetzen zu können.

Ansprüche und Erwartungen loslassen

Wenn ich einen Anspruch geltend mache, bin ich der Überzeugung, dass mir etwas zusteht. Das Haus Wittelsbach meint, Anspruch auf Schloss Salem zu besitzen. Wir meinen, Anspruch auf guten Service, faire Behandlung, eine gute Ausbildung, eine Gehaltserhöhung oder eine bestimmte Rendite zu haben. Die USA meinen, Anspruch auf den „American Way of Life" zu haben. Wir können unsere Ansprüche auf vielerlei Art und Weise begründen. Juristisch, historisch, ethnisch, kulturell, politisch, religiös ... oder finanziell.

> *„Die Geldgiganten und die kleinen, feinen Häuser kämpfen um die denkbar lukrativste Klientel: die vermögenden Privatkunden. Ein Markt, der schneller wächst und höhere Profite verspricht als jedes andere Geschäft im Geldgewerbe. (...) An ihre Bank stellen sie daher hohe Ansprüche. Beratung und Service müssen erstklassig sein, die Rendite ihrer Investments hoch. Sie wollen nur das Beste für ihr Geld. Standardlösungen kommen nicht in Frage."* – **Manager Magazin**

Wir können Ansprüche stellen, durchsetzen und erkämpfen. Sobald wir allerdings der Ansicht sind, dass uns etwas objektiv zusteht, erliegen wir dem Dünkel, der Selbsttäuschung und der Verblendung. Wir sollten uns nichts vormachen. Ansprüche sind nie objektiv oder richtig, sondern ihrer Natur nach ichzentriert und eng.

Wir sind sehr anspruchsvoll geworden. Und dieses Anspruchsdenken ist aus buddhistischer Sicht eine große Quelle des Leidens. Unser Verlangen macht uns unfrei. Unbedingte Freiheit ist ohne Anspruch und Erwartung. Diese Freiheit strahlt für jeden. Wer Menschen begegnet, die ihre Erwartungen haben fahren lassen, kann ihr Strahlen und ihre Freiheit spüren. Sie strahlen echte Liebe und Menschlichkeit aus. Sie wollen nichts von uns und sie sind furchtlos. Viele spirituelle Führer sind diesen Weg gegangen. Gandhi, Buddha, Jesus, Nelson Mandela und viele andere haben in der Wüste, im Gefängnis oder im bewussten Fasten oder Verzicht alle Ansprüche fahren lassen und erkannt, dass es die Freiheit von Erwartung war, die viele ihrer Probleme beseitigte.

Die Fülle berühren
und Dankbarkeit kultivieren

Ich möchte Ihnen eine kraftvolle Übung vorschlagen.
Bitte nehmen Sie sich ein Blatt Papier zur Hand. Bitte schreiben
Sie alles auf, was Ihnen in Ihrem Leben fehlt. Was wünschen Sie
sich? Was sollten Sie haben? Was sollte sich verändern? Wenn
Sie fertig sind, erstellen Sie bitte eine Liste mit allem, was Ihr
heutiges Leben unterstützt, nährt und trägt. Menschen, Lebens-
bedingungen, Objekte, die bereits da sind. Nehmen Sie sich
Zeit. Diese Liste muss mindestens doppelt so lang werden als
die andere. Wenn Sie meinen, dass Sie fertig sind, schließen
Sie noch einmal die Augen und gehen in Gedanken Ihre letzte
Woche durch. Dann ergänzen Sie vielleicht noch einiges.

Ich erhielt diese Übung vor zehn Jahren gemeinsam mit vielen anderen von
Thich Nhat Hanh. Als wir fertig waren, fügte er hinzu, dass wir ohne Weiteres
die Hälfte unserer unterstützenden Faktoren wegstreichen könnten und
immer noch mehr als genügend Konditionen zum Glücklichsein hätten. Wir
verpassen so leicht, in welcher Fülle wir leben. Wenn wir Zahnschmerzen
erleiden, wünschen wir uns nichts sehnlicher als das Verschwinden der
Zahnschmerzen. Doch wenn wir keine Zahnschmerzen haben, vergessen
wir, dass wir zurzeit im Zustand der Nichtzahnschmerzen leben. Dies ist
eine kraftvolle Botschaft an unsere Wohlstandsgesellschaft, die immer
noch mehr möchte und verlangt. Nach dem Krieg waren unsere Großeltern
selig, als sie den ersten Kaffee erhielten. Meine Mutter erzählt mir noch
heute von der Schokolade, die sie in den CARE-Paketen fand. Wo ist diese
Freude geblieben? Ohne Achtsamkeit verpassen wir das, was wir bereits
haben, und rennen in Richtung dessen, was uns scheinbar noch fehlt. In
einem Zen-Gedicht, das meine Frau sehr liebt, heißt es:

*„Ein Berg voller Gold ist nicht genug, all die Liebe, die der Kosmos dir
gegeben hat, zurückzuzahlen."*[34]

Berühren wir die Logik und Erfahrung der Fülle, steigen wir aus unserer geistigen Mangelwirtschaft aus. Wir erkennen, dass wir mehr als genug haben, und glauben nicht länger, dass wir weiteres Wachstum benötigen, um glücklicher zu werden.

Ideal des einfachen Lebens

Unser Leben ist in Vielem kompliziert geworden. Die Sehnsucht nach Einfachheit, Vereinfachung und Entkomplizierung ist in allen Bereichen der Gesellschaft groß. Unser Leben vereinfacht sich in der Regel automatisch, wenn wir unsere Besitztümer verringern. Bei den meisten Menschen, die ich auf dem Wege der Achtsamkeitspraxis begleitet habe, stellt sich der Punkt nach einiger Zeit von alleine ein. Wir entwickeln ein großes Bedürfnis, Ballast abzuwerfen und Nichtgenutztes zu verschenken oder zu verkaufen.

Viele große Lehrer der Menschheit haben ein sehr einfaches Leben geführt. Sie besaßen wenig oder nichts. Sie kleideten sich in einfache, funktionale Kleidung. Sie fasteten und konzentrierten sich immer wieder auf das Wesentliche. Buddha aß nicht mehr als eine Mahlzeit am Tag und durchstreifte zu Fuß Indien. Gandhi lebte wie ein indischer Bauer, produzierte seine Kleidung selber und schwieg einen Tag pro Woche. Jesus zog sich zur Meditation in die Wüste zurück.

Wahre Einfachheit hat ihre Grundlage auf der Ebene unseres Geistes und ist häufig das Resultat gezielter Geistesschulung. Indem wir die Dinge so sehen, wie sie sind, und keine Extras hinzufügen, geht von unseren Gedanken, Worten und Taten Klarheit aus. Das strahlt auch auf unseren Umgang mit Geld und Eigentum aus.

Wir können das zu groß gewordene Haus gegen eine kleinere Wohnung eintauschen, all die ungelesenen oder unwichtigen Bücher aussortieren und Schränke und Keller entrümpeln. Ein klares Umfeld wirkt auf meinen Geist zurück. Und ein klarer Geist will ein klares Umfeld. Indem sich unser Leben vereinfacht, erhöht sich der Nutzungsgrad unseres Eigentums. Aus zwanzig Hemden werden zehn. Wir sparen viel Geld ohne Einbuße an Lebensqualität. Dies ist wahre Ökonomie. Zu wissen, was wir brauchen, und das, was wir haben, auch tatsächlich zu nutzen. Statt viel Ungenutztes anzuschaffen, das uns Aufwand, Pflege und Sorge bereitet. Das einfache

Leben hat viele heilsame Dimensionen und ist als Leitbild für eine achtsame Wirtschaft von hoher Bedeutung.

Die Freude des Nichteigentums

Wir alle kennen die Freude, etwas zu besitzen oder geschenkt zu bekommen. Doch fast jeder Besitz hat auch Schattenseiten. Das Haus will abbezahlt werden, die schöne, aber empfindliche Bluse muss regelmäßig in die Reinigung und der Hund braucht Auslauf und muss zum Tierarzt. Ein umfangreiches Erbe kann uns sehr beschäftigen und belasten.

Rumi, der berühmte Sufi-Meister, ging eines Tages über den Wochenmarkt seiner Heimatstadt. Er lächelte von einem Ohr zum anderen. Ein Freund sprach ihn an, warum er denn so gute Laune hätte. Er entgegnete mit einem Lachen: „Ich freue mich an all den schönen Sachen, die ich nicht brauche!"

Vor zwanzig Jahren kaufte ich mir einen schwarzen VW-Käfer. Er war ein echter Missgriff. Außen wunderschön, aber innen verrottet – eine technische Katastrophe. Regelmäßig musste ich meinen Vater – der mich gewarnt hatte – damit belästigen, mich abzuschleppen. Ein Großteil meines selbst verdienten Geldes war in den Wagen und seinen Unterhalt geflossen. Ich war froh, als ich ihn verkaufen konnte. Seither habe ich kein Auto mehr, und viele Tätigkeiten und Probleme, die Autobesitzer beschäftigen, haben sich aus meinem Leben verabschiedet. Ich zahle keine KFZ-Steuern, führe keine Fahrtenbücher, erhalte keine Strafzettel, verursache keine Autounfälle, mache mir keine großen Gedanken um die Entwicklung des Benzinpreises, habe keine Angst vor Vandalismus, muss keine Parkplätze suchen, stehe nicht im Stau, bezahle keine Inspektionen und fürchte keinen TÜV und vieles mehr. Gleichzeitig muss unsere Familie auf die Vorteile eines Autos verzichten. Spontane Ausflüge, anderen durch Transporte helfen können, komfortable Einkäufe, schnellere Beförderung meines Sohnes zum Kindergarten, trockener Transport statt durchnässte Fahrradfahrten und vieles mehr. Jedes Eigentum hat Vor- und Nachteile. Jedes Nichteigentum hat Vor- und Nachteile. Häufig erkennt man die wahre Natur eines Besitztumes erst, wenn man es hat oder nicht mehr hat. Oder wenn sich etwas im eigenen Leben ändert. Zöge ich aufs Land, würde sich meine Beziehung zum Auto neu ordnen. Wichtig scheint mir, die Vor- und Nachteile jedes Besitztums klar zu sehen und nicht in Ideen wie „ohne X geht es nicht" gefangen zu sein.

Gemeinschaft schafft Freiräume

Wir leben in einer Zeit, in der sich gemeinschaftliche Strukturen immer mehr auflösen. In vielen Großstädten leben schon über 50 Prozent der Menschen in Single-Haushalten. Verlassen wir das Netz der Gemeinschaft, der Großfamilie oder der Nachbarschaft und leben freiwillig oder ungewollt ohne diese Bindungen und Verpflichtungen, steigen wir im Alltag in hohem Maße von sozialen auf finanzielle Beziehungen um. Wo die Großeltern nicht die Kinder hüten können, muss der Babysitter bezahlt werden. Wo der Nachbar unbekannt bleibt, wird Nachbarschaftshilfe durch den Zukauf von Marktleistungen ersetzt werden müssen. Unsere arbeitsteilige Gesellschaft ersetzt in nie da gewesenem Ausmaß gegenseitige und kostenlose Unterstützung durch Marktleistungen und Finanztransfers. Der Verlust von Gemeinschaft führt zur Monetarisierung von Beziehungen und dazu, dass wir das Fehlende – wenn wir es uns leisten können – am Markt hinzukaufen müssen. Haben wir hingegen einen festen Platz in einer starken Gemeinschaft, kommen wir auch mit wenig Geld aus.

Meine Frau hat fünf Jahre in einer buddhistischen Klostergemeinschaft gelebt. Ich selber zwei. Dort haben wir viel über die Begrenztheit unseres individualisierten Lebensstils gelernt. Das Leben in integeren, lebendigen Gemeinschaften hat viele Vorzüge. Nicht nur finanzielle.

Als wir nach Berlin zogen und unseren kleinen Familienhaushalt gründeten, waren wir fassungslos, wie teuer das Leben als Kleinfamilie ist. Es kam uns absurd vor, zu dritt eine Waschmaschine zu nutzen und viel Geld für Babysitter auszugeben. Aus Kostensicht hat das Leben in großen Gemeinschaften unschlagbare Vorteile. Wir verbrauchen weit weniger Ressourcen, als wenn wir allein oder als Kleinfamilie leben. Leben in Gemeinschaft ist das ökonomisch Sinnvollste, was wir tun können. Auch hier begegnen wir dem Paradox, dass die individuell ökonomischste Lösung (Ressourcen teilen, Nutzungsgrad erhöhen, gegenseitige Unterstützung statt Zukaufen …) gesamtwirtschaftlich als ökonomische Katastrophe gesehen wird.

Wer soll all die schönen Waschmaschinen kaufen, wenn wir uns dieselben teilen würden? Können wir das unserer Wirtschaft antun? Was ist mit den Arbeitsplätzen in der Waschmaschinenindustrie? Es ist ein ökonomischer Witz, dass wir uns solche Fragen stellen. Sollen wir uns unökonomisch und unsozial verhalten, damit unsere Wirtschaft funktioniert? Der wahre Witz ist doch, dass es unsere effiziente Wirtschaft ist, die im Kern unökonomisch ist und uns tagtäglich zur Verschwendung aufruft. Ja, die ohne selbige nicht in dieser Dimension existieren könnte.

Der Löwenanteil der heute produzierten Produkte würde wohl nicht mehr gebraucht werden, wenn wir uns achtsamer verhalten und uns an den Erfahrungen und Maximen dieses Buches orientieren würden. Stellen Sie sich vor, die Weltwirtschaft schrumpfe nicht um sechs Prozent (wie für 2009 erwartet = größte Rezession seit der Großen Depression), sondern langfristig um 50 Prozent. Undenkbar? Tödlich? Auf einen Schlag – vielleicht. Das Ende der Zivilisation? Wohl kaum. Unsere Zivilisation wird langfristig wohl doch eher durch maßloses Wachsen und Verbrauchen bedroht als durch unser bewusstes Fasten. Wenn wir weniger Güter verbrauchen und dennoch unsere wahren Bedürfnisse befriedigen? Wunderbar! Was, wenn unsere Fabriken überdimensioniert wären? Wenn sich unsere Bedürfnisse

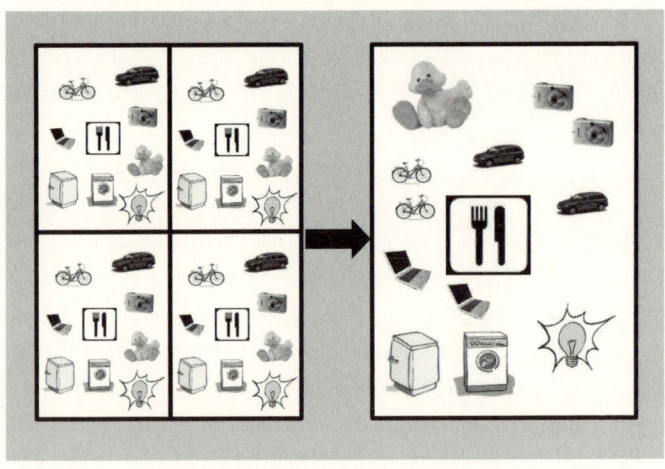

Abbildung 18: **Die Ökonomie der Gemeinschaft**

sukzessive nach innen verlagerten? Was wäre an diesem Schrumpfen des Verbrauchs schlecht? Wir sind keine Konsummaschinen, die eine einmal aufgebaute Produktionskapazität am Laufen zu halten haben. Die Wirtschaft, das sind wir! Die Wirtschaft ist für uns da und nicht umgekehrt.

Viele Wirtschaftsakteure fürchten sich vor einer solchen Genügsamkeit. Unsere Politiker geißeln Sparsamkeit und Nichtkaufen als Konsumverweigerung und Kaufzurückhaltung. Sie erfinden Abwrackprämien und kurbeln über Milliardenschulden auf Kosten zukünftiger Generationen eine in Vielem überdimensionierte Wirtschaftsmaschine an.

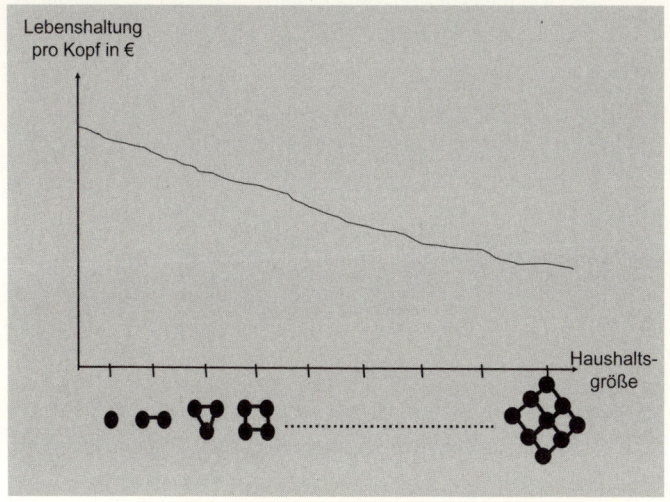

Abbildung 19: **Kostendegression in der Gemeinschaft –**
Riding down the community curve

Im BWL-Studium lernte ich das Prinzip der „economies of scale" kennen. Dies sind Kostenvorteile, die sich durch Massenproduktion und den steten Zugewinn an Erfahrung im Produktionsprozess ergeben („riding down the experience curve" – die Erfahrungskostenkurve herunterreiten). Interessanterweise tun wir als Gesellschaft das Gegenteil, unsere Haushalte werden immer kleiner, unsere Kosten pro Kopf immer höher. Der individuelle Lebensstil ist ökonomisch der teuerste, den es gibt. In der Produktionstheorie sprechen wir von der Losgröße eins – Spezialanfertigung.

Die Gemeinschaft ist ein Antikonsument. In ihr fließen zahlreiche Leistungen ohne Preis und Markt hin und her. Der ideale Konsument ist das Individuum ohne Gemeinschaft. Wo die Gemeinschaft ausfällt, springt der Markt ein. Wer keinen Handwerker in der Familie hat, der muss in den Gelben Seiten nachsehen und zahlen. Wer keine Kinder hat, die im Alter gerne helfen und unterstützen, der muss sich im Altersheim anmelden. Wer seine Nachbarn nicht kennt, muss sich das fehlende Ei an der Tankstelle kaufen. Das Individuum ist der Star der Marktwirtschaft.

Je weiter wir uns von einer lebendigen Gemeinschaft entfernen, desto mehr sind wir auf Geld angewiesen. Je mehr wir uns von Beziehungen befreien, die uns einengen, umso mehr liefern wir uns dem Markt aus. Der Aufstieg der Marktwirtschaft und des Individualismus ging einher mit der Auflösung oder Erosion von Gemeinschaft, Nachbarschaft und Familie.

Viele Menschen haben keinen natürlichen Platz in einer Gemeinschaft mehr. Der Staat hat die Rolle der Gemeinschaft übernommen und versorgt Bedürftige materiell. Doch der Staat kann nur sehr eingeschränkt die notwendige geistige Nahrung geben, die funktionierende Gemeinschaften uns schenken. Der historische Buddha hat folgende Prinzipien formuliert, die uns dabei helfen können, den Geist einer harmonischen Gemeinschaft neu zu berühren:

„Das Wesen einer Gemeinschaft ist Harmonie, und Harmonie entsteht, wenn man sechs Grundlagen der Eintracht folgt: den Raum teilen, das Notwendigste des täglichen Lebens teilen, dieselben Regeln einhalten, nur der Harmonie förderliche Worte gebrauchen, Einsichten und Erfahrungen teilen und die Ansichten der anderen respektieren. Eine Gemeinschaft, die sich an diese Prinzipien hält, lebt glücklich und in Frieden."

Die sechs Grundlagen der Eintracht sind Übungssache und es ist wie ein Wunder, wenn wir Gemeinschaften kennen lernen, die sich um die Einhaltung dieser Eintrachtsmaximen bemühen. Es gibt viele dysfunktionale Gemeinschaften – autoritäre Großfamilien, ideologische Gruppen, Sekten und vieles mehr. Doch das Zusammenleben und Zusammenwirken mit anderen Menschen ist eine große Sehnsucht im Leben vieler Menschen.

Jeder von uns kennt die Augenblicke, in denen wir dieses positive Gemeinschaftsleben berühren. Statt mehr Individualismus und „Ich-AGs" zu fördern, können wir vermehrt unseren Blick auf funktionierende, glückliche, friedliche Gemeinschaften richten und von ihren ökonomischen und sozialen Erfahrungen lernen.

Experiment: Der Tag ohne Geld

Die schönsten und die wichtigsten Dinge im Leben sind umsonst! Glauben wir das? Wenn wir dies als Kollektiv glaubten, würden wir nicht so leben, wie wir leben. Vielleicht machen wir einen Versuch. Wir beginnen damit, eine Liste zu erstellen, auf welcher wir alle Aktivitäten eintragen, die uns Freude machen und die nicht einen Cent kosten. Wir können unsere Familie und unsere Freunde fragen, was sie mit Freude und ohne Einsatz von Geld unternehmen. Diese Erkenntnisse ergänzen wir auf unserer Liste.

Vielleicht erkunden wir die Angebote in unserer Heimatstadt, die uns kostenlos zur Verfügung stehen, oder sammeln Hinweise auf schöne Orte in unserer Umgebung, die wir mit dem Fahrrad erreichen können. Vielleicht ist es Herbst und wir könnten auf die Suche nach wilden Apfel- und Birnbäumen gehen oder auf Pilzsuche. Wir lassen uns Zeit mit unserer Liste und lassen sie lang und länger werden. Dann reservieren wir uns einen Tag im Kalender. Einen Tag ohne Geld. Vielleicht verbringen wir ihn alleine oder gemeinsam mit Freunden. Nur Geld ist nicht erlaubt. Solch ein Tag kann uns mit den Freuden des einfachen Lebens in Kontakt bringen und uns zeigen, dass wir auch ohne viel Geld ein erfülltes und schönes Leben führen können. Dass es an uns liegt, ob wir das Leben genießen können oder schimpfen, dass wir nicht an ihm teilhaben können.

Die Motivation des Geldes

Lockrufe und Versprechen des Geldes

Der Zen-Meister Sawaki Roshi sagte einmal:

> *„Eine Menge Dinge in dieser Welt ziehen dich an. Aber wenn du sie tust oder bekommst, werden sie wertlos."*[35]

Am Geld hängen viele Versprechungen. Und da die wenigsten von uns in ihrem Leben zu großem Reichtum gelangen, können wir die Versprechungen des großen Geldes nicht am eigenen Leibe überprüfen. Daher scheint es sinnvoll, auf diejenigen zu schauen, die zu viel Geld gelangt sind und ihre Erfahrungen offen mit anderen teilen. Besonders beeindruckt hat mich neben der Lebensgeschichte des Buddha selbst die Geschichte von Bhaddiya:

> *Bhaddiya war ein Gefährte des Buddha. Vor seiner Ordination zum Mönch (Bhikkhu) war er der mächtige Statthalter einer indischen Provinz gewesen. Nun lebte er das anspruchslose Leben eines Mönches und schlief nachts im Freien unter den Bäumen. Eines Nachts saß Bhaddiya in stiller Meditation, als ihm ein Ausruf entfuhr: „Oh, Glückseligkeit! Oh, Glückseligkeit!" Dies hörte ein anderer Mönch. Er hatte die Sorge, dass Bhaddiya seinen Reichtum und Ruhm vermissen würde, und berichtete dem Buddha von dieser Begebenheit. Der Buddha rief Bhaddiya und die gesamte Gemeinschaft zu sich. Dann fragte er Bhaddiya, ob er tatsächlich während der Nacht zweimal „Oh, Glückseligkeit!" gerufen hätte und was es damit auf sich hätte. Bhaddiya antwortete: „Herr, als ich noch Statthalter war, lebte ich ein Leben voller Ruhm, Macht und Wohlstand. Überall, wohin ich auch ging, wurde ich von vier Soldaten begleitet, die mich schützen sollten. Nie war mein Palast ohne bewaffnete Wachen, weder bei Tag noch bei Nacht. Aber auch sonst gab es nie einen Moment, in dem ich mich sicher fühlte. Fast immer war ich voller Angst und Unruhe. Jetzt aber kann ich allein im tiefsten Wald gehen und sitzen. Angst und Beklemmung kenne ich nicht mehr.*

Stattdessen empfinde ich Frieden, Freude und ein Wohlgefühl, wie ich es nie zuvor empfunden habe. Verehrter Lehrer, das Leben eines Bhikkhu führen zu können, bringt mir ein solches Glück, solche große Zufriedenheit; ich brauche mich nicht länger vor irgendjemandem zu fürchten oder muss Angst haben, etwas zu verlieren. Ich bin so glücklich wie das Wild, das frei in den Wäldern lebt. Mir wurde all dies letzte Nacht während der Meditation so klar, dass ich ausrief: ,Oh, Glückseligkeit! Oh, Glückseligkeit!' Bitte vergib mir die Störung, die ich damit dir und den anderen Bhikkhus bereitet habe."

Viele wohlhabende Schüler des Buddha haben ihre Titel, Unternehmen und Besitztümer hinter sich gelassen, um sich auf den Weg der Geistesschulung zu begeben und anderen Menschen wahrhaft zu helfen.

Ohne innere Klarheit und Ausrichtung hilft uns kein Geld der Welt. Geld ist eine Energie, die uns unterstützen oder verbrennen kann. Der Dalai Lama fragt uns mahnend, ob wir im Besitz der Erkenntnis sind, die zu spiritueller Freiheit führt, oder ob wir meinen, durch Geld und Vermögen das höchste menschliche Potenzial zu erreichen.

In diesem Kapitel stellen wir uns unter anderem die folgenden Fragen:

- Was erwarten wir vom Geld?
- Wofür engagiere ich mich finanziell?
- Kenne ich meine finanziellen Gewohnheiten?
- Wie sehen meine Muster im Umgang mit Geld aus?
- Was treibt mich an?
- Welche Maßstäbe lege ich an?

Wir starten mit einer Untersuchung unserer Sehnsüchte.

Wer wird Millionär?

Der Dauerquotenhit des deutschen Fernsehens ist die Sendung „Wer wird Millionär?". Millionen Menschen fiebern mit und träumen davon, selber den großen Wurf zu landen. Sie träumen den Traum des großen Geldes. Was sind die Erwartungen an dieses große Geld? Wie realistisch ist es, dass dieser Traum keine falsche Fährte ist? Warum kaufen sich Millionen Menschen Lottoscheine, wenn der Jackpot anschwillt?

In meiner Jugend waren es die US-Serien Dallas und Denver-Clan, die Millionen faszinierten. Das Leben dieser texanischen Ölmillionäre mit ihren schier unbegrenzten finanziellen Möglichkeiten, ihrer Macht, ihrem Luxus und ihrem sexuellen Treiben brachte den amerikanischen Traum in unsere Wohnzimmer. Obwohl die Schattenseiten dieses Lebens im finanziellen Überfluss nicht ausgespart wurden, überwog die Faszination.

Warum erscheint uns Geld so attraktiv zu sein? Und warum warnen spirituelle Führer so sehr vor seinen Gefahren? Wir haben gesehen, welche Emotionen am Geld kleben können. Wie es durch Ungeduld beschleunigt, durch Angst gebunkert und durch Mitgefühl hilfreich wirken kann.

Doch die wahre Macht, die Geld in unserem Leben spielt, erschließt sich erst, wenn wir unsere tiefsten Motivationen klar erkennen. Hierbei lohnt es sich, einige nicht auf der Hand liegende Zusammenhänge zu untersuchen. Wir hoffen, dass Geld einige tiefliegende Probleme in unserem Leben lösen oder abmildern kann. Wir haben Vermutungen und Erfahrungen, dass Geld uns etwas geben kann, das wir in unserem Leben vermissen oder gerne langfristig halten möchten. Als Menschen wollen wir glücklich sein und entwickeln hierzu Überzeugungen und Strategien. Geld scheint hier ein zentraler Schlüssel zu sein.

 ## *Unsere tiefsten Wünsche – Die Glückssuche*

Lassen wir das Geld erst einmal aus dem Spiel und wenden uns unseren tiefsten Bedürfnissen zu. Fragen wir uns, was wir uns für unser Leben wünschen. Nicht materiell, sondern immateriell. Vielleicht wünschen wir uns Sicherheit oder Anerkennung. Oder Freundschaft und Gemeinschaft. Jeder hat seine eigene Hierarchie immaterieller Wünsche. Doch eins wünschen wir uns fast alle. Als Menschen wollen wir glücklich sein. Fangen wir also mit unserem Wunsch nach Glück an.

Glück ist ein großer Begriff. Und tatsächlich versteht jeder etwas anderes darunter. Bücher zum Thema Glück haben seit längerem Konjunktur. Ein außergewöhnliches Buch zum Thema Glück schrieb der französische Mönch Matthieu Ricard – Dalai-Lama-Vertrauter, promovierter Molekularbiologe und geschätzter Gesprächspartner von Gehirnforschern wie Wolf Singer und anderen. Er beschreibt, wie sehr wir uns alle wünschen, glücklich zu sein, und wie wenig wir gleichzeitig über die wahre Natur des Glückes wissen. Ricard zitiert ein tibetisches Sprichwort, in dem es heißt:

> *„Das Glück außerhalb von uns zu suchen, gleicht dem Warten auf Sonnenschein in einer nach Norden gelegenen Höhle."*

Ricard schreibt weiter:

> *„Wir gehen bereitwillig ein Dutzend Jahre zur Schule und danach noch ein paar weitere auf die Universität oder in eine Berufsbildung. Wir trainieren in Fitnesszentren, um gesund zu bleiben, und verwenden eine Menge Zeit darauf, größeren Komfort zu haben, den eigenen Wohlstand zu mehren und die gesellschaftliche Stellung zu verbessern. In diese Dinge investieren wir sehr viel Energie, tun jedoch andererseits so wenig, um die inneren Voraussetzungen zu verbessern, die letztlich für die Qualität unseres Lebens entscheidend sind. Welche sonderbare Unentschlossenheit, Angst oder Gleichgültigkeit hält uns davon ab (...), die eigentliche Essenz von Freude und Leid (...) zu erfassen, nach innen zu blicken?"[36]*

Ricards Analyse ist eindeutig: Wir sind in Vielem Professionals, aber wenn es um das Thema Glück geht, sind wir häufig ratlos und halten an den etablierten Glückerreichungsversprechen fest, die uns von Kindesbeinen vermittelt worden sind. Wir verwechseln tiefes Glück mit Aufregung oder mit unruhiger Vorfreude. Wir meinen, Glück zu erfahren, wenn wir uns einfach entspannen können.

Um Glück erfahren zu können, brauchen wir aber eine tiefe Vertrautheit mit diesem Zustand. Geistestraining ist hilfreich und nötig. Wie sollen wir sonst prüfen, ob wir auf dem rechten Weg zum Glück sind? Ob unser Leben glücklicher geworden ist? Die Kenntnis unseres Geistes durch Geistesschulung ist zentral, um nicht einer oberflächlichen Idee von Glück hinterherzulaufen. Moshè Feldenkrais fasst die Bedeutung dieser Bewusstheit für unsere Entscheidungen in folgendem Satz zusammen:

> *„Du kannst nicht tun, was du willst, solange du nicht weißt, was du tust."*

Meditationslehrer betonen immer wieder, dass das höchste Glück ein unbedingtes Glück ist. Ein Glück, das nicht von äußeren Konditionen abhängt. Ein Glück, das sich einstellt, wenn wir tief in uns ruhen und uns mit allem, was ist, verbinden können.

Wenn dies so ist, dann kann Geld kein zentraler Schlüssel zum Glück sein.

Die fünf Glücksversprechen

Auf dem Weg zum Glück werden uns viele Versprechen gemacht. Der Buddha weist uns darauf hin, dass wir diese Versprechen genau prüfen sollten, um nicht in Sackgassen zu laufen. Folgende Versprechen in Sachen Glück sind besonders verbreitet und gelten im Buddhismus als die fünf weltlichen Winde, die uns ständig in Bewegung halten:

- Glück ist durch Macht (Einfluss, Kontrolle, Beziehungen ...) zu erreichen.
- Glück ist durch Ruhm (Bekanntheit, Anerkennung, Ehre ...) zu erreichen.
- Glück ist durch Reichtum (Vermögen, hohes Salär, Erbe ...) zu erreichen.
- Glück ist durch Sinnesvergnügen (gutes Essen, Reisen, Design ...) zu erreichen.
- Glück ist durch Sex (attraktive Partner, besondere Techniken/Stimulanzien ...) zu erreichen.

Diese fünf Vorstellungen sind tief in unserem kollektiven Bewusstsein verankert. Auf ihnen beruht die Faszination von Prominenten (Ruhm), Politikern (Macht), Models (Sex), Milliardären (Reichtum) und verführerischen Dingen, Erlebnissen und Speisen aller Art (Sinnesvergnügen). Wenn wir nicht aufpassen, hängen wir schnell am Haken dieser fünf Attraktoren.

Geld als großer Formwandler

Was macht die Besonderheit von Geld in diesem Felde aus? Geld verschafft uns Zugang zu diesen fünf Bereichen menschlichen Seins. Geld ist der große Formwandler. Geld kann zu einem gewissen Maße Macht, Ruhm, Sex und Sinnesvergnügen kaufen oder den Zugang erleichtern.

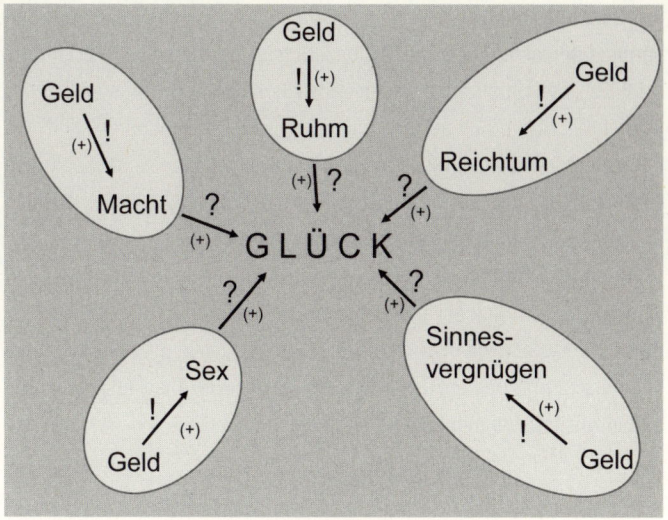

Abbildung 20: **Fünf Sphären der Formwandlung**

Geld und Ruhm: Milliardäre sind häufig bereits durch ihr Geld berühmt und prominent. Geld erleichtert den Zugang zur Prominenz und ermöglicht es uns, an Veranstaltungen teilzuhaben, die für Normalsterbliche nicht zugänglich sind. Mit Geld können wir als Sponsor oder Investor auftreten und so unsere Bekanntheit steigern.

Geld und Macht: Mit Geld verfügen wir bereits über Macht, denn Geld ist eine Energie, die wir für uns und unsere Ziele arbeiten lassen können. Menschen, die wir bezahlen, mehren unsere Kraft und unseren Einfluss. Geld erleichtert den Zugang zur Politik. Schuldner können in unsere Abhängigkeit geraten. Geschenke schaffen Abhängigkeiten. Wir können uns Werbezeit kaufen, Anzeigen schalten oder Lobbyisten einsetzen, um unsere Interessen durchzusetzen. Geld verschafft uns zudem die Verfügungsmacht über Gegenstände.

Geld und Sex: Geld ist ein Attraktor. Geld zieht das andere Geschlecht an. Wohlhabende Menschen haben eine höhere Wahrscheinlichkeit, einen Partner zu finden. Geld verschafft ansonsten durchschnittlichen Männern bessere Chancen, von Frauen gesehen zu werden und anders herum. Man hat etwas zu bieten.

Geld und Reichtum: Geld verschafft Zugang zu Geld. Reiche bleiben häufig unter sich. „Die erste Million ist die schwierigste." Die Erfahrung zeigt, dass es ab einer gewissen Schwelle einfacher wird, sein Geld zu vermehren. Man erhält bessere und exklusivere Informationen, kann sich kompetentere Berater und Mitarbeiter leisten und hat besseren Zugang zu Fremdkapital und Geschäftskontakten. Hat man viel Geld, kann man auch mehr riskieren und damit langfristig auch mehr Gewinn erzielen.

Geld und Sinnesvergnügen: Mit Geld können wir uns Zugang zu den verschiedensten Sinnesvergnügen verschaffen. Weine, Speisen, Hotels, Reisen, Service, Ayurveda-Massage ... Die Möglichkeiten der Sinnesverfeinerung sind unbegrenzt. Je mehr Geld ich besitze, umso ausgefallenere und exquisitere Vergnügungen sind für mich zugänglich.

Macht Geld doch glücklich?

Das klingt doch alles sehr gut. Also stimmt es doch: Geld macht glücklich! Denn es verschafft Zugang zu all diesen wunderbaren Dingen! Thich Nhat Hanh und Generationen von Meditationslehrern vor ihm sind anderer Meinung, haben andere Erfahrungen gemacht.

> *„Sinnenfreuden schaffen die Illusion von Glück, aber in Wahrheit sind sie eine Quelle des Leidens. (...) Ein gesunder Mensch hält sich von den Flammen der Sinnesbegierden fern. (...) Der Ursprung und die Quelle wahren Glücks liegen darin, ein Leben in Ruhe, Gelassenheit und Freiheit zu führen und die Wunder des Lebens umfassend zu erfahren.*
>
> *Glück bedeutet Bewusstheit darüber, was im gegenwärtigen Moment geschieht, frei von Anhaftung, frei von Abneigung. Ein glücklicher Mensch schätzt die Wunder, die im gegenwärtigen Moment da sind – ein kühler Windhauch, der morgendliche Himmel, eine goldgelbe Blume, ein violetter Bambus, das Lächeln eines Kindes. Ein glücklicher Mensch kann diese Dinge würdigen, ohne durch sie gebunden zu sein. (...) Weil er weiß, dass eine Blume bald verwelkt ist, wird er auch nicht traurig sein, wenn sie es dann tatsächlich ist."*[37]

Binden wir unser Glück an Macht, Ruhm, Reichtum, Sinnesvergnügen und Sex, spielen wir ein gefährliches Spiel. Wir nehmen Zuflucht zu unendlichen Begierden, die uns nie umfassend erfüllen können. Die Ernüchterung und Verunsicherung, die sich einstellt, wenn wir erkennen, dass wir über lange Zeit und mit viel Energieeinsatz auf dem falschen Weg waren, ist immens. Was ist schlimmer als ein Traum, der nicht wahr wird? Ein Traum, der in Erfüllung geht, und sich als Illusion erweist.

Schauen wir noch einmal genau hin, ob Geld uns ...

- ... Sicherheit und Kontrolle beschert,
- ... Komfort schenkt,
- ... Selbstwert, Respekt und Anerkennung verschafft,
- ... Freiheit und Unabhängigkeit befördert und
- ... uns Glück schenken kann.

Auf Nummer sicher

Geld ist sehr eng mit der Idee der Sicherheit verbunden. Wir sichern uns finanziell ab. Wir versichern uns. Geld kann uns das Gefühl geben, unser Leben besser im Griff zu haben. Weitreichende Kontrolle auszuüben. Und das wünschen wir uns. Und das Gefühl der Kontrolle beruhigt unsere inneren Ängste. „Geld macht zwar nicht glücklich, aber es beruhigt." Eine trügerische Ruhe. Denn unsere Ängste werden nicht verschwinden, wenn wir sie in Watte packen. Im Gegenteil: Schauen wir nicht hin, werden uns unsere Ängste unbewusst steuern.

Berlin, 2007. Ein Seminarteilnehmer erzählt mir, dass er im Laufe des Retreats verstanden hat, warum sich in seinem Schrank inzwischen zwölf teure Anzüge angesammelt haben. Sie dienen ihm als Schutzschild, um als selbstständiger Trainer vor schwierigen Gruppen zu bestehen und professionell zu wirken. Eine Rüstung aus edler Schurwolle. Er erkannte, dass seine wahre Motivation zum Kauf die Angst vor Versagen war und die Hoffnung, durch den Kauf an Sicherheit zu gewinnen. Ein Jahr später erzählt er mir, dass er begonnen hat, mit seiner Angst zu sitzen und zu atmen. Wie es ihn befreit, die Angst anzuerkennen und die Anzüge im Schrank zu lassen.

Ängste verlieren ihren tieferen Schrecken und ihre Macht über uns erst, wenn wir sie achtsam betrachten und uns mit ihnen auseinandersetzen. Und die Realität ist, dass unser Leben nicht sicher und nicht kontrollierbar ist. In der Realität haben wir keine Kontrolle über unseren Körper, unsere Familie, unsere Gedanken, unseren Ruf, den Zeitpunkt unseres Todes, unsere Gesundheit, unsere Finanzen oder auch nur über die nächsten fünf Minuten. Das menschliche Leben ist in unzählige Wechselwirkungen eingebunden, die nicht kontrollierbar sind. Es ist fragil, verletzlich und manifestiert sich in jedem Augenblick aufs Neue. Das ist die Erkenntnis der Achtsamkeitspraxis.

Geld verschafft uns keine tiefere Sicherheit. Gekaufter Ruhm ist vergänglich. Trotz großer Finanzkraft müssen wir ohnmächtig zusehen, wie Menschen, die wir lieben, sterben. Geld kann uns keine wahre Zuflucht geben. Wenn wir uns sicher fühlen wollen oder Furchtlosigkeit kultivieren wollen, existieren geeignetere Wege. Wege, auf denen wir unsere Angst vor der Vergänglichkeit, vor Tod und Krankheit überwinden und unsere wahre Natur berühren. Wir gewinnen keine Sicherheit, wenn wir uns mit dem Starren, mit der Kontrolle oder dem Festhalten identifizieren, sondern wenn wir uns Schritt für Schritt mit der Vergänglichkeit, der steten Umwandlung und dem Intersein unserer Existenz vertraut machen.

Und zudem: Die nächste Finanzkrise oder Hyperinflation kann unser Geld im Nu aufzehren. Geld bleibt etwas Flüchtiges, das wir nur schwer festhalten können.

Geld und trügerischer Komfort

Wir wünschen uns ein komfortables Leben und vermuten, dass uns Geld dabei helfen kann. Hierzu eine kleine Übung. Studieren Sie die folgende Liste anstehender Aufgaben, Projekte und Aktivitäten. Überlegen Sie sich bitte, was Sie am liebsten und am wenigsten gern tun würden. Numerieren Sie die Aktivitäten von 1 (am liebsten) bis 20 (am wenigsten gern) durch.

Steuererklärung ausfüllen	Software installieren	Fahrrad reparieren	Sport machen
Wohnung streichen	Einladungen verschicken	Fachbücher lesen	Keller entrümpeln
Wohnung putzen	Essen gehen	Party besuchen	Sperrmüll wegfahren
Urlaub auf Bali	Tickets buchen	Mit Kindern spielen	Freunde treffen
Mittagessen kochen	Geschenke besorgen	Überweisungen abarbeiten	Meditieren

Haben Sie die sortierte Liste vor sich?

Mit Hilfe von Geld können wir nun eine Reihe von unangenehmen oder zeitaufwändigen Tätigkeiten delegieren. Geld
kann uns viel Mühsames, Zeitaufwändiges, Ungeliebtes oder
scheinbar Langweiliges abnehmen. Wir engagieren Babysitter
oder lassen das kaputte Fahrrad abholen. So könnte unsere
Liste nach entsprechendem Geldeinsatz aussehen:

Urlaub auf Bali	~~Geschenke besorgen~~
Freunde treffen	~~Tickets buchen~~
Meditieren	~~Software installieren~~
Sport machen	~~Überweisungen abarbeiten~~
Mit Kindern spielen	~~Sperrmüll wegfahren~~
Essen gehen	~~Wohnung putzen~~
Party besuchen	~~Steuererklärung ausfüllen~~
~~Einladungen verschicken~~	~~Keller entrümpeln~~
Fachbücher lesen	~~Fahrrad reparieren~~
~~Mittagessen kochen~~	~~Wohnung streichen~~

Geld schafft uns eine Komfortzone. Es ermöglicht uns in einigen
Bereichen, das Angenehme zu verstärken und das Unange-
nehme zu vermeiden. Für viele ist das ein Idealbild. Nur noch
Urlaub. Nur noch die angenehmen Dinge tun. Die ungeliebte

Arbeit aufgeben. Der perfekte Tag. Das süße Leben. Freunde treffen, Kino, Latte macchiato ... Wir dehnen so durch den Einsatz von Geld scheinbar den Bereich des Angenehmen aus und reduzieren den Kontakt mit dem Unangenehmen.

Die Komfortfalle

Doch diese Rechnung geht mittel- bis langfristig nicht auf. Dadurch, dass wir viele „Ich-will-nicht"-Dimensionen in unser Leben holen, wird das Feld, in dem wir uns gern und frei bewegen, immer kleiner. Je mehr Präferenzen, umso mehr Aufwand müssen wir treiben und desto kleiner wird unsere Komfortzone. Je differenzierter unsere Bedürfnisse, desto schwieriger sind sie zu befriedigen.

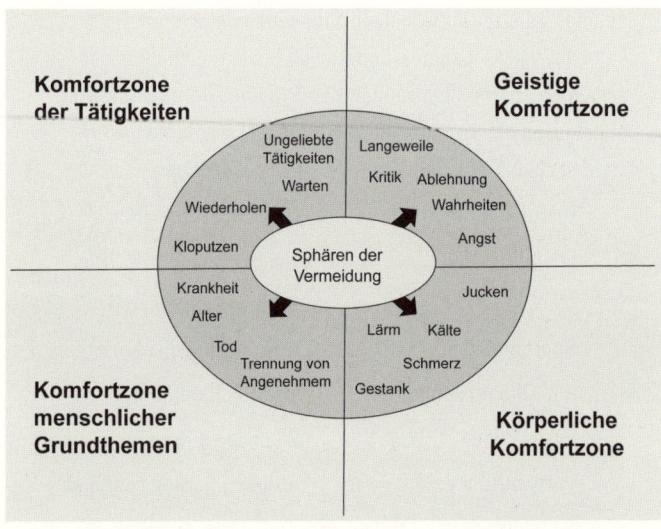

Abbildung 21: Vier Vermeidungssphären des menschlichen Lebens

Das Unangenehme hat tausend Gesichter und Formen. Wir wollen es vermeiden. Wir wollen ihm entfliehen und hierzu treiben wir einen enormen körperlichen, geistigen und finanziellen Aufwand. Wir verdienen viel Geld und vermeiden es von nun an, ungeliebte Aktivitäten zu verrichten. Mit der Reinigung unserer Toiletten, Hemden und Fensterscheiben haben wir nichts mehr zu tun. Wir schlucken Schmerztabletten und müssen so nicht unseren

Schmerz spüren. Wir schalten den Fernseher ein und entziehen uns so dem unangenehm nagenden Gefühl der Langeweile oder Einsamkeit. Wir wollen das Unangenehme nicht und können ihm doch nicht entfliehen. Wie ein Schatten verfolgt es uns. Je mehr wir in unsere individuelle Komfortzone investieren, desto kleiner wird unser Bewegungsspielraum. Im Extremfall führt die immer weiter gehende Verfeinerung unserer Wunsch- und Vermeidungsstruktur zu massiven emotionalen Ausbrüchen oder gar Zusammenbrüchen, wenn ein als sicher ausgeschlossenes „Ich-will-nicht" wieder ins Leben eintritt. Wir tun alles, um uns von unseren ganz persönlichen „Ich-will-nicht"-Themen zu befreien und verlieren darüber unsere Freiheit.

Die größte Komfortzone hat derjenige, der sich überall wohlfühlen kann oder zumindest nicht gleich die Flucht ergreifen muss. Der, dem es nichts ausmacht, sich auch dem Unangenehmen auszusetzen. Der vor dem Unangenehmen nicht wegläuft, sondern es akzeptieren kann und ihm verständnisvoll zulächelt. Shunryu Suzuki schreibt:

„Für Zen-Schüler ist Unkraut ein Schatz."[38]

Mit Geld können wir temporär Unkraut aus unserem Leben verbannen oder verdecken. Üben wir hingegen mit dem Unkraut, setzen wir uns dem Unangenehmen aus. So haben wir die Chance, unsere Widerstände zu überwinden, statt unseren Launen und Präferenzen das Kommando zu übergeben.

Üben wir entschlossen, versöhnen wir schrittweise unser Leben mit den verschiedensten Menschentypen, Situationen, Wetterlagen oder Schicksalsfällen. Hängen wir hingegen an der Idee und am Ideal eines störungsfreien, komfortablen Lebens und versuchen wir, dieses durch reichlich Geldeinsatz vor Störungen abzupuffern, wird unser Handlungsspielraum immer kleiner. Und wehe, wenn uns das Geld ausgeht!

Es ist also ein Irrglaube, dass wir durch die Vermeidung des Unangenehmen auf Dauer unsere Komfortzone erweitern. Diese Zeilen sind keine Einladung zum Masochismus doch eine klare Absage an die kollektive Strategie der Vermeidung des Unangenehmen, die uns langfristig schwächt und Ängste nährt. Was wir nicht akzeptieren, wird immer wiederkehren und uns ärgern.

Das Resultat von Nichtakzeptanz: Ärger und Gereiztheit

Schauen wir uns einen anderen Teil von uns an. Unseren Ärger. Unsere Wut. Unsere Aggressivität. Oder seine schwächeren Verwandten: Gereiztheit, Groll oder Missmut. All diese Geisteszustände entspringen derselben Quelle. Wir wollen etwas nicht! Wir lehnen etwas ab. Die Welt soll anders sein. Freundlicher, unterstützender, anerkennender. Wir ärgern uns über das Unhöfliche, Inkompetente, Unfähige, Unverschämte und vieles mehr in dieser Welt. Die Welt soll anders sein. Sie soll uns genau das bringen, was wir uns wünschen. Im Zustand des Ärgers können wir die Welt nicht klar sehen. Ärger ist Trennung. Ärger stellt uns selbst ins Zentrum aller Ereignisse. Ärger ist destruktiv, macht uns eng und anfällig für falsche Wahrnehmungen und Urteile. Ärger kann zu Hass führen und Hass ist die Mutter aller Ideologien. In Ideologien und wütenden Verhältnissen entstehen die Wurzeln des Krieges. Wenn wir als Menschheit lernen, unsere Wut und unseren Ärger zu zähmen, leisten wir wahre Friedensarbeit. Ärger, Groll und Wut verhindern sinnvolle Zusammenarbeit. Haben wir alte Rechnungen offen, verweigern wir noch die sinnvollste Kooperation zum Wohle aller. In der Politik, auf den Märkten oder im Privaten.

Der kleine alltägliche Ärger entsteht, weil wir etwas für uns Unangenehmes vermeiden wollen oder wenn wir in Gefahr sind, etwas für uns Angenehmes zu verlieren. Das Kleine enthält das Große. Das Große wurzelt im Kleinen. Aggressive Unternehmensstrategien oder Wirtschaftspolitik schaden uns allen. Passen wir nicht auf unsere negativen Worte und Gedanken auf, vergiften wir unsere Beziehungen, unsere Arbeitsplätze und unsere Nachbarschaften. Wie viel Energie vergeuden wir jeden Tag durch Mobbing? Wie viel Kreativität geht durch aggressives Verhalten verloren? In einer Atmosphäre der Trennung, der Angst ist nicht gut arbeiten.

Geld und Selbstwert

Geld gilt in vielen Kreisen als Ausdruck für Erfolg. Geld gibt unseren Aktivitäten einen messbaren und vergleichbaren Wert. Wie viel verdienen Sie pro Stunde? Was ist Ihr Tagessatz? Wo stehen wir im Vergleich zu anderen, zu unseren Nachbarn, unseren Schulkollegen? Geld ist Anerkennung. Geld ist Lob. Geld gibt uns das Gefühl, etwas Wertvolles geleistet zu haben. Ein Unternehmensberater formuliert es so:

„Geld ist für mich Ausdruck von Respekt. Eine Anerkennung meiner Arbeit und Leistung."

Geld kann uns das Gefühl schenken, dass wir etwas richtig gemacht haben. Etwas zu leisten und dafür mit Geld oder anderen Mitteln gelobt zu werden, gibt uns Sicherheit oder das Gefühl der Zugehörigkeit. Doch diese Sicherheit ist nur geborgt. Sie kann unseren tieferen Hunger nach wahrer Gemeinschaft oder tiefer Sicherheit nicht ersetzen.

Kann Geld uns Freiheit schenken?

Finanzielle Unabhängigkeit und finanzielle Freiheit klingen sehr süß in unseren Ohren. Freiheit ist ein großer und häufig missverstandener Begriff. In wirtschaftlichen Zusammenhängen wird unter Freiheit meist verstanden, persönliche Optionen zu vergrößern oder zu maximieren. Mir kaufen zu können, was ich will, und mit dem Erworbenen weitgehend machen zu können, was ich möchte. Unter unternehmerischer Freiheit versteht man, dass ökonomische Aktivitäten möglichst wenig reguliert und stattdessen dem Markt überlassen werden.

Im weiteren Sinne verstehen wir Freiheit als ungehinderte und geschützte Möglichkeit, etwas zu tun: Meinungsfreiheit, Reisefreiheit, Wahlfreiheit, Religionsfreiheit, Bewegungsfreiheit und vieles mehr. Wir sind frei, etwas zu tun.

Im Buddhismus hat der Freiheitsbegriff einen anderen Ausgangspunkt. Das Ideal ist die Befreiung. Wir streben die Freiheit von inneren Fesseln an und weniger die Freiheit, etwas im Außen tun oder lassen zu können. In einer berühmten Meditation zum Mitgefühl heißt es:

„Mögen wir frei sein von Anhaftung und Ablehnung ohne gleichgültig zu werden/sein."

Es geht weniger um äußere Freiheit als vielmehr um innere Freiheit. Der Dalai Lama fragt uns eindringlich: „Sind Sie im Besitz der Erkenntnis, die zu spiritueller Freiheit führt?" Falls nicht, helfen uns alle finanziellen Optionen der Welt nicht weiter. Chögyam Trungpa formuliert es so:

„Freiheit wird meistens als eine Fähigkeit betrachtet, Ziele zu erreichen und Bedürfnisse zu befriedigen. Aber was sind die Quellen dieser Ziele und Bedürfnisse? Wenn diese in Unwissenheit, Gewohnheitsmustern oder negativen Emotionen – psychologisch destruktiven Elementen, die uns in Wirklichkeit versklaven – liegen, ist dann die Freiheit, diesen nachzugehen, wahre Freiheit oder nur ein Mythos?"[39]

Die buddhistische Meditation zielt auf die Befreiung des Geistes von Verblendung und falscher Wahrnehmung. Diese Befreiung des Geistes führt zu einem Nichthaften an materiellen Dingen oder anderen Objekten der Wahrnehmung. Meditation befreit uns schrittweise von schlechten Gewohnheiten, falschen Wahrnehmungen und der Dominanz unheilsamer Geisteszustände. Wir befreien uns von unnötigem Sorgen und Bedauern.

Welch ein umfassender Begriff von Freiheit! In der Meditation lernen wir unsere Geistesformationen negativer, positiver und neutraler Natur kennen, lernen sie zu akzeptieren, zu umarmen und in einem behutsamen Prozess zu verändern. Wir können uns vom Samen der Wut oder der Angst oder des Stolzes befreien, von Samen, die unsere Vorfahren und unsere Gesellschaft an uns weitergegeben und in uns genährt haben. Wovon wollen und sollten wir frei werden? Wo sind wir innerlich gefangen, wovon sind wir abhängig oder süchtig?

Die Wahlfreiheit, die ein gut gefülltes Bankkonto verspricht, ist sehr bescheiden im Vergleich zu einer solchen Freiheit. Viele spirituelle Traditionen versprechen ihren Anhängern den Weg zur inneren Freiheit. Ein erster Schritt ist häufig das Aufgeben materieller Optionen, die Zurverfügungstellung, Aufgabe oder Reduktion von Eigentum und Besitz.

Maximiere deine Optionen – nicht!

Unser Wirtschaftssystem suggeriert uns, dass persönliche Freiheit etwas mit der Erweiterung unserer äußeren Wahlmöglichkeiten zu tun hätte. Je mehr Optionen, desto freier der Mensch. Maximiere deine Optionen! Halte dir möglichst viele Türen offen! Doch diesen Freiheitsbegriff hat schon Immanuel Kant als verkürzt abgelehnt. Für ihn und viele andere Philosophen, Denker und Weise liegt unsere Freiheit als Mensch nicht in der Maximierung von Optionen, sondern in der freien, bewussten und achtsamen Wahl von

Beschränkungen. Ich wähle Werte, ich wähle einen Lebensstandard, ich wähle eine Profession und einen Lebenspartner. Unsere Freiheit besteht darin, uns für etwas Sinnvolles zu entscheiden und dann diesen Weg in guten und schlechten Zeiten zu gehen und zu ertragen.

Ein Mensch, dem aufgrund eigener Entscheidungen in einer konkreten Situation keine Wahl mehr bleibt („Hier stehe ich, ich kann nicht anders."), kann die Krone der Freiheit errungen haben. Seine freien Entscheidungen der Vergangenheit haben ihn an diesen Punkt gebracht. Nicht die Optionen des gegenwärtigen Moments.

Freiheit ist in diesem Verständnis kein Recht, sondern eine Verpflichtung. Im Feld des Geldes bedeutet dies, dass mein Geld mich zum einen nicht innerlich frei machen kann und zum anderen nicht für beliebige Zwecke verwendbar ist. So wie es die Väter des deutschen Grundgesetzes im häufig vergessenen Artikel 14 (2) formuliert haben:

> „Eigentum verpflichtet. Sein Gebrauch soll zugleich dem Wohle der Allgemeinheit dienen."

Es ist erstaunlich, dass sich dieser Artikel im Grundgesetz findet, denn im wirtschaftlichen Alltag ist von dieser Verantwortung des Eigentums wenig zu spüren. Hier gilt es, eine neue Diskussion zu führen.

Das dienende Geld

Im Roman „Ein Weihnachtslied" von Charles Dickens erlebt der geizige und herzlose reiche Vermieter Ebenezer Scrooge eine erstaunliche Verwandlung. Konfrontiert mit seinem Tod, sieht er die Folgen seiner egoistischen Taten und erleidet einen heilsamen Schock. Er beginnt, sein Herz zu öffnen und sein Vermögen zu teilen, und erlebt eine nie gekannte Liebe und Freude.

An dieser Freude des Helfens, an dieser Freude sinnvoller Aktivität gilt es im Felde des Geldes anzusetzen. Geld sollte fließen und Sinnvolles fördern. In der fünften der 14 Achtsamkeitsübungen das Orden Intersein heißt es:

> „Im Bewusstsein, dass wahres Glück in Frieden, Festigkeit, Freiheit und Mitgefühl wurzelt, nicht aber in Reichtum und Ruhm, sind wir

entschlossen, unser Leben nicht auf Ruhm, Profit, Reichtum oder
sinnliches Vergnügen auszurichten und auch keine Reichtümer anzu-
häufen, solange Millionen hungern und sterben. Wir verpflichten uns,
ein einfaches Leben zu führen und unsere Zeit, Energie und materiel-
len Mittel mit denen zu teilen, die in Not sind."

Berühren wir den Geist dieser Übung, wird es für uns zunehmend unna-
türlich, unser Geld nur für uns und unsere begrenzten Zirkel zu verwenden
oder in rein renditeorientierte Projekte zu investieren. Kultivieren wir den
Geist der liebevollen Güte und des Mitgefühls, weitet sich unsere finanzielle
Perspektive.

Diese Freude des Gebens und sinnvollen Wirkens zu berühren, scheint
mir wichtiger zu sein als juristische Verpflichtungen oder zusätzliche Steuern
für hohe Einkommen und Vermögen. Wenn sich unser Geld individuell und
kollektiv wieder sinnvollen Zwecken zuwendet, werden wir unsere Wirtschaft
radikal umbauen, indem wir unheilsamen Prozessen Energie entziehen und
heilsame Prozesse nähren und mit unserem Geld unterstützen.

Wir sind der Konsum

Konsum – Was ist das?

Wir sind ein Volk von Konsumenten und Kunden. Jeder von uns ist auf vielfältige Weise in Produktkreisläufe, Wertschöpfungen und Kaufprozesse eingebunden. Konsum bezeichnet zum einen die Aufnahme oder den Verbrauch materieller Güter oder Dienstleistungen. Wir konsumieren Brötchen, Schnittblumen und Benzin, aber auch Babysitter, Friseurbesuche und Versicherungen. Im Allgemeinen ist Konsum schlicht eine zentrale, volkswirtschaftliche Größe, die anzeigt, was in welchem Maße nachgefragt wird.

Wir können und sollten materiellen vom geistigen Konsum unterscheiden. Beim materiellen Konsum nehmen wir physische Objekte (Essen, Trinken, „Genussmittel", Produkte ...) in unseren Körper oder Haushalt auf. Beim geistigen Konsum nehmen wir Gedanken, Ideen, Theorien oder bestimmte Sinneswahrnehmungen (Klänge, Formen, Gerüche, Berührungen oder Geschmäcker) in unseren Geist auf.

Die buddhistische Psychologie betont dabei die starke Wirkkraft des geistigen Konsums auf unsere Lebensqualität. Was wir in unseren Geist einlassen und wie wir mit diesen Konsumobjekten umgehen, färbt unsere Tage ein. Konsumieren wir viel Unzufriedenheit oder Ärger, nähren wir Unzufriedenheit und Ärger. Wir sind die Gärtner unseres eigenen Geistes.

Sowohl unser materieller als auch unser geistiger Konsum sind über die letzten Jahrzehnte stetig gewachsen. Wie ist diese Entwicklung zu beurteilen? Für die einen steht der wachsende Konsum für oberflächlichen Materialismus, für Ausbeutung, für Oberflächlichkeit und Zerstörung. Für die anderen ist Konsum Ausdruck von Persönlichkeit, ökonomischer Freiheit – eine Quelle des Wohlempfindens. Und der unverzichtbare Motor, der neue Arbeitsplätze schafft. Während das eine Lager zum bewussten Konsumverzicht aufruft, fordert das andere zum Konsum auf. Konsum ist Bürgerpflicht, Konsumverzicht ein Gift, das unsere Wirtschaft zusammenbrechen lassen würde.

Kaum eine Zeit hat den Konsum so sehr in den Mittelpunkt gestellt. So sehr, dass Soziologen unsere Gesellschaft als „Konsumgesellschaft" beschreiben.

Gefahren des Konsums

Wieso geben wir dem Konsum eine solche Bedeutung? Wieso verbringen immer mehr Menschen ihre Freizeit in Einkaufszentren? Wie wach sind wir, während wir einen Input in unser Leben holen? Was erwarten wir vom Konsum? Folgende Entwicklungen im Feld des Konsums sind problematisch:

- Wenn wir Dinge konsumieren, die unserem Körper und Geist nicht guttun.

- Wenn wir im gesamten Konsumprozess von der Auswahl über die Aufnahme zur Verdauung wenig präsent sind und in diesem Prozess nicht bewusst wählen.

- Wenn wir unrealistische und unbewusste Erwartungen an die Konsumobjekte richten.

- Wenn wir kein rechtes Maß oder vergleichsunabhängiges „Genug" für unseren Konsum finden.

- Wenn wir in einem Ausmaß konsumieren, der nicht nachhaltig ist und unser Umfeld gefährdet.

- Wenn wir in Abhängigkeiten und Süchte geraten.

Achtsamer Konsum schützt unseren Körper und Geist und gibt heilsamen Wirtschaftsprozessen Nahrung. Unachtsamer Konsum kann uns als Individuen, Familien oder als Gesellschaft zerstören. Das, was wir regelmäßig zu uns nehmen, sei es in Form von essbarer Nahrung, Ideen, Filmen oder Genussmitteln, wird uns prägen und formen.

Vier Dimensionen achtsamen Konsums

Achtsam zu konsumieren, bedeutet, eine sinnvolle und dauerhafte Beziehung zu den Dingen aufzubauen, die wir in unser Leben lassen. Vor dem Kauf fragen wir uns, ob wir dieses Objekt wirklich brauchen (Bewusstheit der Kaufentscheidung). Während der Nutzung sind wir uns des Objektes bewusst und würdigen es (Bewusstheit der Nutzung). Und wir nehmen bewusst Abschied, wenn gute Gründe wie Verschleiß, Energieineffizienz, Inkompatibilität oder anderes für den Abschied sprechen (Bewusstheit des Wegwerfens oder Recyclings).

Konsum ist Wahl. Indem wir wählen, wählen wir unsere eigene Zukunft und die Zukunft unserer Gesellschaft aus. Unser Konsumverhalten kreiert Nachfragemacht. Und Nachfragemacht kreiert neue Produkte, Märkte und Produzenten. Das ist die Macht des Konsums und von uns Konsumenten.

Ohne Achtsamkeit mag es passieren, dass wir ...

- schädliche Dinge
- in schädlicher Weise
- in schädlichen Mengen und
- aus schädlichen Gründen zu uns nehmen.

Achtsam zu konsumieren, bedeutet,

- im Prozess des Konsums präsent und wach zu bleiben und sich nicht von unheilsamen Geisteszuständen beherrschen zu lassen (Duft und geistige Qualität meines Konsums).

- zu wissen, was man gerade konsumiert, und die Auswirkungen des Konsumierten auf sich selber und das engere und weitere Umfeld zu verstehen (wahre Natur meines Konsums).

- ein inneres und äußeres Maß für die Menge des Konsumierten zu haben (Maß meines Konsums).

- die Motivation des eigenen Konsums zu erkennen und sich nicht von unheilsamen Motivationen beherrschen zu lassen (Motivation meines Konsums).

Wie wir unseren Konsum in diesen vier Dimensionen achtsamer und sinnvoller gestalten können, wird in den nächsten Kapiteln untersucht. Wir
beginnen mit dem Duft, der geistigen Wirkkraft unseres Konsums.

Der Duft des Konsums

Wie konsumiere ich?

Mit jedem Bissen

*Plum Village, 1999. Erster Tag meines ersten Meditationsretreats:
Ich sitze vor einem Gemüseauflauf. Ich bin nicht allein, mit mir sitzen
um die hundert weitere Männer im großen Speisesaal eines Klosters.
Wir essen in Schweigen und praktizieren achtsames Essen. Unsere
Anweisung scheint einfach zu sein: Jeden Bissen bewusst wahrnehmen, mindestens dreißig Mal kauen und uns nicht von aufsteigenden
Gedanken von unserem Essen ablenken lassen. Nach jedem Bissen
die Gabel ablegen. Das fällt mir sehr schwer. Meine Gedanken
schweifen immer wieder ab und ich esse automatisch weiter. Nach
zehn Minuten ist mein Teller leer. Einen Großteil der Mahlzeit habe ich
verpasst. Während meine Tischnachbarn konzentriert und entspannt
weiteressen, kämpfe ich mit meiner Ungeduld. Interessant, was ich
so alles parallel zum Essen treibe. Nach einer Woche Übung hat sich
mein Essverhalten völlig verändert.*

Wie konsumieren wir? Bewusst oder unbewusst? Frei oder getrieben?
Verantwortungsbewusst oder rücksichtslos?

In kaum einem Bereich können wir unsere Konsumgewohnheiten so
klar spiegeln wie in unserem Essverhalten. Wie essen wir? Eine der kraft-
vollsten Meditationsübungen ist – wie oben gezeigt – die Essmeditation.
Versuchen Sie es einmal mit den obigen Essanweisungen. Nehmen Sie sich
ein wenig Zeit und beobachten Sie den Duft Ihres Geistes und Ihre aufsteigenden Gedanken. All das essen wir mit. Freude oder Ungeduld. Sorgen,
Projekte oder Freiheit. Wir decken unseren eigenen geistigen Tisch.

Nicht nur am Essen hängen Emotionen. Jedes Objekt unserer Wahrnehmung wird durch unseren Geist eingefärbt. Thich Nhat Hanh sagt:

„Wir müssen so konsumieren, dass wir keine Gifte wie Furcht und Ärger in unser Bewusstsein bringen."

Hunger oder Verlangen verwandeln die Objekte in unserem Umfeld und machen diese attraktiver und begehrenswerter, als sie sind. Es ist unser Geisteszustand, der potenzielle Konsumobjekte einfärbt und ihnen damit scheinbare Eigenschaften verleiht, die sie real nicht besitzen. Wie häufig haben wir uns wenige Stunden nach einem Spontankauf schon gefragt, was uns beim Kauf geritten hat?

Wie wirken verschiedene unheilsame Geisteszustände auf unser Konsumverhalten?

Unheilsamer Geisteszustand	Empfundener Mangel	Verbreitete Konsumstrategie(n)
Angst	Nicht ausreichend Sicherheit	Narkotisierung mit Alkohol oder Zigaretten
Eifersucht/Neid	Der andere hat, was ich will.	Gleichziehen in Statussymbolen
Trauer	Verlust	Kummerspeck anfressen, Abtauchen, mit Konsum zudecken
Unzufriedenheit	Es ist nicht/nie genug.	Lücke durch Konsum schließen, Hamsterrad
Ärger	Es läuft nicht, wie ich will.	Eigenbelohnung
Gier	Das fehlt mir, das muss ich haben.	Spontankäufe, Schnäppchen, Gelegenheitskäufe, Kaufen
Minderwertigkeit	Ich bin weniger wert als andere.	Kompensation durch Konsum

Tabelle 6: Unheilsame Geisteszustände in ihrer verbreiteten Wirkung auf Konsum

Hunger oder – im übertragenen Sinn – ein geistiger Mangel, können uns dazu verleiten, eine Konsumlösung zu wählen, statt das Problem auf einer angemesseneren Ebene anzugehen.

Wir können aktiv mit den obigen unheilsamen Geisteszuständen umgehen, sie wahrnehmen und behutsam transformieren (siehe Tabelle 6), auch wenn wir sie am liebsten nur loswerden würden. Wir wollen uns nicht länger irritiert, ärgerlich oder minderwertig fühlen und nehmen daher leichtfertig Zuflucht zum Konsum. Hier lockt die schnelle Lösung. Wir schalten den Fernseher ein oder nehmen eine Kopfschmerztablette. Wir trinken ein Bier oder kaufen uns ein Buch oder Schokolade. Wir haben viele Strategien entwickelt, das Unangenehme zu verdrängen oder zu unterdrücken. Und dies führt uns geradewegs in die Unfreiheit.

Werbeprofis, Markenexperten, PR-Berater und andere professionelle Verkäufer kennen unsere Schwächen und Sehnsüchte, sie docken sich und ihre Produkte an unsere Fluchttendenzen an. Ein tibetischer Mönch, der zum ersten Mal die blinkenden Leuchtreklametafeln von New York sah, rief erschreckt aus:

„Sie versuchen, unseren Geist zu stehlen!"

Achtsamkeit hilft uns dabei, wach zu bleiben und unsere Gedanken und Stimmungen weniger leicht von Verkäufern und Aufmerksamkeitsjägern kapern zu lassen.

 ## Konsumfallen

Die nährende Mahlzeit

Die Qualität einer Mahlzeit hängt davon ab, **was** wir zu uns nehmen und **wie** wir sie zu uns nehmen. Wir können die Qualität der Dinge, die wir konsumieren, durch achtsames Essen deutlich erhöhen. Wir können das beste Obst, das gesündeste Brot und organische Karotten kaufen, doch die Qualität unserer Mahlzeit wird von unseren Essgewohnheiten, unserer Wertschätzung für das Essen und unserem Geisteszustand beim Essen abhängen. Ein Seminarteilnehmer sagte Folgendes:

„Essen war für mich immer Zeitverschwendung. Eine lästige Pflicht.
Während ich mein Essen herunterschlang, aß ich in Wirklichkeit meine

Ungeduld und meinen Ärger. Heute esse ich wesentlich bewusster und freudiger und habe viel mehr Energie."

Die Art, wie wir einen Apfel zu uns nehmen, entscheidet maßgeblich, wie der Apfel uns nähren wird, wie er uns nähren kann.

Achtsames Essen unterstützt die Integration des Essens in unseren Körper. Wir vermeiden Verdauungsprobleme und fallen nach dem Essen nicht ins Energieloch. Wir nutzen die Essenszeit, um uns zu entspannen und eine Pause einzulegen. Wir nähren während des Essens nicht Verspannung und Stress, sondern Erholung und Regeneration.

Achtsames Essen schützt uns davor, während des Essens schädliche Dinge aufzunehmen – wie schlechte Nachrichten, Sorgen oder Geschwätz. Wir nähren stattdessen Dankbarkeit, Freude und Konzentration statt Ruhelosigkeit, Stress oder Ärger.

Haben wir das Heft in der Hand?

Konsumieren wir oder werden wir konsumiert? Wer konsumiert wen? Wenn ich auf einer S-Bahn-Fahrt eine Zeitung finde und zugreife, frage ich mich manchmal, wer hier eigentlich wen liest. Bin ich müde und unkonzentriert, scheint es, als ob die Zeitung nach mir greift und mich zum Lesen bringt. Viele Objekte des Konsums entwickeln einen solchen Sog.

- Essen wir die Schokolade oder werden wir gegessen?
- Hören wir Radio oder werden wir gehört?
- Sehen wir uns das Werbeplakat an oder werden wir gesehen?
- Denken wir die Gedanken oder denken die Gedanken uns?
- Kaufen wir ein oder werden wir eingekauft?

Ohne Achtsamkeit sind wir nicht länger Herr unserer Konsumprozesse. Die Prozesse und Konsumobjekte greifen nach uns und wir leisten mit nachlassender Bewusstheit und Energie immer geringeren Widerstand. Wir sitzen nicht länger am Lenkrad, wir werden gelenkt. Nicht von einem allmächtigen äußeren Lenker, sondern von unseren unbewusst wirkenden Gewohnheiten, Ideen und Geisteszuständen, die sich mit äußeren Objekten verbinden.

Achtsamkeit und Wachheit im Konsumprozess zu kultivieren heißt, willentlich am Steuer zu bleiben, aktiver Gestalter und Entscheider zu bleiben und sich nicht von inneren und äußeren Impulsen wegtragen zu lassen.

Blitzkonsum

In Zeiten des Onlineshoppings ist das Objekt unserer Begierde häufig nur einen Mausklick entfernt. Zwischen Kaufimpuls und Kauf können nur Sekunden liegen. Wir erhalten per Mail einen Buchtipp und 30 Sekunden später haben wir das Buch bei Amazon schon per „One-Click-Bestellung" geordert. Das ist komfortabel, aber auch nicht ungefährlich. Früher war der Kauf einer Sache mit erheblich mehr Aufwand verbunden. Es entstanden an mehreren Stellen des Kaufprozesses Pausen, in denen wir innehalten und schauen konnten, ob wir das Kaufobjekt wirklich brauchen.

Am „Point of Sale" wird gerne durch Sonderangebote, Aktionen, Werbung, Aggressivität, Verkaufsgespräche oder andere Maßnahmen eine Atmosphäre der Dringlichkeit erzeugt, die real gar nicht existiert. Banken schaffen durch ihre Werbung für Sofortkredite einen Optionsraum („Das kann ich auch."), den wir real vielleicht gar nicht haben und den viele von uns mit langfristigen Schulden oder gar mit Überschuldung bezahlen müssen.

Viele Spontankäufe erweisen sich wenige Tage später als überflüssig oder gar ärgerlich. Dies ist ein Grund, warum viele Verkäufer eine Atmosphäre der Dringlichkeit im Kaufprozess erzeugen („Morgen ist es vielleicht schon weg." – „Dieses Angebot gilt nur heute."). Sie wissen, dass der potenzielle Käufer am folgenden Tag an einem ganz anderen inneren Ort ist. Der geistige Duft, der ihn in den Laden geführt hat, ist verflogen und das Kaufobjekt hat einen Teil seines Reizes eingebüßt oder erscheint zu teuer, nicht wirklich passend oder gar überflüssig. In einem ICE verblüffte mich vor kurzem folgende Durchsage: *„Gerade ist unser Impulsverkäufer eingestiegen."* Spontaneität ist häufig gerade keine freie oder bewusste Wahl, sondern vielmehr das Ergebnis eines bewusst gesetzten Impulses.

Die künstliche Parfümierung erkennen – Was klebt am Produkt?

Viele Produkte werden heutzutage mit immensem Aufwand parfümiert. Ein Auto darf nicht einfach nur ein Auto sein – ein Fortbewegungsmittel mit bestimmten klaren Eigenschaften, wie Geschwindigkeit, Verbrauch, Farbe oder PS-Stärke. Nein, der Besitz eines bestimmten Autos ist für viele Menschen Ausdruck ihrer Identität geworden. Ein Bekenntnis zu bestimmten Werten, zur Zugehörigkeit zu einer bestimmten gesellschaftlichen Gruppe, ein Signal ihrer finanziellen Potenz. Autos beinhalten neben vielen materiellen auch viele immaterielle Extras. Nichts ist für Markenexperten langweiliger, bedrohlicher und irritierender als ein Auto, das einfach nur ein Auto ist. Von dem nicht geträumt wird. In das nichts hineinprojiziert wird. Von dem keine Aura von Macht, Erfolg, Intelligenz, Stolz, Aggressivität, Umweltbewusstheit oder Unkonventionalität ausgeht.

Markenstrategen platzieren Extras in unserem Kopf. In vielen Markenproduktbereichen ist es das Image und nicht das Produkt selbst, das als wichtig angesehen wird. Der geistige Duft eines Produktes wird in dieser Logik wichtiger als das Produkt selber. Ein T-Shirt wird durch ein kleines Logo mit verführerischen Extras aufgeladen, die für den Käufer wichtiger sind als der Stoff, die Herstellungsbedingungen und andere materielle Qualitätsmerkmale. Die Investitionen, die Markenfirmen vornehmen, um ein bestimmtes Extra oder Image in den Köpfen ihrer potenziellen Kunden zu verankern, sind teilweise um ein Vielfaches höher als die materiellen Kosten der Herstellung und verwendeten Rohstoffe. Aus Sicht einer achtsamen Wirtschaft sind diese Parfümierungen überflüssig, schädlich und unheilsam. Wirtschaftsbereiche, die Illusionen, falsche Wahrnehmungen, Wünsche und Begierden produzieren oder unterstützen, bringen uns keinen Nutzen, sondern verschwenden Ressourcen. Viele unserer Produkte haben ihre Einfachheit verloren. Der Blogger Seth Godin fragt uns sehr zu Recht:

„Wie lange wollen wir es uns noch gefallen lassen, dass uns Dinge teuer verkauft werden, von denen wir genau wissen, dass sie in der Herstellung nur wenige Cent kosten?"

Impulsdistanz: Schlüssel zur Freiheit

In jedem Augenblick entstehen Tatimpulse in unserem Körper und Geist. Ein Impuls ist das Anstoßen einer Tat auf der Ebene des Körpers oder Geistes. Ein Impuls blitzt in uns auf, kurz bevor wir etwas sagen, denken, fühlen oder tun. Diesen Impuls können wir leicht verpassen und direkt zur vorgeschlagenen Tat übergehen. Je unbewusster dieser Prozess abläuft, desto unfreier und reaktiver agieren wir. Je höher unsere Reaktivität, desto geringer unsere Freiheit. Freiheit bedeutet hier, frei zu sein, einem Impuls nicht zu folgen und stattdessen eine eigene Entscheidung zu treffen. Verfügen wir über geringe Impulsdistanz, sind wir leichter zu manipulieren und verlieren unsere Lebendigkeit und Klarheit.

Impulsdistanz ist die Fähigkeit, einen körperlichen oder geistigen Impuls klar wahrzunehmen, sein Anschwellen und Abklingen zu beobachten, ohne dem Impuls folgen zu müssen. Sie bewahrt uns davor, destruktiven Emotionen freien Lauf zu lassen oder unheilsame Tatabsichten auszuführen. Dies erlaubt es uns, die Folgen einer Tat abzuschätzen und bei klarem Verstand eine Entscheidung zu treffen. Wir werden nicht mitgerissen, wir handeln nicht im falsch verstandenen Sinne „spontan".

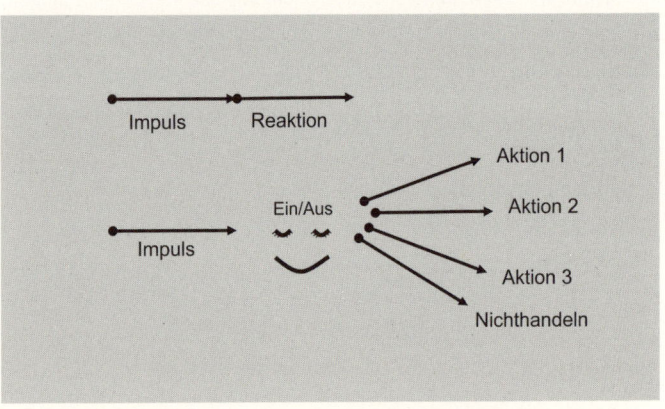

Abbildung 22: **Schlüsselqualifikation Impulsdistanz**

Impulsdistanz bezeichnet ferner die Fähigkeit, bewussten und unbewussten Impulsen auf der Ebene von Körper und Geist nicht unmittelbar nachzugeben. Im Felde des Konsums schießen uns im Alltag immer wieder Impulse wie die folgenden durch den Kopf.

- „Das brauche ich unbedingt."
- „Hätte ich das, wäre ich glücklich."
- „Nur noch ein Mal."
- „Das gönne ich mir jetzt."
- „Das steht mir zu."

Hier hilft uns das Innehalten und die Rückkehr zum Atmen. Wir lockern reaktive Muster und werden uns unseres automatischen Wertens, Beurteilens und inneren Kommentierens bewusst. Wir denken, statt gedacht zu werden. Wir reagieren nicht mehr automatisch auf innere und äußere Impulse. Diese Fähigkeit der Nichtreaktivität ist in allen Lebenslagen hilfreich. Wir stoppen, bevor wir etwas kaufen, das wir nicht brauchen, bevor wir ein Wort aussprechen, das wir später bedauern, bevor wir uns Stress mit unwahrscheinlichen Zukunftsszenarien machen. Impulsdistanz bringt uns wahre Freiheit und zeigt einen Weg, der unsere unheilsamen Gewohnheiten zähmen kann.

Impulsdistanz unterstützt damit die in der Psychologie und Lernforschung viel gepriesene Fähigkeit zur aufschiebenden Bedürfnisbefriedigung. Wir sind in der Lage, ein kurzfristiges Bedürfnis zurückzustellen (z. B. Fernsehen), um ein langfristiges Bedürfnis (z. B. Studienabschluss) zu erreichen. Impulsdistanz geht allerdings noch weiter, da wir nicht von einer Hierarchie der Ziele, Pläne oder Bedürfnisse ausgehen, die es durch Disziplin zu optimieren gilt, sondern um eine Fähigkeit zur klaren Sicht der gegenwärtigen Situation, die uns aus Gewohnheiten und Programmierungen herausführt.

Inneren Raum entwickeln

Verschiedene Felder unseres Lebens können von Impulsen beherrscht sein: unsere Urteile, unsere Emotionen, unsere Kommunikation und – besonders interessant für dieses Kapitel – unser Kauf- und Essverhalten.

Um in diesen Feldern unsere Freiheit – sprich neue Entscheidungs-
möglichkeiten – zurückzugewinnen, brauchen wir innere Impulsdistanz.
Wir brauchen eine Lücke zwischen Impuls und Handlung. Der Zen-Meister
Shunryu Suzuki drückt es so aus:

> *„Wenn ihr euer Schaf oder eure Kuh unter Kontrolle haben wollt, gebt
> ihnen eine große Wiese."* [39]

Ohne diesen Raum, diese Lücke oder diesen Moment, in dem auch etwas
anderes als denkbar, machbar oder wünschenswert angesehen wird, werden wir zu einer Maschine, die ein starres Programm abarbeitet. Wir hören
eine Meinung, die uns nicht gefällt, und reagieren mit Wut. Wir sind nervös
und müssen uns eine Zigarette anzünden. Wir steigen ins Auto und drehen
das Radio an. Wenn wir nicht aufpassen, bekommt unser Leben, je älter
wir werden, etwas Maschinenhaftes und Programmiertes. Die zunehmende
Starrheit, die sich im Alter einstellen kann, ist nicht naturgegeben, sie ist
Ausdruck eines Lebens, das immer weniger Impulsdistanz kennt und damit
auch immer weniger Frische und Anfängergeist besitzt. Wer will schon zu
einer Reiz-Reaktions-Maschine werden? Und doch, wenn wir genau hinschauen, sind wir in erstaunlich vielen Bereichen und auf erstaunlich weitreichende Weise durch Impulse bestimmt. Auch wenn wir das instinkthafte,
reflexartige, unfreie Handeln gerne dem Bereich der Tiere zuschreiben.

Impulse achtsam beobachten

Impulsdistanz stellt sich allerdings nicht von alleine ein. Wir müssen und
können sie trainieren. Wir können lernen, unsere Impulse auf der Ebene
des Körpers und Geistes klar und deutlich zu betrachten. Indem wir einen
Impuls über seinen gesamten Lebenszyklus achtsam beobachten, verliert
er seine Macht über uns. Von seinem Entstehen über sein Anwachsen bis
hin zum Abfallen und Verschwinden. Impulse kommen und gehen. Wir
müssen ihnen dann nicht länger folgen.

Ein wirksamer Impuls steigt aus den Tiefen unseres Bewusstseins auf,
verstärkt sich, findet seinen Weg in unsere bewusste oder unbewusste
Wahrnehmung, löst eine Tat aus und sinkt gestärkt ins Speicherbewusstsein zurück. Ein unwirksamer Impuls folgt demselben Zyklus – bloß löst er

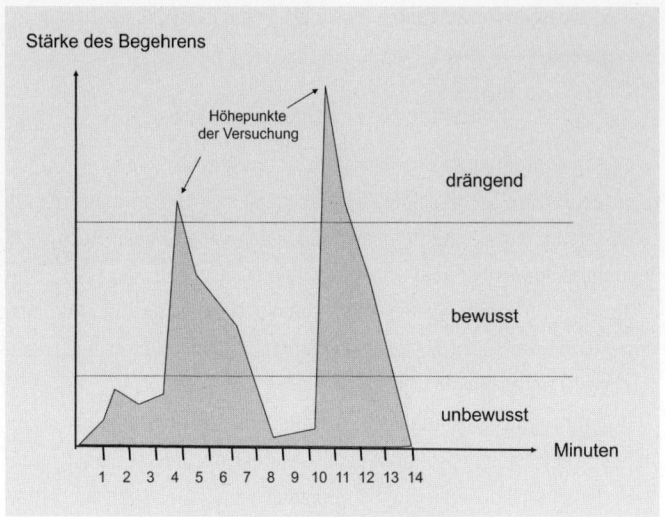

Abbildung 23: **Kauf oder Nichtkauf?**

keine Tat aus und kehrt geschwächt ins Speicherbewusstsein zurück. Wer dem Kratzreiz nachgibt, wird sich immer häufiger und schneller kratzen. Wer dem Kratzreiz widersteht, schwächt langfristig sein Kratzbedürfnis.

Ein Seminarteilnehmer beschreibt den Effekt von Impulsdistanz wie folgt:

> „Im Laufe meines ersten Meditationsseminars verlangsamte sich mein Denken deutlich. Als ich am folgenden Montag für einige kleinere Einkäufe unser lokales Einkaufszentrum betrat, geschah etwas Unerwartetes. Ich konnte deutlich beobachten, wie mein Denken sich beschleunigte. Eine Flut an Kaufimpulsen und Kommentaren stieg in mir auf. Befehle, Argumente und Versprechen machten sich breit. Wie unangenehm. Ich kehrte zu meinem Atem zurück und schlagartig wurden die Stimmen leiser. Entspannt ging ich weiter. Seit diesem Tage kann ich mein Denken nicht mehr so recht ernst nehmen."

Üben wir Achtsamkeit, sehen wir, wie unsere Impulsdistanz im Konsum durch unheilsame Geisteszustände, wie Wut, Gier oder Angst, sowie durch verschiedene Drogen, wie Alkohol oder Koffein, herabgesetzt wird. Wir spüren, wie es uns im Zustand der Müdigkeit oder Energielosigkeit schwerfällt, starken Impulsen zu widerstehen.

Konzentriertes Einkaufen ohne Extras

Zu keinem Zeitpunkt ist unsere Impulsdistanz und Achtsamkeit stärker gefordert als zum Zeitpunkt der Kaufentscheidung. Achtsam konsumieren heißt, im Moment der Kaufentscheidung ganz wach zu sein. Doch beim Shopping sind wir besonders intensiven Beeinflussungen ausgesetzt. Dort wartet eine von Psychologen geschaffene Welt auf uns, die über Gerüche, Musik, Farben und Lichteffekte unsere Stimmung beeinflussen und unsere Kaufbereitschaft steigern will.

Konzentriertes Einkaufen ist sehr befreiend. Statt in Stimmungen und Angebote einzusteigen, bleiben wir bei unserer Einkaufsliste und unserem Atem. Jeden Tag können wir im Supermarkt so üben. Das kann sehr erhellend sein. Bleiben wir beim Einkaufen wach und bewusst, reduzieren sich unsere Konsumausgaben meist automatisch.

Es ist eine Freude, sich frei, entspannt, bewusst, verantwortungsvoll und nach sinnvollen Kriterien für oder gegen ein Produkt zu entscheiden. Uns ausreichend Zeit zu lassen und unsere wahren Bedürfnisse zu spüren und zu prüfen. Uns nicht von inneren oder äußeren Impulsen zu Spontan- und Stimmungskäufen hinreißen zu lassen. Indem wir achtsam einkaufen oder nichteinkaufen, erkennen wir, warum wir uns wirklich für oder gegen ein Produkt entscheiden. Häufig ist es nur eine Stimmung, ein emotionaler Duft, der schon bald weiterzieht. Wenn wir so frei durch die Einkaufsstraßen dieser Welt gehen können, schaffen wir eine neue Wirtschaft, in der sinnvollere, intelligentere, haltbarere, umweltschonendere und wahrscheinlich auch weniger Produkte angeboten werden.

Verstehen wir die wahre Natur von Impulsen, verlieren sie ihre Macht über uns. Wer einmal erlebt hat, dass ein scheinbar unerträglicher Kratzimpuls in der Sitzmeditation dadurch verschwindet, dass man ihm nicht nachgibt, sondern ihn mit einem Lächeln durch alle Phasen seines Entstehens und Vergehens beobachtet, der gewinnt auch heilsame Distanz zu destruktiven Tatimpulsen in anderen Lebensbereichen und damit echte Freiheit für sein Leben. Auf den ersten Blick scheint es wenig bedeutend, ob wir uns kratzen oder nicht. Doch Impulse sind immer und überall. Und erst durch ihre achtsame Beobachtung bekommen wir langsam ein Gefühl dafür, wie weit unser freies Leben, Wählen und Entscheiden durch willkürliche, unbewusste und häufig auch schädliche Impulse bestimmt wird.

Zufriedenheit nicht länger dämonisieren, sondern integrieren:

„Es gibt keine größere Sünde als Verlangen,

keinen größeren Fluch als Unzufriedenheit,

kein größeres Verbrechen als Habgier.

Wer weiß, dass genug genug ist,

wird immer genug haben."

Diese Verse aus dem Tao-Te-King sind sehr klar. Es ist Zufriedenheit, die als Schlüssel zu innerer Ruhe und Gelassenheit gilt. Wenn wir nicht länger der Meinung sind, dass wir mehr brauchen, als wir bereits haben, können wir zur Ruhe kommen und das, was bereits da ist, würdigen und genießen.

Konsum und Unzufriedenheit sind auf das Engste miteinander verbunden. Unzufriedenheit ist ein gefährlicher Treibstoff, der unseren Wirtschaftsmotor antreibt und ohne Not beschleunigt. Je größer unsere Unzufriedenheit, umso größer das reale Wirtschaftswachstum. Ein perverser Zusammenhang.

Kaum etwas wird in wirtschaftlichen Kreisen mehr gefürchtet als Zufriedenheit oder Genügsamkeit. Würden diese Geisteszustände sich stark verbreiten, wäre die Auslastung unserer aktuellen Produktionskapazitäten in Gefahr. Hierzu eine Geschichte aus Thailand:

„In den späten 1950er und den 1960er Jahren, als sich Thailand auf
den internationalen Märkten positionierte, tat die thailändische Re-
gierung einen außergewöhnlichen Schritt. Sie forderte die führenden
Äbte und Lehrer der thailändischen buddhistischen Gemeinschaft
dazu auf, die Werte von santutthi (Mäßigung) und mattaññutâ
(Mäßigung im Essen) nicht in der Bevölkerung zu ermutigen. In ihrem
Bemühen, Produktivität und Konsum zu fördern, hielten sie Mäßigung
und Zufriedenheit für Hindernisse ihres Programms. Es ist traurig zu
sagen, dass die meisten Mitglieder der monastischen Gemeinschaft

dieser Forderung nachkamen. Wie auch immer, ein prominenter
Lehrer, Ajahn Buddhadasa, hatte keine Angst vor den Machthabern.
(...) Ajahn Buddhadasa zeigte, dass Gier, Selbstbezogenheit und
Verschwendung die schädlicheren Qualitäten sind und dass eine
gesunde Volkswirtschaft sich auf heilsame und nicht unheilsame
Prinzipien gründen sollte."[40]

Ist unsere Volkswirtschaft gesund? Basiert sie auf heilsamen Geisteszuständen? Oder putscht sie sich durch Unzufriedenheit auf? Zufriedenheit
ist eine ernste Gefahr für viele Formen des unheilsamen Konsums. Achtsamkeit hilft uns, diese Konsumprozesse zu beenden und zu erkennen,
dass sie keinen nachhaltigen Nutzen stiften. Wenn mein Konsum meine
Unzufriedenheit nährt, verhalte ich mich wenig intelligent.

Wir sollten Zufriedenheit auch nicht mit Trägheit, Faulheit oder An-
triebslosigkeit verwechseln. Zufriedene Menschen können sehr aktiv sein
und sind im besten Fall frei von Aktionismus und Getriebenheit. Die Trieb-
kraft ihrer Handlungen entspringt nicht einem Gefühl des Mangels, der
Unzufriedenheit, der Unerfülltheit, sondern basiert auf innerlicher Fülle.
Eine solche Tatkraft ist heilsam und als Glücksstrategie den endlosen „Nie-
genug"- und „Mehr!"-Spielen weit überlegen.

Dankbarkeit

Unser Wohlstand kann uns einschläfern und undankbar machen. Erst wenn
wir etwas verlieren – einen Freund, ein Familienmitglied, einen Arbeitsplatz
oder ein Zuhause – beginnen wir, seinen wahren Wert zu erkennen. Zeiten
der Not, in denen wir auf das Existenzielle zurückgeworfen werden – ohne
sauberes Wasser, Nahrung, ärztliche Versorgung oder ein Dach über dem
Kopf –, sind exzellente Lehrmeister in Sachen Dankbarkeit. Doch im Alltag
verlieren wir leicht unsere Dankbarkeit für das, was wir bereits haben. Zen-
Meister Thich Nhat Hanh sagte:

„In dem Moment, in dem du aufhörst, dankbar zu sein, beginnst du
zu leiden."

Wenn wir als Hungriger essen, als Durstiger trinken, als Einsamer Gemeinschaft erleben oder als Frierender Wärme erfahren, wachen wir vielleicht
wieder auf und erleben neue Wertschätzung für das scheinbar Normale.

In Zeiten des Überflusses müssen wir uns selbst daran erinnern, wie gut es uns geht. Im Gatha zur Essmeditaton heißt es:

„Mögen wir so essen, dass wir es verdienen, dieses Geschenk zu empfangen."

Essen wir im Geist der Dankbarkeit, impfen wir unseren Geist gegen Nörgelei und Anspruchsdenken sowie Neid, Missgunst, Eifersucht und Gier. Trotz unseres Wohlstands sind es diese geistigen Plagen, die den Alltag in Wohlstandsländern, wie Deutschland, Österreich oder der Schweiz, prägen. Dankbarkeit hält uns davon ab, uns auf die wenigen Haare in unserer Lebenssuppe zu konzentrieren. Oder wie Eckhart Tolle ausdrückt:

„Dankbarkeit für den gegenwärtigen Moment und die Fülle des Lebens in diesem Moment ist wahrer Wohlstand, und der trifft nicht in der Zukunft ein."[41]

Anspruchsdenken aufgeben

Wenn wir meinen, dass uns die Dinge zustehen, dann begeben wir uns unnötig und unklugerweise auf dünnes Eis. Mit hohen Erwartungen, Wünschen und Träumen durchs Leben zu gehen, ist ein sicherer Weg in Enttäuschung und Verbitterung. Die Art des Anspruchs ist dabei gar nicht so wichtig. Vielleicht meinen wir, mehr Geld zu verdienen oder eine Beförderung. Vielleicht wollen wir mehr Beachtung oder Respekt. „Wir haben es uns verdient." „Es steht uns zu." „Wir haben dafür so viel geopfert." Unsere Ansprüche begründen wir je nach Lebenssituation mit Herkunft, Ausbildung, Leistung, Gesundheit, Familienstand oder aktueller Machtposition. Es ist nichts falsch daran, etwas für sich zu fordern, das Problem entsteht, wenn wir wirklich davon überzeugt sind, dass uns etwas zusteht. Dies ist der Ausgangspunkt für Konflikte, Kämpfe und Kriege aller Art. Wir verlieren unsere Dankbarkeit und Demut. Je mehr Erwartungen wir bilden, umso mehr Enttäuschungen erleben wir (siehe Abb. 24, S. 220).

Es ist eine Sache der Perspektive. Erwarten wir nichts, ist alles, was wir erhalten, ein Geschenk. Sind unsere Erwartungen hoch oder sehr spezifisch, empfinden wir alles, was wir nicht erhalten, als Verlust, Affront, Ungerechtigkeit oder Diskriminierung.

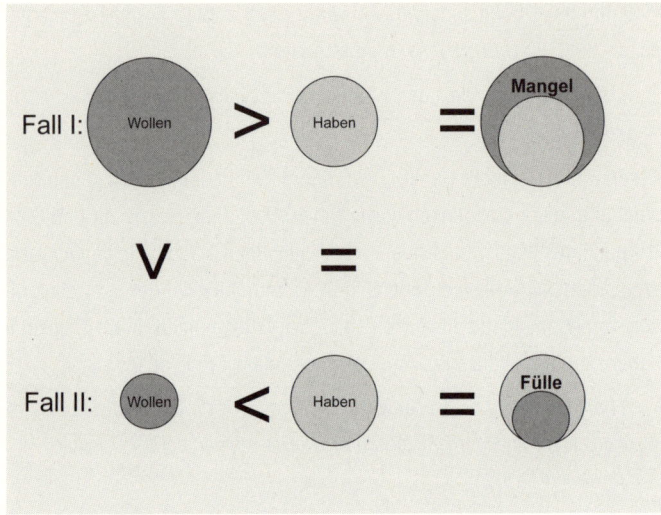

Abbildung 24: **Relativität von Mangel und Fülle**

In den materiell reichen Ländern dieser Welt sind wir alle in Gefahr, unsere Dankbarkeit zu verlieren, das täglich Gegebene als normal hinzunehmen und nicht mehr wahrzunehmen. Unser Blick richtet sich auf das, was wir nicht haben und das andere vielleicht besitzen. Diese Sicht auf die Welt wird uns unzufrieden machen. Dankbarkeit und das Loslassen von Ansprüchen und Erwartungen sind das Gegenmittel.

Präsenz im Alltag

Ausgangspunkt achtsamen Konsums ist, dass wir versuchen, unser Achtsamkeitsniveau während des gesamten Tages hochzuhalten. Gerade Ungeübte überschätzen sich hierbei häufig und fühlen sich im Alltag recht präsent und konzentriert. Je länger wir aber Achtsamkeit üben und je höher unsere Achtsamkeit wird, desto klarer sehen wir, wie häufig wir abgelenkt und unachtsam sind. Drölma Tenzin – tibetisch-buddhistische Nonne aus Graz – sagt:

> *„In ehrlicher Selbsteinschätzung meinen die Teilnehmer/-innen meiner fortschreitenden Meditationsgruppe, dass sie zwischen fünf und zehn Prozent ihrer bewusst verbrachten Zeit wach und achtsam sind.*

*Die Praxis macht uns bescheiden und zeigt uns, dass unsere Geistes-
haltung im Alltag nicht von Klarheit und korrekter Wahrnehmung
geprägt ist. Daher ist es sehr nötig zu praktizieren, um nicht immer
wieder einzuschlafen."*

Wir sollten uns von Zeit zu Zeit fragen, mit wie viel Prozent wir im Alltag und
Büro unterwegs sind. Stellen Sie sich ein Display vor, das auf Ihrer Stirn
Ihren aktuellen Präsenzgrad anzeigt. Sind wir Herr oder Frau 20 Prozent?
Mit 20 Prozent unseres Energielevels können wir zwar noch die Zeitung
lesen oder fernsehen, doch wir sind nicht mehr wirklich da. Die Zeitung
oder der Film werden unser Leben nicht bereichern, sondern können leicht
die unheilsamen Samen in uns nähren. Das sollten wir nicht zulassen. Drei
achtsame Atemzüge können uns wieder zurück ins wahre Leben holen.

Heilsames Konsumverhalten im Alltag

Business-Lunch mit einem Zen-Meister

Während des Vietnamkrieges war Thich Nhat Hanh zu einem Mittagessen
mit US-Senatoren im Kongress eingeladen. Während die Suppe serviert
wurde, begannen die Senatoren – darunter Robert Kennedy –, ihre Fragen
zu stellen. Thich Nhat Hanh antwortete geduldig. Als er fertig war, nahm er
Kontakt mit der Suppe auf, füllte den Löffel – um im selben Moment mit
der nächsten Frage konfrontiert zu werden. Wieder legte Thich Nhat Hanh
den Löffel zur Seite und beantwortete die Frage. Dann griff er erneut zum
Löffel, doch schon kam die nächste Frage. So ging es zwanzig Minuten. Die
Senatoren hatten fertig gegessen, der Business-Lunch war vorbei und vor
Thich Nhat Hanh stand ein kalter, unberührter Teller Suppe. Wenn er heute
über diese Begebenheit spricht, sagt er:

„Ich hasse Business-Lunch, das ist keine Zivilisation."

Und doch hat sich in den letzten zwanzig Jahren der Business-Lunch immer
weiter verbreitet und den Prozess des Essens in beruflichen Kontexten
immer mehr an den Rand gedrängt. Beim Essen wird weitergearbeitet.

Auch das Essen während der Arbeit am Computer nimmt immer mehr zu. So verlieren wir den Kontakt zu unserer Nahrung und zu uns selbst.

Thich Nhat Hanh fragt uns:

„Bist du für den Tee da? Der Tee ist für dich da. Wenn du nicht da bist, verpasst du den Tee. Das Leben findet im gegenwärtigen Augenblick statt. Wenn du diesen gegenwärtigen Augenblick verpasst, verpasst du dein Leben."

Wenn wir beginnen, unseren Tee achtsamer zu trinken, wird das Auswirkungen auf unser ganzes Leben haben. Ein Zen-Meister schrieb zum selben Thema:

„I drank all the tea of China and still couldn't wake up."

Wir können den ganzen Tee Chinas trinken und das Wesentliche verpassen. Dieser Oberflächenkonsum ist eine immense Verschwendung, ein ökonomisches Desaster. Was wäre tragischer als eine Konsumgesellschaft, welche die Kunst des Konsumierens nicht beherrscht? In der wir während des Essens und Trinkens ständig mit etwas anderem beschäftigt sind?

Wir können Alternativen zum Business-Lunch schaffen. Ein Freund, der in einem Großkonzern arbeitet, traf sich über längere Zeit in der Betriebskantine mit den Mitgliedern seiner betrieblichen Meditationsgruppe zum Essen in Achtsamkeit. Oder wir lassen die Betriebskantine hinter uns und genießen ein stilles Mittagessen im Grünen.

In der Hermitage meines Lehrers Thich Nhat Hanh hängt eine Kalligraphie mit den Worten „Bois ton thé!". Diese Aufforderung ist einfach: „Trink deinen Tee!" Dies ist die Essenz der Zen-Praxis. Sie fordert uns auf, unseren Tee zu trinken, ohne etwas hinzuzufügen. Schaffen wir das, werden wir eins mit dem Tee. Wir trinken nicht länger unsere Pläne, unsere Sorgen oder unsere Tagträumerei. Wir kehren in die Gegenwart zurück (siehe Abb. 25, S. 223).

Wenn uns in einer Pause zwischen zwei Besprechungen Kaffee, Wasser oder Tee angeboten wird, haben wir die Chance, dies zu üben. Wir lassen die Themen der Besprechung für einige Augenblicke fallen und geben uns ganz dem Tee-, Kaffee- oder Wassergenuss hin. Schaffen wir das, werden wir wacher und kehren erfrischt ins Meeting zurück.

Die Sinne im Alltag schützen

Als ich das erste Mal von einem Meditationsretreat zurückkehrte, fuhr ich über Paris nach Hamburg zurück. In den Pariser Metro-Gängen war ich überrascht, welche Wirkkraft die dort hängenden Werbeplakate in meinem Geist entfalteten. Sensibilisiert für das, was in meinem Geist vor sich ging,

Abbildung 25: **Trink deinen Tee**

konnte ich wie in Zeitlupe beobachten, wie mich das Werbebild einer halb-nackten Frau erregte, der Blick eines cool-aggressiven Models irritierte und mich eine Fangfrage auf einem der Plakate zu beschäftigen begann. Während ich den Metro-Gang entlangging, wurde ich mit einer Vielzahl von Geisteszuständen, Ideen und Leitbildern parfümiert. Diesen Prozess hatte ich noch nie so klar gesehen – und er war erschreckend.

Fahre ich bei Dunkelheit mit dem Bus nach Hause, sieht man außer den Straßenlaternen und Häuserlampen meist nur noch hell beleuchtete Werbeplakate. Meine Übung ist es, diese zu ignorieren. Nicht mit ihnen in Kontakt zu treten. Das ist nicht einfach und hängt von meiner Tagesform ab. Wenn ich durch die Berliner Innenstadt gehe, wird es noch schwie-riger, denn die Plakate und Werbebotschaften sind omnipräsent. Doch immer wieder mache ich die Übung des Nicht-in-Kontakt-Gehens. Den

Blick nach innen gerichtet, beim Atem verweilend, gelingt es mir dann, ohne Werbeeinfluss zu bleiben. Es ist hoffentlich nur noch eine Frage der Zeit, dass wir als Gesellschaft erkennen, dass wir es hier mit geistiger Umweltverschmutzung zu tun haben. Mit einer unzulässigen Kolonialisierung des öffentlichen Raums. Mit einer permanenten Parfümierung unseres kollektiven Geistes, die uns nicht glücklicher macht, sondern das Negative in uns hervorholt und stärkt.

Einfache Zutaten für ein wunderbares Fest

Wenn wir Feste geben, investieren wir häufig viel Zeit, Energie und Geld, damit wir einen wunderbaren Abend erleben. Und dennoch gibt es vielleicht nur einige wenige Feste, die uns in guter und bleibender Erinnerung geblieben sind. Viele Feste verbinden die Gäste nicht miteinander. Wir trinken und essen und reden viel und dennoch bleibt uns am Ende des Abends ein Gefühl der Leere und Erschöpfung.

In meiner Erfahrung fehlt vielen Festen etwas Wesentliches. Sie verbinden die Menschen nicht. Ihnen fehlt eine grundlegende Zutat: Achtsamkeit und Bewusstheit. Genauso wie uns ein achtlos gegessenes Stück Kuchen nicht wahrhaft befriedigen kann, wird uns ein Abend ohne wahre Präsenz der Gäste nicht befriedigen können. Wir begegnen uns nicht wirklich.

Seit ich die Praxis der Achtsamkeit kenne, hat sich meine Art zu feiern radikal verändert.

Berlin, Januar 2008. Retreat des Netzwerkes Achtsame Wirtschaft. Nach drei Tagen intensiver Achtsamkeitspraxis sitzen wir mit siebzehn Personen im Kreis und feiern eine informelle Teezeremonie. Am Eingang des Meditationsraumes begrüßt das Teeteam die Gäste mit einer Verbeugung. Wir nehmen einander wahr, dann setzen wir uns und beginnen mit der Zeremonie. Nach einer kurzen Periode der Stille füllen die Teemeister konzentriert und andächtig die Teegläser. Dann werden die Tabletts mit Tee und Keksen herumgereicht. Eine einfache Übung. Wir bedanken uns mit einer Geste für den Tee, dann noch einmal für den Keks. Der Moderator erhebt das Glas und spricht: „Ich trinke diesen Tee in Achtsamkeit und Dankbarkeit." Dann trinken und essen wir in Stille. Kau- und Trinkgeräusche, ein Magen knurrt. Wir sind zusammen und teilen einfache Dinge. Tee, Kekse und unsere Achtsamkeit.

Dann beginnen wir, unsere Erfahrungen zu teilen. Wesentliches. Freudiges. Nährendes. Geschichten, Lieder und Gedanken. Wir erzählen von unseren Familien, unserer Arbeit, unseren Vorbildern. Einer spricht – alle hören zu. Richtig zu. Ohne zu unterbrechen. Ohne Ablenkung. Ruhig folgen wir unserem Atem. Ein Freund teilt den Eindruck, dass wir in der Teezeremonie so etwas wie eine gemeinsame Kathedrale gebaut haben, einen weiten, sozialen Raum, in dem alles Platz hat. Ein anderer sagt, dass er diese Form der Gemeinschaft seit über vierzig Jahren nicht erlebt hat. Einige von uns sind angerührt.

Nur ein paar Kekse, etwas Tee und unsere Achtsamkeit – und die kleinen Dinge bekommen ihren Wert zurück. Wir können mit diesen einfachen Zutaten die schönsten Feste feiern.

Wahre Natur des Konsums

Was konsumiere ich? Was ist die wahre Natur von Produkten und Medien? Was beinhalten diese? Was nähren sie?

Wir sind die Schokolade

„Mögen wir nur solche Nahrung zu uns nehmen, die uns nährt und Krankheiten verhütet." So lautet eine Zeile eines Tischgebetes in Plum Village. Wir sind, was wir konsumieren. Wir sind nicht vom Objekt unseres Konsums getrennt. Im Konsum werden wir eins mit dem Objekt unseres Konsums. Um diese Erkenntnis anzuerkennen, braucht es nicht viel. Wir müssen nur den Weg einer Speise vom ersten Sinneskontakt über das Ergreifen, Kauen und Herunterschlucken achtsam verfolgen. Die Tafel Schokolade, die vor kurzem noch in der Schublade lag, fließt nun in unserem Blut in unsere Zellen, ja wird zu unseren Zellen. Der Thriller, den wir im Kino sehen, gelangt in unser Sinnesbewusstsein, sinkt als Erinnerung in unser Speicherbewusstsein, stößt Emotionen an und hinterlässt Spuren in unserem Tag. Er wird Teil unserer Erfahrungen, Meinungen und unseres Wissens über die Welt. Indem wir Konsumentscheidungen treffen, entscheiden wir, wer wir im materiellen und geistigen Sinne werden oder werden wollen.

Materieller Konsum

Achtsamkeit bringt uns in tiefen Kontakt mit der Realität. Lenken wir unsere Achtsamkeit auf Produkte, die wir kaufen oder zu uns nehmen, versuchen wir, durch ihre Oberfläche hindurchzuschauen und ihre wahre Natur zu erkennen.

Out of the Dark – Licht ins Dunkle bringen

Zu keinem Zeitpunkt in der Geschichte gab es mehr Informationen zu all den Produkten, die wir im Supermarkt und auf den Märkten finden. Und gleichzeitig ist es recht schwer zu verstehen, was wir im Supermarkt gerade in der Hand halten. Bereits ein kleiner Sparmarkt mit 600 Quadratmetern verfügt über ein Sortiment von 7.500 Produkten, in einem Kaufhaus finden wir das Vielfache davon. Im Metro-Großmarkt stehen schon 48.000 verschiedene Produkte zur Auswahl. Es ist unmöglich, all diese Produkte in ihrer Tiefe zu verstehen. Aber es ist nicht allein die Fülle der Produkte, die eine Herausforderung darstellt, es ist auch die vorsätzliche Irreführung und Intransparenz der Hersteller, mit der wir uns auseinandersetzen müssen. „Wellnessflakes" bestehen zu 32 Prozent aus Zucker. Alkoholfreies Bier kann bis zu 0,5 Prozent Alkohol enthalten und Kalbsleberwurst muss keine Kalbsleber enthalten.

Transparenz-Helfer

Wir sind nicht allein. Organisationen wie Slow Food, Foodwatch oder die verschiedenen Bio-Qualitätssiegel sind Teil einer Bewegung, die nachhaltigere und bewusstere Konsumprozesse unterstützen. Der Gründer und internationale Vorsitzende von Slow Food, Carlo Petrini, schreibt:

„Ich möchte die Geschichte einer Speise kennen. Ich möchte wissen, woher die Nahrung kommt. Ich stelle mir gerne die Hände derer vor, die das, was ich esse, angebaut, verarbeitet und gekocht haben."

Nach Ansicht der Verbraucherorganisation Foodwatch entscheiden Lobbyisten der Nahrungsmittelkonzerne und Politiker maßgeblich darüber, was wir über unser Essen wissen dürfen und was nicht. Damit entscheiden sie indirekt, was wir essen. Foodwatch fordert die Verbraucher auf, sich zu wehren und zu organisieren.

„Wahrheit auf dem Teller wird es erst geben, wenn wir Verbraucher uns zusammenschließen und für unsere Rechte kämpfen. (...) Die Gesetze schützen die Industrie besser als die Verbraucher. Das muss sich ändern."[42]

Steigen wir in das Thema Lebensmitteltransparenz ein, können wir uns auch intensiv mit den vielen Bio-Qualitätssiegeln auseinandersetzen. Vom allgemeinsten Bio-Siegel nach der EU-Verordnung bis hin zu teilweise wesentlich weiter gehenden Qualitätsstandards, wie Bioland, Biopark, Demeter, Ecovin, Gäa e. V., Naturland und anderen, reicht hier das Spektrum.

Dokumentarfilme wie „We feed the world" machen die alltäglichen Produktionsprozesse und Geisteshaltungen der Lebensmittelindustrie sichtbar. Solche Filme helfen uns, ein neues Qualitätsbewusstsein zu entwickeln und die Prozesse und Leitideen industrieller Lebensmittelherstellung in Frage zu stellen.

Klare Einkaufslisten

Transparenz kostet Einsatz, Zeit und Energie. Doch das Internet erleichtert einiges. Hier können wir schnell auf Produktinformationen zurückgreifen und uns mit Gleichgesinnten verbinden. Wissen über unheilsame und heilsame Produkte fließt immer schneller und ungefilterter um den Globus. Für uns persönlich mag es sinnvoll sein, in einem ersten Schritt den Status quo aller häufig gekauften Produkte unseres Haushaltes zu erheben. Startend mit dieser Liste beurteilen wir alle Produkte in unserem Haushalt hinsichtlich der Qualität. Was ist gute Nahrung, was schlechte Nahrung? Wo fällt es uns schwer, eine Einschätzung zu treffen?

Diese Liste kann unser Einstieg in ein bewussteres Einkaufsverhalten sein, aber wir sollten gleichzeitig nicht in Ideologie verfallen.

Plum Village, Sommer 2002. In der Gemeinschaft besteht Uneinigkeit über die Einkaufspolitik. Die westlichen Mönche möchten, wo möglich, zu 100 Prozent organische Produkte einkaufen, auch wenn diese doppelt so teuer sind. Diese Einstellung wird von vielen Vietnamesen nicht geteilt. Sie möchten möglichst billig einkaufen und das gesparte Geld an notleidende Kinder in Vietnam weiterleiten. Sie argumentieren weiterhin, dass organische Lebensmittel auch für den Großteil der französischen Bevölkerung nicht erschwinglich sind und dass deren Verzehr im Widerspruch zum einfachen Leben stehen würde.

Diese tiefe Auseinandersetzung mit dem eigenen Konsum hat mich beeindruckt und zeigt, wie bedeutsam unsere tiefere Motivation für unser Einkaufsverhalten sein kann. Wir können uns vollständig organisch ernähren und dies aus rein egoistischen Motiven tun. Und wir können bewusst das Billigste wählen, um mehr Ressourcen für andere Menschen zu haben. Wenn wir unseren Gang in den Bio-Markt als Teil unseres Lifestyles zelebrieren, uns als etwas Besseres fühlen, weil wir uns organische Nahrung leisten, verpassen wir den Kern achtsamen Konsumverhaltens. Die geistige Haltung beim Einkaufen mag bedeutender sein als der ökologisch-korrekt hergestellte Bio-Spargel in meinem Einkaufskorb. Wir sollten uns nichts vormachen.

Heilsame Produkte – unheilsame Produkte

Wir brauchen eine Informationsbasis, die es uns erlaubt, die wahre Natur des Produktes einzuschätzen. Dieser Prozess wird in der Meditation „Tiefes Schauen" genannt. Ohne uns von der Außenfassade eines Objektes blenden zu lassen, schauen wir auf seine wahre Natur. Was sehen wir? In vielen Fällen sehen wir zunächst, wie wenig wir wissen. Wir wissen häufig nicht, wo die Produkte herkommen, unter welchen Bedingungen sie hergestellt wurden, wer an ihnen verdient, welche Auswirkungen ihre Produktion hatte und vieles mehr.

Nicht nur als Hersteller, auch als Konsumenten tragen wir diese Verantwortung. Es ist nicht immer einfach, die Qualität eines Produktes zu beurteilen. Und jeder von uns versteht unter Qualität etwas anderes. Macht das Produkt das, was es verspricht? Hält es lange? Ist es nachhaltig produziert? Wurden Menschen oder die Natur im Produktionsprozess ausgebeutet? Wer kassiert den Gewinn? Welche Wirkung hat das Produkt in meinem Leben? Im ersten Schritt ist es wichtig, dass wir für uns selber klären, welche Kriterien für uns bedeutsam sind.

Auch hier müssen wir uns die Transparenz erarbeiten. Verbraucherzentralen, Prüfsiegel, Stiftung Warentest und andere helfen uns dabei. Oder wir setzen uns mit Freunden zusammen und diskutieren unsere Erfahrungen. Legen wir doch einfach einmal zehn Gegenstände aus unserem Haushalt auf den Esstisch und fragen uns, was wir über diese wissen. Was wissen wir über die Kuscheltiere unserer Kinder, die Glühbirnen, das Geschirrspülmittel, unsere T-Shirts, Taschenlampen, Jeans, die Blumen auf dem Tisch oder unsere Schuhe? Das ist ein spannender und lehrreicher Prozess. Je klarer die Kriterien für unseren Einkauf werden, je mehr wir über die Produkte wissen, umso stärker können wir unsere Konsummacht im Einkauf nutzen. Schritt für Schritt können wir unseren Haushalt durchgehen. Jeder Einkauf wird zu einer Lernchance. Wir können die Verkäufer zu ihren Produkten befragen und sehen, wer seine Produkte wirklich kennt und mit ihnen verbunden ist und wer nicht. Agieren wir so, verbinden wir uns aufs Neue mit dem ganzen Leben, der ganzen Welt, die in Form von Produkten durch unser Leben fließt.

Kein Produkt ist perfekt. Aber wir können ein Ideal haben, das uns Orientierung und Inspiration gibt. Ein heilsames Produkt ist ein Produkt, das in Übereinstimmung mit den fünf Achtsamkeitsübungen produziert und konsumiert wird. Das aus heilsamer Motivation und mit heilsamen Methoden hergestellt worden ist, auf heilsame Art und Weise zu uns gekommen ist und als Input in unserem Leben heilsam auf unseren Körper und Geist wirkt.

Mit der Zeit entwickeln wir so ein Gefühl für heilsame und weniger heilsame Produkte. Wir beginnen, Produkte zu meiden, die uns niemand erklären kann oder will, von denen wir nicht wissen, woher sie kommen oder wie sie hergestellt worden sind, oder von denen wir wissen, dass sie aus ausbeuterischen oder umweltschädlichen Produktionsprozessen stammen.

In einer wirtschaftlich vernetzten Welt wird es allerdings zunehmend schwieriger, in einzelne Produkte hineinzuschauen. Eine elektrische Zahnbürste mag aus 100 Einzelteilen bestehen, die in 23 Ländern hergestellt worden sind. Ein Auto ist um ein Vielfaches komplexer. Teile aus aller Welt formen es. Je tiefer wir in ein Produkt schauen, desto mehr kann es sich in seine Einzelteile auflösen. In manchen Produktkategorien – gerade im elektronischen Bereich – ist Transparenz daher für den Laien sehr schwer herzustellen. Ein „Made in Germany" bedeutet wenig, wenn hier nur die Teile aus aller Welt montiert und verpackt werden. Umso mehr kommt es in diesen Bereichen auf das Vertrauen in die Unternehmensführung an und die Glaubwürdigkeit, mit der sie beispielsweise nachhaltige Grundsätze vertritt.

Und wir erkennen den Zusammenhang zwischen Preis und Qualität und werden vielleicht bei sehr geringen Preisen eher skeptisch als interessiert. Wir machen den Anfang, auch wenn noch immer 54 Prozent der Deutschen angeben, beim Einkauf primär auf den Preis zu achten.[43]

Tiefes Schauen: Fleischkonsum

Die Auseinandersetzung über den Konsum oder Nichtkonsum von Fleisch ist für viele Menschen ein sehr emotionales Thema. In Anfängerseminaren zum Thema Achtsamkeit spreche ich das Thema Fleisch oder Nichtfleisch meist nicht an, da leicht starke Widerstände geweckt werden. Hier soll das Thema dennoch vertieft betrachtet werden, weil es so beispielhaft für unsere Entfremdung vom Konsumprozess ist. Die Diskussion über „Fleisch" ist vielen Fleischessern unangenehm, denn sie fühlen sich leicht auf der Anklagebank, woran auch radikale Vegetarier Schuld tragen, die mit moralischen und persönlichen Angriffen und brutalen Konfrontationen auftreten. Hier soll es nur um eines gehen: einen unvoreingenommenen Blick auf das „Produkt Fleisch" zu werfen und dieses in seinen inneren und äußeren Wechselwirkungen tiefer zu verstehen. Was ist die wahre Natur des Fleisches, das auf unserem Teller liegt?

Wo kommt das Fleisch her, wie ist es entstanden, welche Auswirkungen hat seine Produktion auf die Umwelt, wie wirkt der Konsum von Fleisch auf mich? Achtsam zu konsumieren, heißt, mit wachen Augen jeden Schritt des Produktionsprozesses zu betrachten und zu sagen, ja, das esse ich. Doch beim Thema Fleisch fällt uns das schwer. Der ehemalige Besitzer der Großfleischerei Herta – Karl Ludwig Schweisfurth – berichtet über seinen Ausstieg aus der industriellen Fleischproduktion:

> *„Ich habe Betriebe gesehen mit 1.000 Schweinen in einem Stall, Tiere, die in engen Boxen vegetieren mussten. Das Schwein konnte sich gerade mal wenden und hinlegen auf den Spaltboden, wo das Futter maschinell herangebracht und der Kot automatisch wegge- spült wurde. Zweifel senkten sich in meine Seele wie Blei."*[44]

Dies sagt ein professioneller Schlachter! Was würde mit uns passieren, wenn wir einen dieser Großbetriebe besichtigen? Die wahre Natur eines Schlachthauses würde unsere Haltung zum Thema wahrscheinlich verän- dern. Das Thema wird lebendig. Die Distanz der Schlachttheke ist aufge- hoben. Wir treten in Kontakt mit den Tieren, die geschlachtet werden sollen. Wir riechen und hören sie und schauen in ihre lebendigen Augen. Unsere Erfahrung mit der Herkunft des Fleisches wird realistisch, konkret, nackt und unmittelbar. Es wird getötet. Und das, was getötet wird, hat ähnliche Emotionen wie wir, ist uns nicht so fremd, wie wir vielleicht meinten. Der ganze Prozess bis zum „Endprodukt" liegt klar und transparent vor uns. Das sollte uns nicht schrecken. In einer achtsamen Wirtschaft geht es darum, genau diese blinden Flecken zu erhellen und nichts zu verdrängen oder auszublenden. Indem wir genau schauen, was im Fleischproduktionspro- zess passiert, werden wahrscheinlich einige von uns auf natürliche Weise zu Vegetariern.

Auch auf der intellektuellen Seite gibt es mehr als genügend Argu- mente gegen Fleischkonsum. Über die weitreichenden negativen Folgen der Fleischproduktion sind viele Bücher geschrieben worden, auch ich habe mir überlegt, ein eigenständiges Buch zu diesem Thema zu schreiben. Es gibt so viele gute Gründe, auf Fleisch zu verzichten: Abholzung der Regenwälder zur Sojaproduktion, Methanerzeugung riesiger Rinderherden (Treibhauseffekt), immenser Flächenverbrauch (70 Prozent der landwirtschaftlich genutzten Flächen dienen der Produktion von Nahrung für Mastvieh), Probleme der Gülleentsorgung, Tierkrankheiten (die auf Menschen überspringen können), Zivilisationskrankheiten durch exzessiven Fleischkonsum. Dies ist nur eine Kurzversion und wir könnten über jeden Punkt trefflich streiten. Zusammenfassend und nach Studium vieler Quellen scheint die aktuelle Fleisch- und Fischwirtschaft eine der größten Katastrophen für unseren Planeten zu sein. Wir können uns als Menschheit den Fleischkonsum schlicht nicht leisten. Hier liegen große Hebel in den Feldern Hungerbekämpfung, Klimawandel und Umweltschutz verborgen.

Und es gibt noch eine ganz andere Dimension. Durch den Verzicht auf Fleisch haben wir eine große Chance zur Kultivierung von Mitgefühl und heben die Trennung zwischen verschiedenen Graden der Wertschätzung von Leben auf.

Seit dem bewussten Verzicht auf Fleisch haben sich viele Dinge in meinem Leben zum Positiven verändert. Ich esse grundsätzlich nichts, was ich nicht auch selber töten könnte. Ich fühle mich in Körper und Geist leichter. Auch mein Körper hat sich verändert, ich habe deutlich abgenommen. Die größte Freude ist allerdings, dass ich mich auf natürliche Art und Weise mit allem Lebendigen verbunden fühle.

Mir ist auch bewusst, wie tief der Konsum von Fleisch in unserer Kultur verankert ist. Auch ich vermisse ein Stück weit die Lieblingsgerichte meiner Kindheit. Schweinebraten mit Rotkohl, Königsberger Klopse, Wiener Schnitzel und die Weihnachtsgans. Und manchmal gebe ich meinen Impulsen auch nach. Achtsam konsumieren heißt nicht, einen Regelkatalog abzuarbeiten und perfekt zu werden. Entscheidend ist, dass wir uns vom Thema „Fleisch" persönlich berühren lassen und nicht die Augen verschließen.

Wie sterben Produkte?

Ein unheilsames Produkt kann nur entstehen und überleben, wenn viele Bedingungen es unterstützen. Ein Produkt wird von Menschen erdacht, produziert, transportiert, gehandelt, verkauft und konsumiert. Wir sind die Wirtschaft. Auf jeder Ebene können sich Menschen dem Weg eines

Produktes mit Wort und Tat in den Weg stellen und sagen: Dich will ich nicht nähren und mit meiner Arbeit unterstützen.

Fällt nur eine zentrale Bedingung weg, kann es sich nicht manifestieren, es stirbt und verschwindet aus den Regalen. Ein Produkt kann nicht im Markt bestehen oder hat es schwer, wenn ...

- ... die Konsumenten sich weigern, es zu kaufen (Konsumentenmacht),
- ... der Handel sich weigert, es anzubieten oder es auslistet (Macht des Handels),
- ... die Politik es verbietet oder hoch besteuert (Macht der Legislative),
- ... Gerichte es verbieten (Macht der Judikative),
- ... die Arbeitnehmer es nicht produzieren (Macht der Gewerkschaften),
- ... die Medien es kritisieren und seine Bewerbung ablehnen (Macht der Medien),
- ... die Unternehmer und Manager seine Produktion einstellen oder es nicht entwickeln (Macht der Unternehmer),
- ... Banken es nicht finanzieren (Macht der Banker),
- ... Standesorganisationen seine Verbreitung ächten und sanktionieren (Macht der Verbände),
- ... Verkaufspersonal es nicht verkauft (Macht der Verkäufer),
- ... Forscher es nicht entwickeln (Macht der Wissenschaft),
- ... Nutzer geächtet werden (Macht der öffentlichen Meinung),
- ... die Zulieferer notwendige Rohstoffe oder Vorprodukte nicht liefern (Macht der Zulieferer),
- ... die Transportbranche das Produkt nicht befördert (Macht der Speditionen),
- ... die Kosten über dem durchsetzbaren Marktpreis liegen (Macht der Kosten).

Wir brauchen auf allen Ebenen der Wertschöpfungskette mutige Menschen, die tief schauen und den Weg unheilsamer Produkte in die Welt stören. Die Standesorganisation, die ein Mitglied rügt oder ausschließt. Die Verkäuferin, die einen Brief an den Einkaufsvorstand schreibt und schildert, dass sie es schwer verantworten kann, Tag für Tag ein konkretes schädliches Produkt zu verkaufen. Die Medien, die auf Anzeigen bestimmter Hersteller oder Produktmarken verzichten.

Oder positiv formuliert: Auf jeder Ebene der Wertschöpfungskette können wir selbst den Weg von heilsamen Produkten und Dienstleistungen in die Gesellschaft fördern. Sonderkreditkonditionen, staatliche Förderung und Steuererlasse, positive Medienberichterstattung, Aufnahme in die Regale des Handels und vieles mehr. Jeder kann an seinem Platz etwas dafür tun, dass das Heilsame genügend Energie erhält.

Grenzen der Transparenz

Wir wollen die Wirkung eines Produktes auf uns selber einschätzen können (Innenwirkung), aber auch die Wirkung des Produktes auf die Welt (Außenwirkung). Wir lassen uns nicht mit Fremden ein, die wir nicht kennen. Bevor wir uns mit etwas verbinden, wollen wir es kennen, bevor wir etwas durch unseren Kauf oder unsere Aufmerksamkeit nähren, wollen wir wissen, welche Spur es bereits auf unserem Planeten hinterlassen hat.

In anderen Produktbereichen ist es einfacher. Je näher wir rankommen, je mehr wir wissen, umso besser. Tatsächlich „schmeckt" uns ein Apfel, über dessen Herkunft wir genau Bescheid wissen oder den wir vielleicht sogar selber gepflückt haben, in der Regel besser als ein anonymes Supermarktprodukt. Wir essen nie nur den Apfel!

Konsum akzeptierter Gifte

Am 3. November 2005 fragte *Der Stern* auf seinem Titel: „Wie gesund ist Alkohol?" Es mag schwierig sein, die wahre Natur eines Elektroweckers zu erfassen, doch sind die Wirkungen von Alkoholkonsum und Alkoholmissbrauch auf uns selbst und unsere Gesellschaft nicht klar zu erkennen? Manche Produkte umgibt jedoch ein Nebel oder gar Tabu, was es uns erschwert, sie beim wahren Namen zu nennen. Alkohol ist hierfür das beste Beispiel. Fast jeder von uns hat seine Erfahrungen mit dieser Droge gemacht. Die meisten von uns trinken regelmäßig oder bei Gelegenheit. Ich selber habe von meinem 16. bis 30. Lebensjahr regelmäßig und häufiger auch übermäßig getrunken. Nichts schien mir normaler als das. An der Universität, zu Hause, in Unternehmen, auf Tagungen und Feiern, überall gehörte für mich Alkohol wie selbstverständlich dazu.

Mein Lehrer Thich Nhat Hanh sagt:

„Manche buddhistischen Lehrer akzeptieren keine Schüler, die Alko-hol trinken. Ich habe einen anderen Ansatz. Ich fordere nicht: ‚Trinkt nicht!', sondern bitte euch, in Achtsamkeit zu trinken. Wenn ihr so trinkt, werdet ihr schon bald mit dem Trinken aufhören."

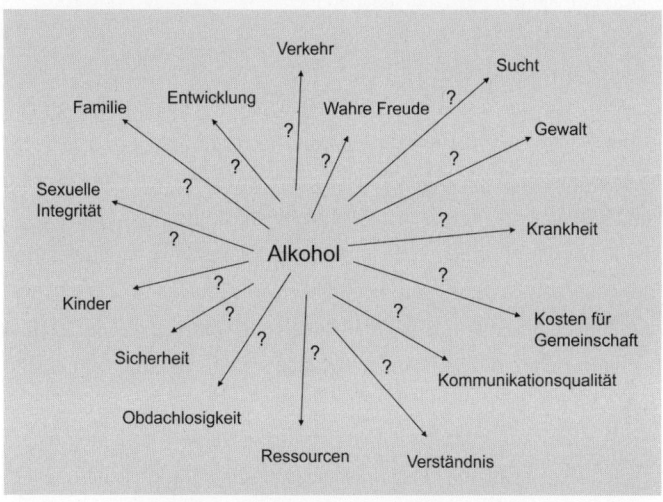

Abbildung 26: **Tiefes Schauen: Wirkungen von Alkohol**

Vielleicht möchten Sie folgende Übung machen. Nehmen Sie Abbildung 26 und schätzen Sie die Wirkungen von Alkohol in verschiedenen Bereichen unserer Gesellschaft ab. In welchem Verhältnis stehen Alkohol und Gewalt? Welche Wirkung hat Alkohol auf Familien? Schreiben Sie die Effekte und das Vorzeichen der Wirkung an den entsprechenden Pfeil. Vielleicht wählen Sie noch zusätzliche Dimensionen aus. Was ergibt die Analyse? Was ergibt unser tiefes Schauen?

Beginnen wir zu meditieren, wird die negative Wirkung von Alkohol auf unsere Bewusstheit und Klarheit so offensichtlich, dass es nach einiger Zeit absurd zu sein scheint, sich im Alltag um Achtsamkeit zu bemühen und weiterhin Alkohol zu trinken. Je tiefer wir schauen, desto klarer werden auch die unheilsamen Auswirkungen von Alkohol in unserem Umfeld.

Unser Konsum betrifft nie nur uns alleine. Vielleicht ist der Same des Alkoholismus in uns schwach, aber in unserem Partner oder unseren Kindern stark. Vielleicht können wir mit Alkohol verantwortungsvoll umgehen, aber unsere Freunde oder Familienangehörigen nicht. Wenn wir nicht trinken, strahlt dies weit über uns hinaus. Freunde und Freundinnen werden in unserer Gegenwart weniger trinken. Das ist ganz natürlich. Ohne Alkohol werden wir klarere Begegnungen haben.

Jeder Euro ist eine Abstimmung

Die Prozesse unseres persönlichen Konsums sind vielfältig und schaffen in ihrer Summe die Wirtschaft, die uns umgibt. Ohne Konsum keine Nachfrage. Ohne Nachfrage keine Produktion und kein Angebot. Ohne Konsum kann kein Angebot langfristig überleben. Unsere Konsumentscheidungen und Konsumgewohnheiten bestimmen die Größe und den Einfluss von Branchen, das Aussehen von Zuchthühnern, die Themen von Forschungsabteilungen und die Arbeitsbedingungen und Löhne in fernen Ländern maßgeblich mit. Als Konsumenten haben wir eine beträchtliche Macht über das, was wir Wirtschaft nennen.

Wenden sich Konsumenten in Scharen von einer Firma oder einem Produkt ab, folgt der Tod. Das Ausscheiden aus dem Markt. Nichts überlebt langfristig ohne Nahrung. Unser Konsum ist die Nahrung für Produkte, Unternehmen und Arbeitsplätze. Kaufen wir heilsam, nähren wir Heilsames. Kaufen wir unheilsam, nähren wir Unheilsames.

Im Felde des materiellen Konsums kämpfen inzwischen viele Organisationen für mehr Transparenz. Das ist wunderbar. Die kollektive Bewusstheit ist deutlich gestiegen, nachhaltige Produkte und Marken boomen. Weniger beachtet und verstanden ist die geistige Dimension des Konsums. Doch Jahr für Jahr wächst auch das, was wir als geistige Umweltverschmutzung bezeichnen können. Unser Geist ist auf den Straßen, in den Medien, im Internet und in Geschäften einem steten Strom von Sinneseindrücken, Ideen, Bildern und Werbebotschaften ausgesetzt, die unseren Konsum steuern und beeinflussen wollen.

Konsum ist weit mehr als das Kaufen von Produkten. Über die Medien nehmen wir eine Vielzahl von Bildern und Themen auf, die in der Folge unseren Geist beschäftigen und unsere Stimmungen bestimmen. Kultivieren wir Achtsamkeit, werden wir sensibler für die Verletzlichkeit unseres Geistes und sehen, dass wir uns in Zeiten der Aufmerksamkeitsökonomie schützen müssen.

Den Status quo erheben: Geistige Input-Analyse

Seit einigen Jahren leite ich jährlich ein zweitägiges Seminar zum achtsamen Umgang mit Wissen und Informationen an der Donau-Universität Krems. Die Teilnehmer sind in der Regel Akademiker, die in sehr wissensintensiven Feldern arbeiten. Den Ausgang des Seminars bildet eine geistige Input-Analyse. Wir fragen uns, mit welchen Inputs wir unseren Geist Tag für Tag füttern. Vielleicht möchten Sie auch so beginnen. Bitte füllen Sie die folgende Tabelle in Ruhe aus.

Input	h/W	Qualität	Input	h/W	Qualität
Fernsehen			Kino		
Radio			Theater/Kunst		
Tageszeitungen			Telefonate		
Zeitschriften			Präsentationen		
Fachzeitschriften			E-Mail lesen		
Internetsurfen			Musik hören		
DVD			....		

Tragen Sie bitte in die jeweils zweite Spalte die Anzahl der Stunden ein, die Sie den entsprechenden Input pro Woche konsumieren. Als Ausgangspunkt nehmen Sie eine normale Woche. Viele Seminarteilnehmer kommen hier auf 40 bis 60 Stunden pro Woche. Und sind geschockt. Sie realisieren, dass Sie fast ständig auf Empfang sind. Im zweiten Schritt beurteilen wir die subjektive Qualität der aufgenommenen Inputs. Wir können von 0 bis 10 Punkten vergeben. Nun haben wir einen ersten Eindruck unseres Input-Verhaltens und können in die Analyse einsteigen. Wo verbringe ich viel Zeit mit schlechter Qualität? Wieso widme ich einem Kanal mit hoher Qualität so wenig Zeit? Welche Geisteszustände werden durch die entsprechenden Inputs genährt? Rechnen Sie aus, wie viele Jahre Ihres bewussten Lebens Sie mit dem Medienkonsum einzelner Kanäle verbringen.

Und nun fragen Sie sich: Wie viel Zeit verbringe ich mit der bewussten Verarbeitung all dieser Eindrücke? Wie viel Zeit widme ich in Relation zu all den Inputs Aktivitäten wie Meditation oder Kontemplation? Wenn wir das nächste Mal sagen, das wir keine Zeit für Meditation hätten, können wir uns an diese Liste erinnern.

Diese Liste liefert uns einen klaren Ausgangspunkt für ein verändertes geistiges Input-Verhalten. Wir sind es, die entscheiden, was in welchem Ausmaß in unseren Geist eintritt.

Wir können die Input-Qualität erhöhen. Wir können Medienfasten praktizieren. Wir können neben der physischen auch in
die geistige Mülltrennung eintreten. Je achtsamer wir werden,
desto weniger lassen wir es zu, dass wir unseren Geist schädigenden oder schlicht zeitraubenden Einflüssen aussetzen.

In der buddhistischen Psychologie ist der Konsum nicht allein auf das Aufnehmen von äußeren Impulsen beschränkt. Wir produzieren durch das
Wechselspiel zwischen Gedanken, Emotionen und Geisteszuständen auch
unsere eigene Nahrung. Indem wir bestimmte Gedanken immer wieder
denken, indem wir immer wieder in bestimmte Gefühle eintauchen oder uns
von ihnen beherrschen lassen, werden wir zum Gestalter unserer eigenen
Welt. Sehen, durchschauen und beeinflussen wir diesen Prozess nicht,
mag es sein, dass wir uns täglich ein selbst angerichtetes, unheilsames
Mahl produzieren, das uns Probleme schafft. Sehen wir, wie wir unsere
Tage selbst positiv oder negativ einfärben, können wir den Hebel selbst in
die Hand nehmen und unseren Geist zähmen. So werden wir unabhängiger
von inneren und äußeren Impulsen.

Und die Werbung?

Sind Sie gegen Werbung immun? Ich nicht, überhaupt nicht. Werbung
wirkt. Und je mehr ich meditiere, desto klarer wird mir, auf welch subtile
Weise sie wirkt. Nach einem Tag mit hohem Medien- und Werbekonsum
kann ich die Auswirkungen des Kontaktes mit Plakaten, Werbejingles oder
Werbespots klar sehen. Unruhe, Verlangen, Unzufriedenheit, Rastlosigkeit,
Wünsche haben zugenommen. Meist sind diese Emotionen nicht klar auf
ein Produkt oder Thema gerichtet, sondern sie sind eine Grundstimmung,
die mich aus meiner Zufriedenheit und Klarheit herausbringt. Die Menge
der Werbebotschaften schafft eine individuelle und kollektive Stimmung,
die den materiellen und geistigen Konsum erhöht und das Verständnis
für das, was wir konsumieren, herabsetzt. Jede Werbebotschaft, die wir
ungeschützt in unseren Geist hineinlassen, färbt ihn ein wenig ein. Subtil
werden unsere Ideen von Schönheit, Glück, Normalität oder Erfolg beeinflusst. Und diese Ideen richten später wiederum unsere Handlungen und

Entscheidungen aus. Wir sollten die Wirkung von Werbung individuell und kollektiv nicht verharmlosen.

Während meiner kaufmännischen Ausbildung im Axel-Springer-Verlag bekam ich einige Werbeklassiker geschenkt, darunter das Buch „Flauschig weich wird selbst die Leiche – Frontberichte aus dem Werbekrieg" von Jerry Della Femina. Die Kämpfe um das menschliche Bewusstsein, das Analysieren und Steuern menschlicher Bedürfnisse und Mängel sowie deren geschickte Nutzung durch die Werber faszinierten mich. Meine Einstellung zu Werbung hat sich seit dieser Zeit als begeisterter Marketing-Student und Verlagskaufmann radikal verändert. In vielen Bereichen hat Werbung für mich nichts Unschuldiges mehr. Die Werbebranche versteht es geschickt, ihre tatsächliche Macht und Wirkkraft zu untertreiben. Es ist doch nur Werbung! Doch „gute" Werbung versteht es professionell, unsere Aufmerksamkeit zu fangen, unseren Geist zu färben und unsere Impulse zu steuern. Zu unserem Wohl?

Im Buddhismus gilt die klare Maxime, dass wir unser Wissen über die Wirkmechanismen des menschlichen Geistes zum Nutzen aller Wesen einsetzen. Dass wir Menschen helfen, heilsame Geisteszustände zu entwickeln. Ein Großteil der Werbung (und anderer Marketingfelder) entscheidet sich anders. Die Werber setzen ihr psychologisches Wissen ein, um ihre Kunden bewusst in ihrem Sinne zu beeinflussen. Der Werbeexperte und Editor-in-Chief von „Advertising Age", Rance Crain, schreibt:

> *„Nur acht Prozent der Aussage einer Anzeige werden vom bewussten Teil unseres Bewusstseins verarbeitet, der Rest wird in den Tiefen unseres Gehirns nachbearbeitet."*

Diese bewusste und professionelle Ausbeutung geistiger Schwächen und unheilsamer Geisteszustände empfinde ich inzwischen als geistigen Missbrauch. In der zehnten Achtsamkeitsübung des Ordens Intersein heißt es:

> *„Wir wollen keine Nachrichten verbreiten, für deren Wahrheitsgehalt wir uns nicht verbürgen können."*

Diese Aussage umfasst weit mehr als die bewusste Lüge. Sie bedeutet, dass wir andere Menschen nicht bewusst irreführen sollen und uns nicht an Gerüchten, Spekulationen oder anderen unklaren Kommunikationen beteiligen. Ein solches Verhalten schützt uns und andere.

Werbung erzeugt mit ihren täglichen Übertreibungen, Irreführungen und falschen Versprechungen ein Kommunikationsklima, in dem wir uns an die Unwahrheit gewöhnt haben.

Wenn wir die Plakate, Anzeigen und Werbespots in Radio und Fernsehen achtsam betrachten und analysieren, sehen wir die wahre Natur von Werbung, ihre Emotionalisierung, Dramatisierung, ihr Spiel mit Ängsten und Hoffnungen, ihren Hang zu Übertreibung und ihre Aufdringlichkeit.

Die größte Gefahr der Werbung besteht darin, dass in unserem kollektiven Bewusstsein unheilsame Geisteszustände, wie Ärger, Gier, Unzufriedenheit, Angst, Unaufrichtigkeit, Neid oder Eifersucht, genährt und somit stärker werden.

Diese Geisteszustände beeinflussen nicht nur unsere Kaufentscheidungen, sondern auch die Art und Weise, wie wir unsere Kinder, unsere Partner und unser ganzes Leben betrachten. Unser Geist ist offen und verletzlich. Wir müssen lernen, ihn gut zu schützen und nicht an Prozessen mitzuwirken, die Verwirrung und Unaufrichtigkeit erhöhen.

Wir haben den öffentlichen Raum preisgegeben. Großformatige Werbeposter sind in unseren Innenstädten omnipräsent. Kirchenfassaden verschwinden hinter überdimensionalen Modebotschaften. Wir haben es zugelassen, dass Werbung allgegenwärtig ist. Dass unsere Innenstädte mit Logos und Plakaten tätowiert worden sind. Wir sollten Initiativen ergreifen, die auf die Zurückdrängung der Werbung in allen Lebensbereichen zielen. Und wir sollten lernen, uns selbst zu schützen. Werbung wirkt.

 ## *Heilsame Konsumstrategien*

Den Geist und die Sinne schützen

Der Buddha lehrte, dass wir unseren Geist und unseren Körper als ein Haus betrachten sollten, das sechs offene Türen und Fenster besitzt. Über Augen, Nase, Ohren, Zunge, Haut und das Gehirn[45] dringt ein steter Strom an Eindrücken in unser Bewusstsein. Der Buddha empfahl seinen Schülern, sorgsam zu prüfen, wen und was sie in ihr Haus einlassen (s. Abb. 27).

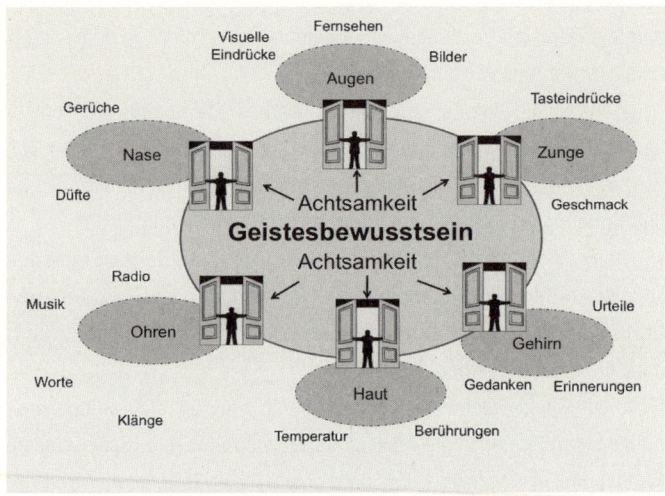

Abbildung 27: **Unsere sechs Sinne schützen**

Achtsamkeit ist der Wächter, der Pförtner, der uns hilft, klarer mit den vielfältigen Einflüssen unseres Umfeldes umzugehen. Wir sehen klarer, ...

- ... was wir zu uns nehmen,
- ... wie das Objekt unseres Konsums auf uns wirkt,
- ... was uns gut tut und was uns schadet.

Wir springen nicht mehr über jedes Stöckchen, das man uns hinhält. Die folgende Geschichte aus dem Leben des Buddha ist mir hierfür Lehre und Beispiel:

Der Buddha wurde eines Tages von einem wütenden Priester ange-sprochen, der voller Neid und Missgunst bezüglich der wachsenden Gemeinschaft des Buddha war. Er beleidigte den Buddha auf vielerlei Weisen, beschuldigte ihn und schrie. Der Buddha hörte sich alles mit ruhigem Geist und Körper an. Er stieg nicht in die Emotionen seines Anklägers ein. Nach dem Sturm der Anschuldigungen trat Ruhe ein und der Priester fragte irritiert: „Warum entgegnest du nichts, warum

wirst du nicht wütend?" Der Buddha entgegnete: „Lieber Freund,
wenn du mir ein Geschenk machst und ich dieses Geschenk nicht
annehme, wem gehört dann dieses Geschenk?" Der Priester antwor-
tete: „Es gehört mir." Der Buddha antwortete: „Genau so ist es auch
mit deiner Wut, ich nehme sie nicht in mich auf, sie gehört dir und
schafft in dir Leiden."

Achtsam zu konsumieren, heißt, frei zu entscheiden, was ich zu mir nehme
und was ich nicht zu mir nehme. Und ein immer feineres Gespür dafür zu
entwickeln, wer mir gerade welches emotionale Geschenk macht.

Nichts kann ohne Nahrung überleben. Dies gilt auch für unseren Geist.
Indem ich gewissen Ideen oder Gedanken keine Energie und Aufmerksamkeit schenke, kommen sie mit der Zeit zur Ruhe.

Gehmeditation über den Kurfürstendamm

Es ist sehr erhellend, Gehmeditation in Einkaufszentren oder auf klassischen Konsummeilen zu praktizieren. Unter der Überschrift „Unser Geschenk ist Achtsamkeit" organisierte ich im Vorweihnachtsrummel eine
Gehmeditation über den Kurfürstendamm. Zeitgleich gingen Freunde durch
die Einkaufszenten von Freiburg i. B. und Hannover. Ein Organisator berichtet:

„Ich fand zwar den Konsumrausch vor Weihnachten schon immer
unglaublich, aber durch die Gehmeditation hat sich noch mal ein an-
deres Empfinden aufgetan: ein Gefühl der Befreiung vom Reizzwang,
den ich in der Stadt zuweilen als so bedrückend und gewalttätig
erlebe. Indem ich ganz bei mir bleibe, beim Schritt, beim Atem, im
inneren Lächeln, nehme ich mich aus dem automatischen Reagieren
heraus. Ich nehme die Gerüche, die Geräusche, Sinneseindrücke
zwar schärfer wahr, aber sie lösen nicht mehr die automatische Re-
aktion in mir aus. Ich muss nicht nach dem Reizvollen greifen. Aber
es ist eine permanente Anstrengung, bei dieser Überflutung nicht
verloren zu gehen."

Ähnlich erging es mir auf einer Gehmeditation durch das vorweihnacht-
liche Hamburg. Mit einer Gruppe von sieben Personen gingen wir durch
die Ottenser Hauptstraße zum Bahnhof Altona. Friedlich und gesammelt

setzten wir unsere Schritte, während um uns herum Stress und Anspannung deutlich zu spüren waren. In der Gehmeditation nahmen wir wahr, dass um uns herum der Geist der Weihnacht definitiv nicht anwesend war, auch wenn an jeder Ecke Kerzen und Weihnachtssymbole prangten. Ein Teilnehmer, der nahe unserer Gehstrecke wohnte, sagte, dass er es nicht für möglich gehalten hätte, auf dieser Straße konzentriert und gelassen zu bleiben und sich nicht von der Menge mitreißen zu lassen. Diese beiden Gehmeditationen haben mir gezeigt, dass wir durch Achtsamkeit auch die unachtsamsten Umfelder verwandeln können.

Vielleicht versuchen wir es einmal mit einer kleinen Gehmeditation durch unseren Supermarkt oder unsere bevorzugte Einkaufsstraße. Verlangsamen wir unser Tempo um 20 Prozent, das reicht bereits, um in eine deutlich veränderte Wahrnehmung einzutreten. Indem wir gelassen bei unserem Atem bleiben, können wir allen Kaufimpulsen freudig zulächeln und uns entspannen.

Die Würde der Dinge spüren

Wie gehen wir nach dem Kauf mit unserem neuen Eigentum um? Als Menschen fühlen wir uns leicht als Herrscher über die Objekte, die sich in unserem Besitz befinden. Wir denken: Das ist MEIN Auto, MEIN Teekessel, MEINE Jacke. Unsere Wohnungen und Häuser sind voll mit Gegenständen, über welche wir die Verfügungsmacht haben, denen wir aber gleichzeitig nur wenig Beachtung schenken.

Die Zen-Praxis fordert uns auf, uns aufs Neue mit all diesen Gegenständen des Alltags zu verbinden. Sie wieder zum Leben zu erwecken. Indem wir unserer Vase oder Teetasse, unserem Autoschlüssel oder unserer Fußmatte höhere Achtung, Beachtung oder ein Lächeln schenken, spüren wir aufs Neue die Würde aller Dinge. Versuchen Sie es einmal. Lächeln Sie den Dingen zu, die Sie täglich benutzen. Stauben Sie vergessene Gegenstände ab. Lösen Sie tote Gegenstands(ver)sammlungen und vollgestopfte Schubladen auf und geben Sie das, um das Sie sich nicht wirklich kümmern können, an Menschen, die es gut gebrauchen können. Unbeachtete, ungeachtete und ungenutzte Gegenstände rauben Energie. Ein Haushalt, an dem alles seinen sinnvollen Platz hat, strahlt ruhige Klarheit aus.

Das Wesentliche ist unbegrenzt vorhanden – Unbegrenzte Güter

Wir haben viel über Produkte, Güter oder Dienstleistungen gesprochen. Dinge, die einen Preis haben und deren Vorhandensein begrenzt ist. Je knapper sie sind und je mehr Menschen sie begehren, desto höher ihr Preis. Wir sollten uns aber klarmachen, dass die wesentlichen Dinge des Lebens, die Dinge, die unser Leben sinnvoll, schön und bedeutend machen, immaterieller oder geistiger Natur sind. Liebe, Sinnhaftigkeit, Glück, Frieden, Freude, Zufriedenheit und andere Zustände unseres Geistes sind immaterieller Natur. Sie können nicht gekauft werden. Sie entziehen sich der klassischen Kauf- und Konsumlogik. Und doch sind sie tagtägliche Nahrung, tagtäglicher Input für alle, die mit uns zu tun haben. David Suzuki schreibt:

„Familie, Freunde, Gemeinschaft – dies sind die Quellen der größten Liebe und Freude, die wir als Menschen erfahren können. Wir besuchen Familienmitglieder, halten Kontakt zu unseren Lieblingslehrern, teilen schöne Dinge mit unseren Freunden. Wir unternehmen schwierige Projekte, um anderen zu helfen, retten Frösche oder ein Naturidyll, und indem wir dies tun, erfahren wir eine extreme Befriedigung. Wir finden spirituelle Erfüllung in der Natur oder indem wir anderen helfen. Keine dieser Freuden bedarf des materiellen Konsums, und dennoch ist jede von ihnen tief erfüllend. Dies sind komplexe Freuden und sie bringen uns viel näher an das wahre Glück als die einfachen, wie eine Flasche Coke oder ein neuer Minivan."[46]

Geistige Schätze sind zudem unbegrenzt verfügbar. Wir müssen sie nur in uns und anderen berühren. Wenn etwas kostenlos, unbegrenzt verfügbar und gleichzeitig das Wesentliche ist, führt dies die klassische ökonomische Logik ad absurdum. Wenn das Wesentliche nicht auf den Märkten zu finden ist, sondern in uns selbst, verlieren klassische wirtschaftliche Ideen an Bedeutung.

Wenn wir erkennen, dass die **wertvollsten Dinge** in unserem Leben **unbegrenzt vorhanden** und **kostenlos** sind, gewinnen wir Klarheit, Entschlossenheit und Mut, aus dem täglichen Konsumversprechen auszusteigen. Gewinnmaximierende Strategien, die uns Reichtum, Erfolg und Glück versprechen, entlarven sich als Wege in die innere Armut.

Maß des Konsums

Wie viel konsumiere ich? Halte ich Maß? Bin ich satt?
Stimmen die Relationen?

Was lehrt die Krise?

Das Jahr 2009 gilt für viele als ein Jahr des ökonomischen Schreckens. Die messbare wirtschaftliche Aktivität verringert sich zum ersten Mal seit Ende der großen Depression weltweit. Das stete materielle Wachstum, das über Jahrzehnte unsere Wahrnehmung von Welt und Wirtschaft geprägt hat, bricht ein. Angst und Schuldzuweisungen machen sich breit. Auf den Märkten, in den Sozialsystemen, den Krankenkassen, im Bildungsbereich und in unseren Köpfen. Vor einem „Weniger!" haben wir Angst. „Weniger!" wollen wir nicht akzeptieren. Wir wollen Worte wie Verzicht, Verlust, Kürzung, Reduktion oder Abbau nicht hören. Also kämpfen wir dafür, dass es nicht uns oder unsere Klientel trifft. Wir wollen weiterhin mehr Rente, mehr Gesundheitsleistungen, mehr Einkommen, mehr Sozialleistungen, mehr Quadratmeter, mehr Studienplätze und mehr Autobahnkilometer. Fast unisono hoffen alle Interessengruppen, dass das Wachstum wieder anspringt, unsere Ängste auflöst und unsere Probleme löst. Möge das Wachstum zurückkehren! Es ist erstaunlich, wie reflexartig eine ganze Gesellschaft in Zeiten der Unsicherheit zum scheinbar „Bewährten" greift. Von den Chancen der Krise für inneres und geistiges Wachstum hört man kaum etwas im öffentlichen Dialog. Abwrackprämien, Konjunkturprogramme und Bad Banks dominieren die Diskussion um den Ausweg aus der Krise. Wir verspielen die kollektive Chance, tiefer zu schauen.

Angst vor „Konsumverweigerung"

Während wir früher Angst vor Hunger oder Unterversorgung hatten, ist das Gegenteil eingetreten. Es scheint verrückt, aber heute besteht die größte Angst darin, dass zu wenig konsumiert wird. Dieses System droht zusammenzubrechen, wenn wir uns besinnen würden, dass es auch weniger tut. In vielen Bereichen haben wir einen Käufermarkt mit bestehenden Überkapazitäten, die in der Rezession noch größer werden. In einem solchen System scheint Konsum zur Bürgerpflicht zu werden. Wir haben so viel Produktionskapazität aufgebaut, dass das System zu kollabieren droht, wenn wir diese Mengen nicht abnehmen. Politiker, Unternehmer und Gewerkschafter hoffen allesamt auf eine gute Konjunktur, beschwören das Ende der Kaufzurückhaltung und warnen vor „Konsumentenstreiks". Wo früher schon die „Verlangsamung des Wachstums" als Katastrophe angesehen wurde, droht nun mit einem „Weniger!" der nicht hinnehmbare GAU. Fast alle gesellschaftlichen Akteure stehen geschlossen und entschlossen auf der Seite des „Mehr!".

Etwas weniger bitte?

Wenn ich als Kind für meine Mutter Käse und Wurst einkaufen durfte, wog die Verkäuferin immer mehr ab, als ich bestellt hatte. Statt 200 Gramm lagen dann 234 Gramm auf der Waage. Dann kam – begleitet von einem Lächeln – die Standardfrage: „Darf's auch etwas mehr sein?" Es durfte. Nie wurde ich in einem Geschäft oder einem anderen Zusammenhang gefragt: „Darf's auch etwas weniger sein?" Diese Frage scheint gesellschaftlich und ökonomisch tabu zu sein. Dabei ist es gerade diese Frage, die in vielen Bereichen unseres Lebens und insbesondere im Feld des Konsums die einzig angemessene Frage wäre.

„Kann es auch etwas weniger sein?" – „Ja, es kann." – „Ja, es sollte!"

Uns fällt es in vielen Konsumfeldern schwer, das rechte Maß zu finden und zu halten. Beispiele gibt es hierfür genug: kollektives Übergewicht, individuelle und kollektive Überschuldung, exzessiver Medienkonsum und vieles mehr. Vor allem hängen wir an der Idee, dass eine Steigerung unseres Konsums zu einer Steigerung unseres Glücks oder einer Reduzierung unserer Probleme führt.

In vielen Bereichen unseres Lebens verursacht ein Mehr an Konsum vielmehr ein Problem oder kreiert einen Teufelskreis. Wir essen aus Frust zu viel und sind frustriert, dass wir zunehmen. Wir füllen unsere innere Leere und Einsamkeit mit Fernsehkonsum und verfestigen mit diesem einsamen Konsum unser Alleinsein. Wir ärgern uns über unseren Chef und gönnen uns nach Feierabend ein neues Paar Schuhe. Dann ärgern wir uns über die Kreditkartenabrechnung, die ein paar Wochen später kommt. Frust, Einsamkeit oder Ärger können nicht wegkonsumiert werden.

Konsumimpulse erwachsen in unserer Wohlstandsgesellschaft meist aus geistigen und selten aus materiellen Mangelsituationen. Uns fehlt es nicht an Schokolade, Kuchen oder Bier, sondern an Freude, Zufriedenheit oder Gemeinschaft. Konsum bietet sich hier als einfache „Lösung" an. Dieser Mechanismus ist vielen von uns sehr vertraut. Je schlechter es uns geht, desto mehr verlangt der Geist nach Konsum. Desto stärker werden die Impulse zu essen, zu trinken oder fernzusehen. Je weniger Energie wir haben, desto leichter greifen wir nach diesen kleinen, süßen Versprechungen und Fluchten.

Achtsamkeit hilft mir heute, nicht mehr so leicht im Konsum Zuflucht zu nehmen, sondern stärker auf meine wahren Beweggründe zu schauen. Ich atme dreimal ruhig und sage mir mit einem Lächeln: „Was für ein geschickter Konsumüberfall!" In den meisten Fällen überlebt ein Konsum-impuls eine solche direkte Ansprache nicht und sinkt zurück ins Speicher-bewusstsein.

Vom Grenznutzen oder „Bin ich satt?"

Berlin, 2005. Einzelcoaching mit einer Unternehmerin, die Acht-samkeit in ihren Alltag integrieren möchte. Nach einem intensiven Vormittag gehen wir essen, mein Coachee bestellt sich ein für sie normal dimensioniertes Mittagessen, bestehend aus großem Salat, Schnitzel und Nachtisch. Wir nehmen unser Mittagessen in Stille ein. Die Unternehmerin nimmt die Übung ernst und isst jeden Bissen in Achtsamkeit. Drei Mal kommt die Kellnerin, um zu fragen, ob sie den Hauptgang nun endlich auftragen darf. Als das Schnitzel kommt, ist die Unternehmerin fassungslos. Das soll alles noch gegessen wer-den? Nach wenigen Bissen schiebt sie den fast vollen Teller zur Seite. Überrascht stellt sie fest, dass sie satt ist.

In der Stille und Konzentration dieser Übungsform sehen wir sehr genau, was uns beim Essen umtreibt. Diese Erkenntnis kann uns wie ein Schlag treffen. Wir spüren unsere innere Unruhe und Ungeduld, die uns beim Essen antreibt. Wir gewinnen einen klaren Blick für unsere wahren Bedürfnisse. Wie viel brauchen wir wirklich? Auch die Ökonomie kennt das Prinzip des Grenznutzens. Wenn wir fünf Stunden nach dem Frühstück einen Teller Spaghetti essen, wird uns dieser wahrscheinlich sehr gut schmecken. Essen wir einen zweiten Teller, ist der Genuss schon geringer, denn der Hunger ist bereits gestillt. Essen wir einen dritten oder gar vierten Teller, wird uns hingegen vielleicht schlecht. Oder wir leiden den Rest des Tages an unserem übervollen Magen. Ein Zen-Meister gibt seinen Schülern folgenden Rat:

„Ich esse nie so viel, dass ich satt wäre. Ich höre bereits auf, bevor der Sättigungsimpuls aufsteigt. Das hält mich den ganzen Tag über wach.“

Wir essen hingegen meist so schnell und viel, dass der „Ich bin satt“-Impuls unseres Körpers uns gar nicht erreichen kann. Erst im Nachhinein stellen wir dann fest: „Das war zu viel.“ Es lohnt sich, darauf zu achten, wann wir satt sind. Mitzubekommen, wann es zu viel wird, und entsprechend zu stoppen.

Die schleichende Adaption der Ansprüche

Das „Höher, schneller, weiter“ ist nicht nur olympisches Motto, sondern auch ein Leitbild unserer Konsumgesellschaft. Soziologen sprechen von einer *„Hedonic treadmill“* – einer hedonistischen Genuss-Tretmühle, die uns in immer neue Konsumhöhen führt und neue Maßstäbe liefert. Unter den Superreichen tobt ein Wettkampf um das Ausgefallenste, Teuerste, Exklusivste in den verschiedensten Bereichen. Vor 15 Jahren war eine durchschnittliche Motorjacht noch 40 Meter lang, heute sind es 70 Meter.[47] Auf Millionärsmessen werden Maßstäbe kalibriert (siehe Abb. 28, S. 250).

Doch es sind nicht nur die Superreichen, deren Ansprüche über die Zeit wachsen. Abbildung 28 zeigt einen typischen Adaptionsprozess, der über die Jahre in unserem Leben eintreten kann. Mit zunehmendem Alter steigert sich in der Regel unser Einkommen und wir konsumieren sukzessive mehr. Wohnungen, Autos, Kleidung, Reisen, Schmuck und anderes. Wir gewöhnen uns über die Zeit an Komfort, Mobilität, Garderobe, Reisen und empfinden unseren Lebensstil als normal.

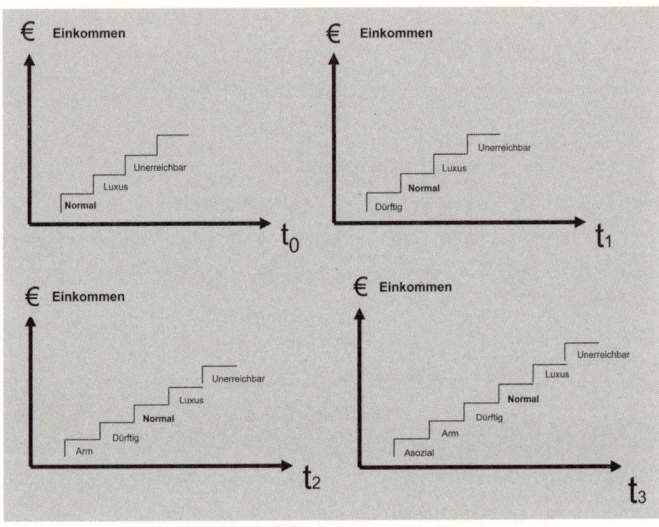

Abbildung 28: **Adaption der Ansprüche im Zeitverlauf**

Schauen wir allerdings zurück, sehen wir, dass diese Art zu leben für uns nicht immer normal war. Und vielleicht sehen wir auch, dass wir trotz einer Verdopplung oder Verdreifachung unseres Konsums seit unserer Jugend nicht wirklich glücklicher oder zufriedener geworden sind. Dieses Adaptionsspiel ist endlos. Seine Nahrung ist der Vergleich mit unserem Umfeld, seine Stabilisierung erfolgt durch die gesellschaftliche Normalität. Doch das rechte Maß leitet sich nicht von „normalen Lebensstilen" ab, sondern von den wirklichen Bedürfnissen, die wir – wie beim Essen – langsam wieder in den Blick bekommen müssen.

So viel wir auch haben, uns kann immer noch etwas fehlen. So wie Herrn P. in der Abbildung 29.

Von wahren Bedürfnissen und falschen Ansprüchen

„In der modernen Industriegesellschaft lebt jeder durchschnittliche Bürger in vielerlei Hinsicht besser als die meisten Könige vergangener Zeit, wir sind sogar mehr König unseres eigenen Schicksals, als jene es gewesen sind. (...) Tatsächlich besteht nahezu die gesamte Bevölkerung der ‚entwickelten' Länder aus Menschen mit nahezu

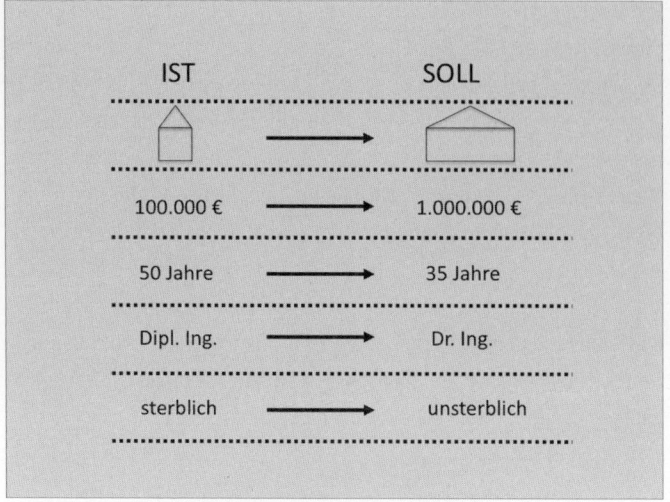

IST	SOLL
100.000 €	1.000.000 €
50 Jahre	35 Jahre
Dipl. Ing.	Dr. Ing.
sterblich	unsterblich

Abbildung 29: **Die Wünsche des Herrn P.**

königlicher Machtfülle, die sie nutzen, um zu konsumieren, wonach ihnen immer der Sinn steht (...). Sie sind es gewohnt, dass alle unangenehm realistischen Dinge wie Leichname, Krankheiten, Wahnsinn oder die Entstellungen der Armut ihren Blicken ferngehalten werden."[48]

Wir sind Könige. Unser Leben ist in vielen Bereichen komfortabler als jenes historischer Herrscher. Sei es die Gesundheitsversorgung, sei es die Art des Reisens, sei es die Vielfalt der Ernährung. Sei es die Verfügbarkeit von Gütern aus aller Welt. Wir sind aus mittelalterlicher Perspektive unermesslich reich. Und dennoch fühlen wir uns nicht so. Warum? Weil wir uns von unendlichen Bedürfnissen beherrschen lassen. Weil es uns individuell und kollektiv so schwer fällt, Grenzen zu akzeptieren und sagen zu können: „Das ist ausreichend. Es reicht! Das ist genug." Unendliche Bedürfnisse kennen kein Maß. Wenn wir nicht aufpassen, bestimmen unerfüllte Wünsche unser Lebensgefühl.

Thich Nhat Hanh lehrt Folgendes:

„Es gibt nichts Gefährlicheres, als etwas Begrenztes an etwas Unbegrenztes zu binden."

Das Unbegrenzte, das ist unser Verlangen nach Macht, Ansehen, Geld oder Sinnesvergnügen. Das Begrenzte, das sind unser Körper, unsere Lebenszeit, unsere Energie. Wenn unendliche Bedürfnisse auf endliche Wesen wie uns prallen, kann es uns zerreißen. Und nicht nur uns, auch die Lebensbedingungen unserer begrenzten Heimat Erde. Unendliche Wünsche, Bedürfnisse, Hoffnungen, Erwartungen, Ansprüche oder Träume treffen tagtäglich auf eine begrenzte materielle Welt. Schon heute rechnen uns Wissenschaftler vor, dass wir bei einer Hochrechnung des westlichen Konsums auf die gesamte Weltbevölkerung je nach Rechnung zwischen zwei und sechs Erden bräuchten, um diese zu versorgen.[49] Es gibt natürliche Grenzen des Konsums und wir nähern uns als Menschheit – getrieben von unseren „Bedürfnissen" – dem Limit dieses Planeten.

Die Qual der Wahl ablegen

Auf ihren materialistischen Lebensstil angesprochen, entgegnete Zsa Zsa Gabor – Schauspielerin und Ikone des maßlosen Konsums – Folgendes: „Wer meint, dass Geld nicht glücklich macht, der war noch nicht richtig shoppen." Im Zen ist man da anderer Meinung. In der berühmten Schrift Hsin-hsin-ming lehrt der 3. Patriarch des Zen in China – Seng-ts'an – seine Schüler:

> *Der Höchste Weg ist unbeschwert,*
> *weise nur alle Wahl zurück.*
> *Nur ohne Abneigung und ohne Vorliebe*
> *verstehst du wirklich die klare Leere.*
> *Um Haaresbreite abgewichen*
> *und Himmel und Erde klaffen auseinander.*

Oder anders ausgedrückt: Das ständige Vergleichen und Auswählen macht uns ruhelos und stiftet keine Zufriedenheit oder wahres Glück. Ständiges Wählen, Vergleichen und Herauspicken ist extrem anstrengend und macht unglücklich.

Das ist auch die Meinung von Konsumforschern, die den Zusammenhang zwischen Auswahl und emotionaler Befriedigung untersuchten:

> *„Wer zwischen einer kaum zu überschauenden Zahl von Fernsehkanä-*
> *len oder Joghurtmarken wählen muss, gewinnt nicht an Freiheit– wie*

die Werbung suggeriert –, sondern erhöht nur seinen Stresspegel. Denn je größer die Auswahl, umso mühsamer die Entscheidung– und umso höher die so genannten Opportunitätskosten, die darin bestehen, dass man mit jeder Wahl zwangsläufig auf alle anderen Alternativen verzichtet. Kaum ist die neue Digitalkamera gekauft, fällt einem prompt ein noch günstigeres Sonderangebot ins Auge. Und da aufgrund einer Fehlkonstruktion der menschlichen Natur Verluste mehr schmerzen als Gewinne freuen, ist die Enttäuschung programmiert.“[50]

Die Maximierung von Optionen, die uns so häufig als Ausdruck von Freiheit erscheint und präsentiert wird, schlägt in Bezug auf unser eigenes Wohlbefinden fehl. Viele von uns sehnen sich nach mehr Einfachheit und nicht nach erhöhter Komplexität, die jeder zusätzliche Freiheitsgrad in unser Leben bringt.

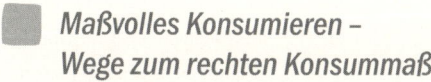

Maßvolles Konsumieren – Wege zum rechten Konsummaß

Standortbestimmung: Wo stehen wir?

Was für den einen viel ist, scheint für den anderen wenig zu sein. Jeder Mensch hat sein eigenes Maß, seinen eigenen Lebensstandard entwickelt. Jeder Mensch ist unterschiedlich und hat unterschiedliche Bedürfnisse, die viel mit seiner Gesundheit, seinem Alter, seiner Familie und vielen anderen Einflussgrößen zu tun haben. Hier soll kein Standardmaß vorgeschlagen oder festgelegt werden. Nach dem Motto: 500, 1.000, 1.500 oder 2.000 Euro pro Kopf und Monat sollten ausreichen. Vielmehr soll zur ehrlichen Selbstreflexion eingeladen werden. Als Grundorientierung dient das Kontinuum in Abbildung 30 auf der folgenden Seite.

Dass es ein solches Kontinuum gibt, darin sind wir uns wohl alle einig. Wo der Übergang vom rechten Maß zu Wohlstand oder von Wohlstand zu Luxus liegt, wird jeder etwas anders sehen. Es lohnt sich, uns mit unserer Familie und unseren Freunden über den rechten Maßstab auszutauschen.

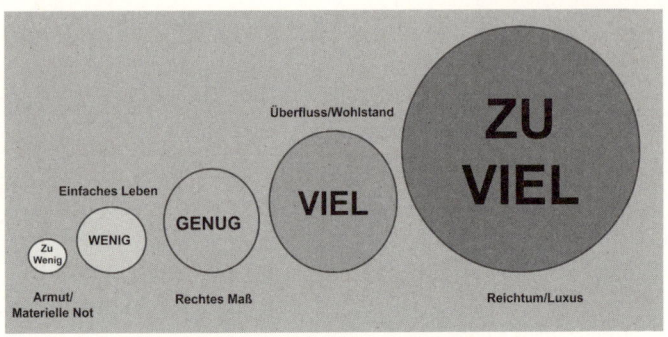

Abbildung 30: **Kontinuum des Konsums**

Besonders lehrreich wird es, wenn wir auf Menschen treffen, die gänzlich andere finanzielle Möglichkeiten oder Konsumgewohnheiten haben als wir selber. So habe ich es immer wieder auf Achtsamkeitstagen des Netzwerkes Achtsame Wirtschaft erlebt. Wenn Millionäre auf Arbeitslose treffen und einander offen zuhören, dann wird es interessant.

Betrachten wir unser Leben, werden wir vielleicht große Unterschiede in einzelnen Lebensbereichen feststellen. Der eine steckt sein ganzes Geld ins Auto, der andere in seine Wohnung oder Reisen und leistet sich in anderen Lebensbereichen wenig oder gar nichts. Auch hier können wir uns fragen, ob wir auf dem Mittleren Weg sind oder in Extreme verfallen.

Dimension	Zu wenig	Wenig	Genug	Viel	Zu viel
Essen					
Wohnen					
Kleidung					
Gesundheit					
Mobilität					
Medien					
Reisen					
.....					
.....					

Tabelle 7: **Selbstanalyse zum rechten Maß in verschiedenen Konsumdimensionen**

Luxus aufgeben

Einer der ersten Schritte, den Mönche und Nonnen auf dem spirituellen Weg gehen, ist die Aufgabe von jeglichem materiellen Luxus. In der Regel muss das bestehende Eigentum aufgegeben werden und der Umgang und Kontakt mit Geld wird – je nach Strenge der Ordenstradition – begrenzt oder verboten. Die Novizen und Novizinnen treten in ein einfaches Leben ohne Extras ein. Sie konzentrieren sich auf das Wesentliche und signalisieren gleichzeitig nach außen, dass wahres Glück nicht durch materielle Besitztümer oder Annehmlichkeiten erreicht werden kann.

Unsere Gesellschaft ist weit davon entfernt, materiellen Luxus in Frage zu stellen. Auch wenn in Berlin-Friedrichshain oder in Hamburg-Altona ab und an Luxuskarossen zerkratzt oder in Brand gesetzt werden, steht Luxus nicht unter Generalverdacht.

„Der Wunsch nach Luxus wächst und wächst, in den nächsten Jahren soll sich der Markt für Luxusgüter von 150 Milliarden (Stand 2007) auf 300 Milliarden US-Dollar verdoppeln."[51]

Sich Luxus zu leisten, ist breit akzeptiert, und viele Medien tragen sowohl redaktionell als auch im Anzeigenteil zur Verbreitung der neuesten Luxusmaßstäbe bei. Jeder von uns träumt vielleicht ein wenig davon, sich auch – und wenn nur in einem kleinen Bereich – etwas von diesem Luxus leisten zu können.

Was spricht für die Aufgabe von Luxus? Die Aufgabe von Luxus ist ein deutliches Zeichen, dass wir uns auf geistiges Wachstum konzentrieren sollten und nicht auf materielles. Sie ist ein Eingeständnis, dass unser Luxus in der Regel nur auf Kosten Dritter möglich wird. Luxus ist deutliche Differenz zum Durchschnitt, sonst wäre es kein Luxus mehr. Luxus zu preisen oder wie auf Millionärsmessen zu zelebrieren, bedeutet, dass wir meinen, einen höheren Anspruch auf Ressourcen zu haben als andere.

Während Luxus nach dem Maximalen, Außergewöhnlichen, Unübertroffenen strebt, strebt das rechte Maß nach Balance und vernünftigen Lösungen, die nicht nur für wenige, sondern für alle nachhaltig realisiert werden können. Eine achtsame Wirtschaft strebt nicht nach maximaler Qualität, sondern nach einem vernünftigen Maß – einer ausreichenden

Qualität in allen wirtschaftlichen Bereichen. So werden vernünftige und nachhaltige Lösungen und Produkte für viele generiert und nicht nur für eine exklusive Schicht.

So schön die Produkte auch sein mögen, die von den begabtesten Modeschöpfern und Designern der Welt erschaffen werden, sie atmen durch ihre Exklusivität (von lat. excludere: ausschließen) den Geist der Trennung, der Ausbeutung und des Neides. Wenn wir achtsam schauen, erkennen wir, dass der Geist von Marken wie Gucci, Hermes, Ferrari oder Louis Vuitton wenig Heilsames in die Welt setzt.

Es scheint intelligenter zu sein, uns als Einzelne und als Gesellschaft in unseren Ansprüchen zu bescheiden, sei es im Kulinarischen, in unserer Garderobe oder in Bereichen wie der Gesundheitsversorgung, des Energieverbrauchs oder der Mobilität. Luxus trägt Maßlosigkeit in sich. Wir können uns den Luxus des Luxus nicht leisten.

Luxus ist nicht harmlos. Wer sich zum persönlichen Vergnügen eine 120-Millionen-Villa baut, während tagtäglich – je nach Rechnung – zwischen 10.000 und 30.000 Kinder verhungern, handelt im Kern ignorant. Auch wenn er gleichzeitig hohe Summen nach Afrika spendet. Ungleichheiten dieser Art sind illegitim, auch wenn sie von unserer Rechtsordnung geschützt werden. Doch wir sitzen alle im selben Boot. Die meisten westlichen Staaten schaffen es nicht einmal, die von der UNO angestrebten 0,7 Prozent des Bruttosozialprodukts ärmeren Ländern zur Verfügung zu stellen. Es existieren keine guten Argumente, die unseren aktuellen Lebensstil rechtfertigen. Wir sind gefordert, ehrlich ins eigene Leben zu schauen, ohne in Scham, Schuld oder Hilflosigkeit zu versinken.

Vielleicht werden die Strafgesetzbücher der Zukunft die Verpflichtung des Eigentums enger formulieren, exorbitanten Luxus ächten und exzessive Ressourcenverschwendung zu Kapitalverbrechen heraufstufen.

Der Mittlere Weg

Konfrontiert mit den ungerechten Verteilungen von Wohlstand können wir ins Extrem der Askese verfallen. Wir geben alles weg, unterdrücken unsere Bedürfnisse und versagen uns alles. Sich etwas zu gönnen, geht einher mit Schuldgefühlen, sich etwas vorzuenthalten, nährt unseren Stolz. Das ist ein Irrweg. Thich Nhat Hanh schreibt:

> „Es ist wichtig, dass wir unsere physischen und psychischen Grenzen kennen. Wir dürfen uns weder zu asketischen Praktiken zwingen noch in Sinnenlust verlieren. Rechte Anstrengung liegt auf dem Mittleren Weg – zwischen den Extremen von Kasteiung und leidenschaftlichem Sinnengenuss."[52]

Im Buddhismus kennen wir das Ideal des Mittleren Weges, der uns hilft, zwischen zu viel und zu wenig zu navigieren. Der Buddha selbst hatte auf seinem Weg zur Erleuchtung die Erfahrung gemacht, dass radikaler Verzicht auf körperliche Bedürfnisse uns nur schwächt und schädigt. Wir sollten nicht zu hart mit uns sein. Wir können schrittweise unseren Konsum anpassen. Dabei hilft uns die Erfahrung der Schönheit des einfachen Lebens. Ein Freund berichtet:

> „Drei Monate habe ich im Winter-Retreat in Plum Village verbracht. Dabei habe ich mein Zimmer mit drei anderen Männern geteilt. Im Vergleich zu meinem normalen Lebensstandard habe ich quasi nichts verbraucht. Dennoch war es persönlich die reichste Zeit meines Lebens. Beziehungstechnisch, intellektuell und spirituell. Seitdem mache ich mir viel weniger Sorgen um die materielle Seite meines Lebens."

Das einfache Leben hat viele Vorzüge. Viele Menschen sind überrascht, wie einfach es ist, mit wenigen Dingen auszukommen. Es ist erstaunlich, dass in unserer Gesellschaft so wenig von den Vorzügen eines „Weniger!" gesprochen wird. Ja, von der Faszination, der Befreiung, der tiefen Freude, die ein entschlossenes „Weniger!" haben kann. Es ist ja gerade nicht so, dass ein „Mehr!" in vielen Lebensbereichen unserem Leben eine neue, positivere Richtung geben würde und unsere Entwicklung befördert.

Nutzen statt verschwenden

In seinem berühmten Buch „Anweisungen für den Küchenmeister" (Tenzo Kyokun) beschreibt Dogen, wie ein guter Küchenchef seine Küche zu führen hat. Wie er seine Aufmerksamkeit kleinsten Details widmet und sein ganzes

Herz und seine ganze Achtsamkeit in den Kochprozess einbringen kann. Unter anderem schreibt Dogen folgenden Satz:

„Verschwende kein einziges Korn Reis."

Obwohl wir angeblich in der ökonomischsten aller Zeiten leben, sind wir als Einzelne und als Gesellschaft meilenweit von diesem Anspruch entfernt. Nehmen wir nur zwei Beispiele:

- In der Schweiz gibt es eine Kommission des computerproduzierenden Gewerbes, die genauestens überwacht, dass abgeschriebene, aber noch voll funktionstüchtige Computer verschrottet werden und nicht in private Nutzerhände gelangen. Das würde den Markt für neue Computer erheblich verkleinern.

- In Wien wird täglich so viel essbares Brot weggeworfen und entsorgt, wie die zweitgrößte Stadt Österreichs (Graz) täglich verbraucht.

Nicht nur im materiellen Bereich wird verschwendet. Wir verschwenden unsere kollektive geistige Gesundheit und haben es zugelassen, dass Depression sukzessive zur Volkskrankheit Nummer eins wird.

Achtsam wirtschaften heißt, mit privater und öffentlicher sowie mit materieller und geistiger Verschwendung unserer Ressourcen aufzuhören. Wir suchen Wege, wie wir diese Ressourcen schonen und wiederherstellen, sie würdigen und ihre Nutzungsgrade erhöhen. Wie wir die kollektive Wegwerfmentalität beenden können. Leitbild ist ein nachhaltiges Wirtschaften, das die geistige Dimension integriert.

Verschwendung sollte auf allen Ebenen erkannt, benannt und angegangen werden. Hier nur einige Beispielbereiche, in denen wir Verschwendung individuell und kollektiv beenden oder eindämmen können:

- Verschwendung öffentlicher Güter, die keinen Preis haben

- Verschwendung wertvoller Rohstoffe für Luxusprodukte

- Verschwendung von Endprodukten durch Überproduktion, Vernichtung nutzbarer Produkte oder geringe Nutzungsgrade

- Verschwendung von Tatkraft durch Exklusion und Entmutigung von Arbeitslosen und älteren Menschen
- Verschwendung heilsamer Geisteszustände durch unnötige Konflikte und eine Kultur des Kampfes
- Verschwendung durch mangelnde Kooperation und unnötiges Gegeneinander
- Verschwendung von Intelligenz und Tatkraft in unheilsamen Produktions- und Vertriebsprozessen
- Verschwendung der Kraft der Gemeinschaft durch Individualisierung
- Verschwendung geistiger Energie durch ungezähmte Gedanken, Emotionen und Geisteszustände

Diese Formen der Verschwendung liegen offen vor uns. Bestimmt sehen Sie in Ihrem direkten Umfeld weitere Felder.

Den eigenen Maßstab finden

„Darf man in einem Holzhaus wohnen, das kleiner ist als Nachbars Garage? Darf man so wenig arbeiten, wie man möchte? In einem oberschwäbischen Dorf praktiziert eine Frau ihre ganz persönliche Sozialreform."[53]

Diese Frau, von der DIE ZEIT berichtet, ist in Schwaben unfreiwillig berühmt geworden. Statt sich ein „normales Haus" zu bauen, verzichtete sie auf alle Extras, so dass sie das Haus ohne große Anstrengungen von ihrem Teilzeitgehalt als Krankenschwester abzahlen konnte. Sie hatte festgestellt, dass die gesellschaftliche Wohnnormalität für ihre Bedürfnisse um ein Vielfaches überdimensioniert war. Die karge Hütte passte nicht in die bürgerliche Normalität, sie störte das Bild. Doch die kleine Hütte passte perfekt zu ihrer Bewohnerin – zu ihrem Einkommen, ihrer Lebenssituation, ihrem Gleichgewicht zwischen Arbeit und Nichtarbeit. Durch ihren Schritt in Richtung Einfachheit gewann sie erhebliche finanzielle und zeitliche Freiheit. Gleichzeitig zog sie das Unverständnis und den Ärger ihrer Nachbarn auf sich. Sie kratzte mit ihrem Lebensstil an der sie umgebenden bürgerlichen

Normalität. Sie stellte allein durch ihr Dasein die akzeptierte Konsummatrix ihres Umfeldes in Frage – und bot ein irritierend anderes Maß an, eines, das sie nicht atemlos zurücklässt oder in nicht gewollte Arbeitsmaße drängt.

Sind 174.720 Stunden Input genug?

Wann ist genug genug? Diese Frage gilt es immer wieder frisch zu beantworten. Extrem wichtig ist diese Frage für unseren Umgang mit Medien. Kein Konsumbereich hat es in den letzten Jahrzehnten geschafft, sich so stark in unserem Alltag zu verankern wie die Medien. Heute konsumieren wir pro Tag im Schnitt über acht Stunden Medien. Hierbei sind Internet, Tageszeitungen, Fernsehen, Radio, Fachzeitschriften genauso erfasst wie DVDs, Kinobesuche oder das Hören von Musik über den iPod. Acht Stunden am Tag macht 56 Stunden pro Woche, macht 2.912 Stunden pro Jahr und 174.720 Stunden für ein Leben, in dem dieses Konsumverhalten 60 Jahre lang praktiziert wird. 174.720 Stunden, das sind 30 komplette Lebensjahre, in denen wir uns neben schlafen und essen (gerechnete acht Stunden) exklusiv dem Konsum von Medien widmen.

Jedes Mal, wenn ich diese Zahlen lese – und sie werden in meinen Seminaren zum persönlichen Wissensmanagement regelmäßig von Teilnehmern bestätigt –, bin ich aufs Neue überrascht. Wieso öffnen wir freiwillig unseren Geist für so viel Filme, Musik, Nachrichten, Bilder, Krimis und Werbung? Wieso ist die Wahrscheinlichkeit, einen Menschen beim Medienkonsum anzutreffen so viel höher, als ihn im Gespräch oder Spiel mit seinen Kindern zu erleben? Oder im Wald? Oder gar in der Meditation? In keinem Bereich haben wir so sehr das Maß verloren wie im Feld der Medien. Und dies hat gravierende Auswirkungen auf unseren Konsum in anderen Feldern und unsere geistige Grundgestimmtheit.

Auf den meisten Medienkanälen kommen wir regelmäßig mit Gewalt und Mangel- oder Negativbotschaften in Kontakt. Die schiere Menge dieser Bilder und Werbebotschaften scheint uns zwar abzustumpfen, nährt aber eine Grundstimmung, die Konsum als Lösung von Problemen akzeptiert und mehr Negatives sieht, als in der Realität existiert. In deutschen Krimis sterben wesentlich mehr Menschen als in der realen Kriminalitätsstatistik. Des Weiteren werden wir in den Medien ständig mit dem Nichtnormalen,

Extremen, Schrecklichen und weit Entfernten in Kontakt gebracht. Unser Alltag scheint im Vergleich zu dem, was in der Welt passiert, langweilig zu sein. Das ist die wahre Entfremdungsgefahr, die von einem Medienkonsum ohne Maß und Achtsamkeit ausgeht.

Ein Beispiel: Ein Junge kam zum Sommer-Retreat ins Meditationszentrum Plum Village. Als er hörte, dass es dort keinen Fernseher gab, wollte er sofort wieder nach Hause. Eine Nonne sagte ihm: „Bleibe einen Tag, wenn dir dann immer noch langweilig ist, dann kannst du gehen." Am nächsten Tag fragte sie ihn nochmals, nun wollte er nicht mehr gehen. Warum? Er hatte Gleichaltrige getroffen, mit ihnen Abenteuer in den umliegenden Wäldern erlebt. Die Gemeinschaft hatte ihn lebendig gemacht. Nun wollte er bleiben. Seine Langeweile war verschwunden. Er brauchte den Fernseher nicht mehr. Er hatte die Realität berührt und die war viel interessanter als das Fernsehen.

In einem Umfeld der Achtsamkeit kommen Medienkonsumimpulse auf natürliche Art und Weise zum Stillstand. Kettenraucher vermissen ihre Zigaretten nicht. Passionierte Weintrinker bleiben bei Tee und Wasser. Informationsjunkies kommen zur Ruhe und schalten ihre Blackberrys aus. Das ist meine Erfahrung aus vielen Achtsamkeitsretreats.

Geistigen Hunger zähmen

Wenn wir hungrig sind, kaufen wir uns ein Brot. Das ist fein. Doch meist ist der Ausgangspunkt unseres Konsums nicht ein solch scharf umrissenes Bedürfnis wie physischer Hunger. Unser Verlangen ist universeller. Unser Verlangen kann unendlich sein, unstillbar. Im Sutra über die acht Erkenntnisse Großer Wesen heißt es:

Alle Bedrängnisse des täglichen Lebens entstehen aus Gier und Verlangen. Jene, die wenig Verlangen und wenig Ehrgeiz empfinden, sind fähig, sich zu entspannen; ihr Körper und Geist sind frei von Verstrickungen.

Wir kennen alle dieses Gefühl von „Das war alles?" oder „Etwas fehlt.". Eine nagende Unzufriedenheit, die uns manchmal mitten in Zeiten der Gesundheit und des Erfolges überfällt. In Pali lautet der Begriff für dieses

Lebensgefühl tanha. Tanha gilt als Wurzel allen Leidens. Ohne die Überwindung von tanha können wir kein dauerhaftes Glück finden. Doch tanha
ist nicht durch Konsum zu überwinden. Im Gegenteil: Je mehr Nahrung wir
unserem Verlangen geben, desto mächtiger und stärker wird es. Je mehr
wir konsumieren, umso stärker werden unsere Konsumimpulse.

In der buddhistischen Mythologie existiert das Bild der Hungergeister.
Dies sind Wesen, die über einen riesigen Bauch, aber nur einen ganz engen
Hals verfügen. Sie sind immer hungrig, egal, wie viel man ihnen anbietet.
Es ist nie genug. Jeder von uns trägt den Keim dieses endlosen Verlangens
in sich, auch wenn die Objekte, auf die sich der Hunger bezieht, sehr un-
terschiedlich sein mögen.

Unsere Rastlosigkeit, unsere Jagd nach neuen Eindrücken und Erfahrungen, unsere Faszination für das Neue und die Langeweile, die scheinbar
Bekanntes auslöst, sind nur verschiedene Spielarten dieses universellen
Hungers. Achtsamkeit kann uns helfen, zwischen realem Hunger und un-
stillbarem Appetit zu unterscheiden. Sind wir nicht achtsam, kann uns das
Essen immer hungriger machen. Bleiben wir achtsam, sehen wir, was wir
wirklich brauchen.

Zeit des Fastens – Zeit des Lernens

Phasen des Fastens sind ein guter Lehrer auf dem Weg zum rechten Maß.
Durch bewusste Enthaltsamkeit oder Abstinenz in zentralen Konsumbe-
reichen rekalibrieren wir unseren Input. Das zeitweise Brechen von Kon-
sum- und Lebensgewohnheiten bringt uns in Kontakt mit dem einfache(re)n
Leben. Bewährte Felder des Fastens sind Nahrung, Alkohol, Süßigkeiten,
Kaffee, Sex, Medien und Shoppen. Hier soll die Bedeutung des Medien-
fastens für unsere Achtsamkeit besonders betont werden.

Medienfasten oder Raum zur geistigen Verdauung geben

Alles, was wir zu uns nehmen, müssen wir verdauen, damit es sich sinnvoll
und harmonisch in unser Leben integriert. Verdauen wir unser Essen nicht
richtig oder schlucken es schlecht gekaut hinunter, kreieren wir Probleme
für unseren Körper. Das ist völlig klar. Für unseren Geist gilt dies genauso.
Nehmen wir viele Informationen, Meinungen, Bilder oder Theorien in uns

auf, brauchen wir Zeit zum Verdauen und zur Integration dieser Inputs in unser Leben. Was hilft uns die immense Aufnahme von Inputs, wenn ich diese nicht für eine Verbesserung meines Lebens nutze? Alles beginnt im Geist und wir sollten uns bewusste Grenzen für die Aufnahme von Inputs setzen. Eine besonders effektive Methode hierzu ist das Medienfasten.

Medienfasten ist der bewusste Medienverzicht auf Zeit. Ausgangspunkt hierfür kann die umfassende Mediennutzungsbilanz sein, die wir am Anfang dieses Kapitels erstellt haben. Wir können nun bei den Medien ansetzen, die besonders viel Zeit in Anspruch nehmen und gleichzeitig nur geringe Qualität bieten oder unheilsame Samen in uns wässern. Wir können uns verpflichten, für ein bestimmtes Zeitintervall auf einzelne Medien zu verzichten oder diese zu reduzieren. Wir können eine Obergrenze für den Gesamtkonsum festlegen.

Wie beim körperlichen Fasten folgt dem Aufnahmeverzicht ein Kampf, der Kampf des Geistes um seinen gewohnten Input, seine tägliche Dosis aus Bildern, Schlagzeilen und emotionaler Aktivierung. Nach diesem Entzug hat unser Geist Ruhe und Zeit, um innerlich aufzuräumen und abgelagerten Gedankenmüll zu entsorgen. Diese Entgiftung verschafft wachere Bewusstheit.

Das Fasten sollte sich mit unserer Lebenssituation vertragen, es macht keinen Sinn, als Reporter mitten im Einsatz auf sein Handy zu verzichten. Fasten braucht allerdings auch ein wenig Schutz vor den Zwängen des Alltags.

Nach Medienfastenkuren geht der Medienkonsum häufig stark zurück. Wir erkennen unsere Konsumimpulse klarer und entscheiden eigenbestimmter über unsere Informationsbedürfnisse. Fasten macht Lust auf direkten Kontakt. Realität aus zweiter Hand wird zunehmend als fade empfunden. Fastenphasen werden von vielen Menschen als Reinigung empfunden und sind häufig der Ausgangspunkt zum Anpassen des eigenen Maßes. Im spirituellen Kontext ist Fasten eine bewusste Entscheidung, sich „von etwas anderem nähren zu lassen" und die spirituelle oder geistige Dimension in den Vordergrund zu stellen.

Wahre Genussfähigkeit – Verdauen – Uns Zeit nehmen

Viele Menschen sagen mir, dass sie keine Zeit für Meditation oder andere Übungen der Achtsamkeitspraxis hätten. Ihre Tage seien zu voll, zu verplant – eine logistische Herausforderung. Das mag sein. Doch unser stetes Beschäftigtsein fällt nicht vom Himmel, es ist vielmehr nur die logische Folge von vorgelagerten Entscheidungen. Wir pressen zu viel in unsere Tage. Zu viele Freizeitaktivitäten, zu viele Wünsche, zu viele Verpflichtungen, zu viel Arbeit ... Je mehr wir haben, je mehr wir machen, je mehr wir kaufen, desto mehr Energie brauchen wir, um all das zu finanzieren, zu pflegen, zu planen, zu koordinieren und so fort. Das hält uns stetig in Bewegung.

So entsteht ein Paradox: Wir haben immer mehr und können dieses „Mehr" immer weniger genießen. Sowohl zeitlich als auch geistig. Wir brauchen Zeit zum Verdauen und zur Innenschau. Wir verfügen über eine riesige Lagerhalle voller Schätze. Nehmen wir uns die Zeit, diese zu kosten, zu bestaunen und uns mit ihnen vertraut zu machen. Halten wir inne und betrachten wir unsere Reichtümer. Laufen wir nicht ständig herum, um noch großartigere Dinge im Außen zu finden und in unsere riesige Lagerhalle zu bringen. Lassen wir uns in unserer eigenen Lagerhalle nieder. Machen wir sie zu unserem Zuhause. Eine zentrale Übung und Aufforderung der Achtsamkeitspraxis lautet:

„Ich bin angekommen, ich bin zu Hause."

Im gegenwärtigen Augenblick ankommen bedeutet, die bereits vorhandenen Schätze unseres Lebens klar zu sehen. Wir sollten nicht zulassen, dass wir die Gegenwart für die Zukunft opfern. Wir können unsere inneren und äußeren Schätze in jedem Augenblick neu berühren. Dann werden unsere Freunde, unsere Ehepartner, unsere Kinder, unsere Eltern und alles, was in unserem Leben wirkt, wieder lebendiger und wertvoller.

Wenn wir unsere wahren Bedürfnisse erkennen, können wir uns entspannen. Als Menschen brauchen nicht viele materielle Dinge, um glücklich zu sein. In einer Atmosphäre der Achtsamkeit habe ich viele Menschen unter sehr einfachen Lebensbedingungen aufblühen sehen. Wir brauchen Mitgefühl, Achtsamkeit, Brüder- und Schwesterlichkeit, wir brauchen Zufriedenheit, Vertrauen und Freude. Dies sind wahre Bedürfnisse. Sie verdienen Priorität. Werfen wir Ballast ab, um uns um sie zu kümmern.

Motivation des Konsums

Warum konsumiere ich? Was erwarte ich vom Konsum? Was löst den Konsum aus?

„Wir haben den Geschmack für das Alleinsein verloren. Die Gesellschaft nimmt uns viele Dinge weg und sie vernichtet uns mit Lärm, Gerüchen und so vielen Ablenkungen. (…) Wir müssen unseren Alltag so umorganisieren, dass die Gesellschaft uns nicht mehr kolonialisieren kann. Wir müssen unabhängig werden." – **Thich Nhat Hanh**

Unsere wahre Konsummotivation erkennen

Was treibt unseren Konsum an? Was erwarten wir uns vom Konsum? Wir sollten genau hinschauen und verstehen, was unseren Konsum auslöst und beschleunigt. Wir sollten die Einflüsse kennen, die unsere Konsummenge maßgeblich beeinflussen:

- Ist es reine Gewohnheit („Habe ich immer so gemacht!")?
- Ist es eine gesellschaftliche Normalität, der wir folgen („Das machen doch alle!")?
- Ist es die Mode, der wir folgen und die uns immer wieder etwas Neues anbietet („Da muss ich mitziehen, sonst bin ich out!")?
- Ist es der Kontakt mit Nachbarn, Freunden oder Experten, der uns stimuliert („Eigentlich eine gute Idee, das könnte ich auch gut gebrauchen/machen!")?
- Sind es Ideen vom Glück („Das wird mich glücklich machen!")?
- Sind es Träume („Das wollte ich schon immer haben!")?
- Sind es Gelegenheiten, die sich auftun („Da wäre ich ja blöd, wenn ich nicht zugreife!")?
- Ist es ein unwiderstehlicher Drang oder eine Sucht („Ich kann nicht anders, das muss ich haben!")?
- Ist es der Vergleich mit anderen, die mehr haben („Wenn der das hat, brauch ich das auch!")?

- Kaufen wir etwas, um uns zu belohnen („Das gönn ich mir jetzt!")?

- Werden wir beim Kauf genötigt, geschmeichelt, werden wir überredet oder überzeugt („Das brauchen Sie!")?

- Sind es Ansprüche, die wir geltend machen („Das steht mir zu!")?

- Will ich damit anderen gefallen („Da werden die staunen!")?

- Identifiziere ich mich mit dem Objekt meines Kaufes („Das bin ganz ich!")?

- Habe ich die Kontrolle verloren („Ich war nicht mehr bei mir und dann ist es passiert!")?

- Ist es eine vernünftige und abgewogene Entscheidung („Nach Prüfung aller Alternativen und in meiner aktuellen Lebenssituation ist ein Auto das Sinnvollste.")?

Häufig sind mehrere dieser Dimensionen betroffen, wenn wir eine Konsum-entscheidung fällen. Verdeutlichen wir uns dies anhand eines Autokaufs:

- Ist es reine Gewohnheit („Ich hatte schon immer ein Auto!")?

- Ist es eine gesellschaftliche Normalität, der wir folgen („Alle haben ein Auto, ich natürlich auch!")?

- Ist es die Mode, der wir folgen und die uns immer wieder etwas Neues anbietet („Der neue Mini, den musste ich haben!")?

- Ist es der Kontakt mit Nachbarn, Freunden oder Experten, der uns stimuliert („Als Familienvater braucht man einfach ein Auto, da haben die Recht!")?

- Sind es Ideen vom Glück („Dieses Auto wird mein Leben deutlich verbessern!")?

- Sind es Träume („Endlich ist der Augenblick gekommen, ich wollte schon immer solch ein Auto haben!")?

- Sind es Gelegenheiten, die sich auftun („Abwrackprämie und Sondernachlass, da musste ich zugreifen!")?

- Ist es ein unwiderstehlicher Drang oder eine Sucht („Als ich das Foto gesehen habe und mir der Sofortkredit angeboten wurde, konnte ich nicht anders, da habe ich unterschrieben!")?

- Ist es der Vergleich mit anderen, die mehr haben ("Wenn der Müller den hat, muss ich den auch haben!")?
- Kaufen wir etwas, um uns zu belohnen ("Das war ein hartes Jahr, den hab ich mir verdient!")?
- Werden wir beim Kauf genötigt, geschmeichelt, werden wir überredet oder überzeugt ("Den brauch ich wirklich, der passt zu mir, sagen ja auch alle!")?
- Sind es Ansprüche, die wir geltend machen ("Das Auto steht mir zu!")?
- Will ich damit anderen gefallen ("Ich freu mich schon, in der Firma vorzufahren!")?
- Identifiziere ich mich mit dem Objekt meines Kaufes ("Der passt zu mir, so will ich sein!")?
- Habe ich die Kontrolle verloren ("Da ist mir wohl die Kreditkarte ausgerutscht ...!")?
- Ist es eine vernünftige und abgewogene Entscheidung? ("Bahn und Bus sind leider zurzeit keine Alternative!")?

Unser Konsum ist in den seltensten Fällen bewusst, rational, smart oder frei. Wir haben gesehen, dass viele unserer Konsumentscheidungen in hohem Maße emotional und unbewusst ablaufen. Die Motivation unserer Konsumentscheidungen ist für uns nicht immer leicht ersichtlich.

Wieso gefallen uns die Schuhe, die vor zwei Jahren noch perfekt für uns waren, nicht mehr? Wieso haben wir das Gefühl, unsere Wohnung wäre zu klein und wir bräuchten unbedingt eine größere? Was treibt uns wirklich an?

Trinken wir das Bier, weil wir durstig sind? Greifen wir zur Zeitung, weil wir uns über die Ereignisse des Tages informieren wollen? Treffen wir unsere Entscheidungen wirklich so klar und bewusst? Je länger wir Achtsamkeit praktizieren, desto klarer wird uns, dass unsere scheinbar freien und bewussten Entscheidungen gar nicht so frei und bewusst sind. Sie geschehen einfach. Oder besser: Wir lassen sie geschehen. Manche Geisteszustände wie Unzufriedenheit oder Neid wirken wie Konsumturbos. Abbildung 31 zeigt die Vielfalt bewusster und unbewusster Konsumbeschleuniger in unserem Leben.

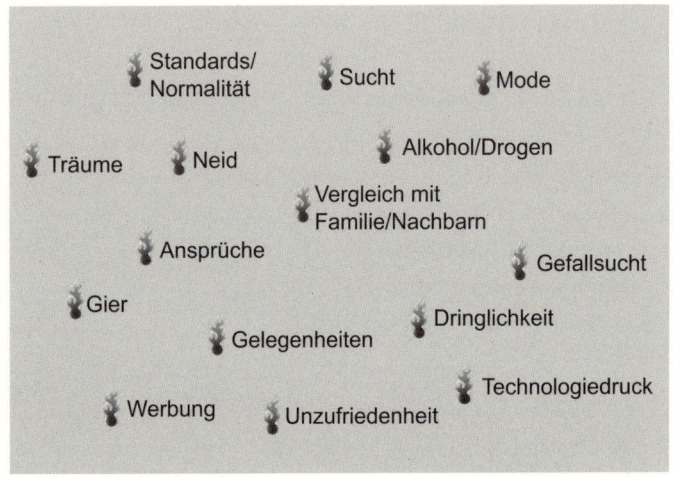

Abbildung 31: **Innere und äußere Konsumbeschleuniger**

Auf einer tieferen Ebene machen uns all diese Konsumbeschleuniger ein Versprechen. Folge mir und es wird angenehm. Folge mir nicht und es wird unangenehm. Wie Winde umwehen uns diese Versprechen und Drohungen im Alltag.

Die acht Winde beruhigen

Im Buddhismus kennen wir diese Versprechen und Drohungen als acht weltliche Winde. Diese sind Gewinn und Verlust, Ehre und Unehre, Lob und Kritik sowie Glück und Unglück.

Wir wollen lieber gewinnen als verlieren, lieber gelobt als getadelt werden, lieber angesehen sein als verachtet zu werden und lieber angenehme als unangenehme Sinneserfahrungen machen. Und wir tun bewusst und unbewusst eine Menge, um die angenehme Seite zu erreichen oder festzuhalten und die unangenehme Seite von uns fernzuhalten oder wegzudrücken.

Wir streben in die Sphäre des Wollens und verspüren Wohlempfinden und Entzücken ...

- ... beim Empfangen von Geld und materiellen Besitztümern (Gewinn),

- ... beim Erhalten von Lob, Zustimmung und dem Ego schmeichelnden Worten (Lob),
- ... durch den Besitz eines guten Rufes oder Images (Ehre),
- ... beim Kontakt mit angenehmen Bildern, Tönen, Gerüchen, Geschmäckern und Berührungen (Glück).

Wir vermeiden die Sphäre des Nichtwollens und empfinden Missfallen und Unmut ...

- ... beim Nichterhalten oder der Trennung von Geld und materiellen Besitztümern (Verlust),
- ... beim Empfangen von Kritik, Widerspruch und Missbilligung (Kritik),
- ... beim Verlust eines guten Rufes oder Images (Unehre),
- ... beim Kontakt mit unangenehmen Bildern, Tönen, Gerüchen, Geschmäckern und Berührungen (Unglück).

Larry Rosenberg schreibt:

> *„Die Praxis wird beginnen, wenn wir ein für allemal begreifen, dass Verlangen Leiden schafft. (...) Sie beginnen zu sehen, dass im Verlangen kein bisschen Friede oder Freude zu finden ist, aber eine ganze Menge in seiner Abwesenheit."*[54]

Erfahren wir diese Erkenntnis am eigenen Leibe, beruhigen sich die acht Winde und unser Verhältnis zu allen Spielformen des Wirtschaftens kann sich radikal verändern.

Sucht – Wurzel der Unfreiheit

Sucht beginnt, wenn wir nicht mehr frei entscheiden können, etwas zu tun oder zu lassen. Wir müssen etwas tun, von dem wir uns zumindest kurzfristig emotionalen Gewinn erhoffen. Süchte können unseren Körper, unsere Familie oder unsere finanzielle Existenzgrundlage zerstören, sie zerstören aber vor allem unsere geistige Entwicklung als Mensch. Sie zwingen uns in destruktive geistige oder körperliche Wiederholungen. Und mit jeder Wiederholung unseres suchtgesteuerten Verhaltens sterben wir ein wenig. Wer in den Suchtkreislauf einsteigt, fängt an, sich und sein Umfeld zu zerstören. Und wir werden süchtig, weil wir in zerstörten Umfeldern leben.

Süchte kommen uns persönlich und als Gesellschaft teuer zu stehen. Das wird offensichtlich in den Drogenkliniken dieser Republik. Das ist klar, wenn wir in die Augen von Junkies am Straßenrand blicken. Das wird klar, wenn wir uns mit Sozialarbeitern unterhalten, die durch Alkohol zerstörte Familien versorgen. Sucht ist Zerstörung. Die Sucht hat viele Gesichter. Manche Süchte sind geächtet („Heroin"), andere sind sozial akzeptiert und werden honoriert und gefördert. Erfolgssucht, Arbeitssucht und Konsumsucht wirken als kräftige Motoren unserer Wirtschaft. Doch Sucht ist Sucht. Sucht ist Flucht. Sucht ist Unfreiheit. Joko Beck schreibt:

„Unter all dem Suchen verbirgt sich Kummer."

Unser stetes Suchen und Beschäftigtsein mag ein Zeichen dafür sein, dass wir uns dem wahrhaft Wesentlichen nicht zuwenden wollen oder können. Sucht ist in vielen ihrer Spielformen in unserer Gesellschaft zur Normalität geworden. Was treibt uns In die Sucht? Der Buddha hat auf diese Frage sehr klar und tief geantwortet. Wir wünschen uns als Menschen angenehme Erfahrungen. Wir streben in Richtung des Angenehmen. Wir wollen Angenehmes erleben. Schönes Wetter, ein entspannendes Bad, innige Sexualität, ein gutes Essen und vieles mehr. Unser Körper und Geist reagiert auf die Ereignisse des Tages unmittelbar mit angenehmen, unangenehmen, neutralen und gemischten Empfindungen. Auf den ersten Blick scheint es eine rationale Strategie zu sein, die angenehmen Empfindungen zu maximieren und die unangenehmen Gefühle zu vermeiden.

Doch gerade dieses Vermeidungsverhalten ist das Einfalltor der Sucht. Es gibt unseren Empfindungen eine enorme Macht über uns. Je mehr wir vermeiden, desto geringer wird unsere Freiheit. Die Sucht kann so die verschiedensten Formen annehmen. Je weniger unangenehme Gefühle wir ertragen können, desto abhängiger und suchtanfälliger werden wir für all das, was uns angenehme Gefühle schenken und unangenehme Gefühle vermeiden soll. Erst im Entzug konfrontieren wir uns mit all den vermiedenen körperlichen und geistigen Schmerzen und Problemen. Eine starke Achtsamkeitspraxis kann Entzüge von Süchten jeder Art stark unterstützen.

Konsumgewohnheiten erkennen und transformieren

Über viele Konsumentscheidungen machen wir uns gar keine großen Gedanken. Sie laufen quasi automatisch ab. Aber unser Leben ist keine Wiederholung. Alles, was wir wiederholt in unserem Leben tun, hat eine Tendenz, sich zu verfestigen, zu erstarren und dann zunehmend automatisch abzulaufen. Alles kann uns zur Gewohnheit werden. Die Art und Weise, wie wir unsere Freizeit verplanen, unsere Zähne putzen oder Sport treiben. Das gilt natürlich auch für unsere Art zu konsumieren.

Unsere innere Freiheit beginnt, wenn wir das „Normale" nicht mehr als normal hinnehmen. Gewohnheiten sind nichts Statisches. Sie sind kraftvolle Energiemuster. Sie ziehen Handlungen an. Sie sind wie ein ausgetrocknetes Flussbett, in welchem sich frisches Wasser nach dem Wolkenbruch bevorzugt seinen Weg durchs Gelände sucht. Achtsamkeit hat die Kraft, unsere Gewohnheiten sichtbar zu machen. Wir stellen „das Normale" wieder auf den Prüfstand.

Wir sollten unsere schlechten Gewohnheiten nicht als Feinde ansehen. Gehen wir nicht in den Kampf und streben wir nicht danach, sie zu vernichten! Jeder innere Kampf nährt unsere Unruhe und Aggression unnötig. Jeder Kampf gibt unseren Gewohnheiten zusätzliche Energie, statt diese zu schwächen. Gehen wir sanft mit unseren Gewohnheiten um. Geben wir ihnen treffende Namen und lächeln wir ihnen versöhnlich zu. Sie sind alte Bekannte. Sie haben uns so lange begleitet. Lassen wir sie in Frieden sterben.

Jede Gewohnheit braucht gewisse Bedingungen, um sich zu manifestieren. Nichts kann langfristig ohne Nahrung überleben. Kein Vogel, kein Unternehmen, kein Prozess, kein Produkt und auch keine Gewohnheit. Um uns einen Kaffee zu kochen, brauchen wir eine Kaffeemaschine. Ohne Schokolade im Haushalt können wir unserer Gierattacke um Mitternacht auch nicht nachgeben. Nur ein eingeschaltetes Handy kann mitten in einem Gespräch läuten und uns in Versuchung bringen abzuheben. Nur wenn wir online sind, erreichen uns die E-Mail-Impulse unserer Umgebung und geben unserer Sprunghaftigkeit Nahrung. Wir können ein Umfeld schaffen, in dem es unsere unheilsamen Konsumimpulse immer schwerer haben, Nahrung zu finden und sich zu stärken.

Zuflucht zum Heilsamen nehmen

An wen oder was wenden wir uns, wenn es uns schlecht geht? Zu was nehmen wir Zuflucht, wenn uns der Wind ins Gesicht bläst oder wir nicht wissen, was wir tun sollen? In Zeiten der Angst, Unsicherheit oder starker Emotionen brauchen wir einen Halt. Nehmen wir Zuflucht zur Familie, zu Freunden, zu Gott? Was ist ein sicherer Ort? Oder nehmen wir Zuflucht zum Konsum?

Wahre Zuflucht ist ein sicherer Ort, an dem wir uns erholen können, an dem wir unsere Lage sortieren und verstehen können. Wir haben gezeigt, dass Konsum uns diesen sicheren Ort nicht bieten kann, sondern eher eine Flucht vor der Realität darstellt.

Im Buddhismus kennen wir die dreifache Zufluchtnahme zum Buddha (dem erwachten Lehrer), zum Dharma (der Lehre, die uns beim Erwachen hilft) und zur Sangha (der Gemeinschaft, die uns auf dem Weg des Erwachens unterstützt). Ein Dharma-Lehrer fasst diese Form der Zuflucht so zusammen:

Wir vertrauen, dass wir wie der historische Buddha die Realität tief verstehen können und dadurch unser unnötiges Leiden überwinden. Wir haben ein konkretes Vorbild, wie wir geistige Krisen meistern können. Wir vertrauen den vielfältigen Methoden und der buddhistischen Lehre, die wir in unserem eigenen Leben mit Hilfe bewährter Praxismethoden auf ihre Wirksamkeit prüfen. Und wir vertrauen der Gemeinschaft, von der wir lernen und die uns in schwierigen Zeiten mit Rat und Ermutigung beisteht. Und wir vertrauen unserer eigenen Praxis. Statt im Außen Zuflucht zu nehmen, kehren wir zu unserem achtsamen Atem zurück und nehmen ohne Urteil wahr, was ist, was in unserem Körper und Geist passiert. Wir gehen einige achtsame Schritte oder lesen die fünf Achtsamkeitsübungen, um unser Leben wieder mit etwas Schönem und Wahrhaftigem zu verbinden. Es gibt

in uns einen Ort, der voller Ruhe und Frieden ist und den uns
niemand nehmen kann.

Tibetische Mönche, welche die Folter in chinesischen Gefängnissen ohne geistige Schäden überstanden haben, wurden befragt, was ihre größte Angst während der Gefangenschaft war und wie sie ihre geistige Unversehrtheit bewahrt hätten. Ihre größte Angst: das Mitgefühl für ihre Peiniger zu verlieren und stattdessen Zuflucht zu Hass und Ärger zu nehmen. Sie waren sich sicher, dass die Zufluchtnahme und das Einsteigen in unheilsame Geisteszustände ihr Leben zerstört hätte. Sie entschieden sich, zum Heilsamen und nicht zum Unheilsamen Zuflucht zu nehmen. Welche Entschlossenheit und welch ein Vorbild für unsere täglichen kleinen und großen (Zu-)Fluchtentscheidungen. Ein Manager berichtet:

> *„Als ich klar erkannte, aus welchen Gründen ich mein Leben lang verschiedenste Dinge konsumiert, angeschafft und aufgetürmt hatte, musste ich laut lachen. Ich saß auf meinem Meditationskissen und lachte. Das also waren die Gründe für meinen Eigentümerstolz, meine Sammelleidenschaft und meinen steten Kaufdrang! Hoffnung auf Anerkennung, dazugehören, besser sein als mein Bruder ... Wofür? Diese Einsicht war so klar, dass ich ohne große Mühe meinen Konsum und meinen Lebensstil stark vereinfachen konnte und heute mit der Hälfte meines alten Verbrauchs wesentlich zufriedener sein kann.“*

Wir können Zuflucht zu Fernbedienung, Alkohol oder Essen nehmen oder uns für tiefes Zuhören, Metta-Meditation oder Tiefes Schauen entscheiden. Wir können Zuflucht zu negativen Gedanken oder liebevollen Wünschen nehmen. Wir können in anderen das Negative oder das Positive sehen. Wir entscheiden in jedem Augenblick aufs Neue, welcher Sicht der Welt wir uns anvertrauen wollen.

Epilog:

Wir sind die Zukunft

Bei uns selbst beginnen

„You should be a free person to bring happiness and healing to your family and society. If you are only a slave of your business, your busyness, and of your ideas, you cannot do it."

Mit dieser Aussage fordert uns Thich Nhat Hanh auf, unser Leben nicht zu verschwenden und uns nicht in unseren Projekten, Ambitionen und steter Geschäftigkeit zu verlieren. Wir können ein freies und glückliches Leben führen, wenn wir unsere falschen Vorstellungen von Glück und Erfolg loslassen. Viele von uns fühlen sich heute unfrei, ohne Wahl, versklavt von mächtigen Wirtschaftsstrukturen, und suchen nach Alternativen. Ich bin der Achtsamkeitspraxis und ihren Lehrern unendlich dankbar, dass sie mich aus diesem Gefängnis falscher Vorstellungen geführt haben. Wir haben vielfältige Wahlmöglichkeiten. Wir müssen sie nur sehen und dann entschlossen handeln. Voraussetzung hierfür war für mich die Aufnahme einer täglichen Übungspraxis, die mich im Alltag wachhält. Was ich nicht klar erkennen kann, das kann ich nur schwer ändern.

Die Achtsamkeitspraxis wirkt. Als ich im Jahre 2003 das Netzwerk Achtsame Wirtschaft initiierte, hatte ich nur eine vage Idee, auf welchen Wegen man Bewusstheit, Ethik und Sinn in die Wirtschaft tragen kann. Heute liegen die Wege klarer vor mir.

Die Unzufriedenheit mit unserer Art, Wirtschaft zu organisieren und zu denken, wächst auf breiter Front. Auf meinem Weg traf ich zahlreiche Unternehmer, Manager, Unternehmensberater, Professoren und Finanzexperten, die nach frischen Antworten und Perspektiven für unser Wirtschaftssystem suchen. Es gilt, Lähmung, Ärger und Hilflosigkeit zu überwinden und gemeinsam freudige und gelassene Tatkraft zu entwickeln. Denn intellektuelle Einsichten reichen nicht aus. Wir müssen zum Wandel werden, den wir selber wollen. Sonst wird unseren Stimmen die Kraft fehlen. Die Glaubwürdigkeit und Inspirationskraft von Unternehmern, Managern, Beratern, Politikern, Prominenten, Künstlern hängt davon ab, inwiefern sich ihre Ideale in ihrer eigenen Lebensweise, ihrem persönlichen Lebensstil und ihrer tiefsten Motivation widerspiegeln.

Beginnen wir mit dem Wandel bei uns selber, werden wir sinnvolle Impulse in Unternehmen, Universitäten, NGOs oder politische Prozesse senden können. Machen wir uns selber nichts vor. Versuchen wir nicht, achtsamer, ethischer, mitfühlender oder verständnisvoller zu sein, als wir sind. Haben wir Geduld! Achtsamkeit ist der Schlüssel zur Selbsterkenntnis und zur Transformation unserer ökonomischen Ideen und Gewohnheiten. Die geduldige Kultivierung von Achtsamkeit wird uns den Weg weisen, wie wir in unserem Umfeld sinnvoll agieren können. Die beste Investition, die wir als Menschen tätigen können, ist die Investition in unseren eigenen Geist. Die Kultivierung heilsamer Geisteszustände, die Zähmung unheilsamer Geisteszustände und das tiefe Schauen in unsere eigene Lebenssituation wird uns in ein freieres, liebevolleres und sinnvolleres Leben führen.

Tägliche Praxis im eigenen Haushalt

Indem wir Achtsamkeit durch Methoden wie Geh-, Sitz-, Ess- oder Arbeitsmeditation verankern und unsere Praxis durch Studium, Retreats und Achtsamkeitstage vertiefen, können wir schrittweise und ohne falschen Ehrgeiz unseren eigenen Haushalt verwandeln. Was kaufen wir wo und wie ein? Sind wir bei der richtigen Bank? Welchen Zwecken soll unser Geld dienen? Wie schaffe ich mir Phasen des Durchatmens im Arbeitsprozess? Das sind sehr praktische Fragen und es bringt große Freude, diese mit konkreten Taten und Experimenten zu durchdringen. Wenn wir Achtsamkeit zu unserem Lehrer machen, dann wird unser Lernen recht mühelos sein. Wir sehen den Weg. Und wir sehen auch, dass es keine einfachen Antworten gibt.

In der buddhistischen Tradition von Thich Nhat Hanh wird die Bedeutung von Gemeinschaft, von Sangha, sehr betont. Weltweit gibt es über 1.000 regionale Gruppen, die sich in ihrer täglichen Praxis und in ihrem geistigen Wachstum unterstützen und sich meist wöchentlich zu Übungsabenden treffen. Unsere Gewohnheiten sind stark. Gemeinschaft hilft uns, am Ball zu bleiben und nicht auf individuelle Irrwege zu geraten.

Wir müssen nicht Buddhisten werden, um Achtsamkeit zu üben. Wir können weiterhin in unserer christlichen, jüdischen, moslemischen, humanistischen oder sonstigen Tradition verankert bleiben und durch Achtsamkeit unsere Einsichten vertiefen. Viele meiner Ordensfreunde sind weiterhin in ihren christlichen oder jüdischen Gemeinden aktiv und verwurzelt.

Achtsamkeitstage besuchen oder organisieren

Wollen wir einen ersten konkreten Schritt tun, empfehle ich den Besuch eines Achtsamkeitstages. Ein Achtsamkeitstag ist ein kraftvoller Einstieg, eine effektive Vertiefung und eine wirksame Erinnerung für unsere Achtsamkeitspraxis. Ich bin immer wieder berührt, was wir alles an einem solchen Tag lernen können. Über uns selbst und andere. Mühelos. Wie sich unsere zentralen Glaubenssätze und eigenen Gewohnheiten zeigen. Gönnen wir uns solche Tage des Innehaltens! Sie bieten hochwertige geistige Nahrung, schenken unserem Körper und Geist Ruhe und Klarheit, bringen uns mit Gleichgesinnten zusammen und können uns inspirieren. Achtsamkeitstage sind effektive Medizin und heilsamer Dünger für unsere Gesellschaft, unsere Institutionen und jeden Einzelnen von uns.

bis 9:30 Uhr	Ankommen ~ Begrüßungstee
9:30 Uhr	Begrüßung ~ Einstiegsrunde
10:00 Uhr	Einführung in die Achtsamkeitspraxis
10:15 Uhr	Sitzmeditation ~ Gehmeditation ~ Sitzmeditation
11:15 Uhr	Pause
11:30 Uhr	Vortrag, z. B. „Achtsamer Umgang mit Geld"
12:45 Uhr	Mittagessen in Achtsamkeit
14:30 Uhr	Gehmeditation in der Natur
15:15 Uhr	Mußeperiode
16:00 Uhr	Achtsamer Austausch
17:15 Uhr	Kurze Sitzmeditation
17:30 Uhr	Abschlussrunde
18:00 Uhr	Ende des Achtsamkeitstages

Tabelle 8: Exemplarischer Ablauf eines Achtsamkeitstages

Es gilt, auf allen Ebenen der Gesellschaft erprobte Methoden der Geistes-schulung zugänglicher zu machen, von Vorurteilen zu befreien und an spezifische Gegebenheiten anzupassen. Es wäre wunderbar, wenn immer mehr Multiplikatoren aus allen Bereichen der Gesellschaft die Gelegenheit zu einer persönlichen Erfahrung mit der Achtsamkeitspraxis erhielten. Ein übungsorientierter Vortrag, ein themenzentrierter Achtsamkeitstag oder ein Retreat bieten hier gute Einstiege. Das Netzwerk Achtsame Wirtschaft und viele andere Institutionen (siehe Anhang) können hier bei den ersten Schritten helfen.

In die Gesellschaft wirken

Je stärker unsere Achtsamkeit und je klarer unsere Einsichten, umso mehr wächst unser Verlangen und unsere Bereitschaft, unsere Erfahrungen mit anderen zu teilen. Wir gründen Meditationsgruppen in Unternehmen, inte-grieren Achtsamkeitspraxis in unseren Unterricht oder unsere Vorlesungen, schlagen effektivere Kommunikationsspielregeln in unseren Teams vor oder organisieren einen Achtsamkeitstag oder No-Business-Day für un-sere Freunde, Kollegen oder Mitarbeiter. Es gibt tausend Ansatzpunkte, und jeder von uns kann an seinem Platz beginnen. Am einfachsten gelingt dies, wenn wir Gleichgesinnte finden, sei es auch nur ein Freund oder eine Freundin. Sich mit Mitgliedern des Netzwerkes Achtsame Wirtschaft (siehe Anhang) zusammenzutun und auszutauschen, ist nur einer von vielen möglichen Schritten.

Dieses Buch ist ein erster Schritt. Unsere Erfahrungen im Felde des achtsamen Wirtschaftens werden weiterwachsen. Die Weltwirtschaftsordnung ändert sich und die Offenheit für ökonomische Ansätze, welche wahre geistige Entwicklung integrieren können, steigt. Je mehr Menschen in ihrem eigenen Leben achtsame Wirtschaftsweisen kultivieren, desto mehr Organisationen werden sich manifestieren, die Achtsamkeit leben und atmen. An diesen Orten wird man gerne arbeiten wollen und es wird ein Sog entstehen. Diese Entwicklung werden wir beobachten. Wir sind alle aufgefordert, mit wachen Augen nach achtsamen Umfeldern, Organisationen und Unternehmen Ausschau zu halten, uns mit diesen zu verbinden und ihre Entwicklung zu fördern. Schicken Sie mir bitte Hinweise über Ihre persönlichen Erfahrungen und Vorbilder, so dass diese mit einem breiteren Personenkreis geteilt werden können.

Maximen achtsamen Wirtschaftens

Zum Abschluss noch einige zusammenfassende Maximen
des achtsamen Wirtschaftens:

Mögen wir Wirtschaft als einen wandlungsfähigen,
beeinflussbaren und geistigen Prozess sehen und nicht
als unveränderliches Naturgesetz.

Mögen wir uns durch unsere Arbeit, unser Geld und unseren
Umgang mit Geld mit anderen verbinden und nicht von ihnen
trennen.

Mögen wir im Kontakt mit der Gegenwart bleiben und uns nicht
in der Zukunft, Vergangenheit, in Beschäftigtsein oder Stress
verlieren.

~

Mögen wir in uns und um uns herum das Heilsame nähren.

Mögen wir das Kleine und Unscheinbare stets aufs Neue schätzen und würdigen.

Mögen wir lernen, Maß zu halten.

Mögen wir uns nicht verführen lassen und unseren Geist achtsam schützen.

~

Mögen wir auf unseren aktuellen Geisteszustand achten und Impulsdistanz kultivieren.

Mögen wir die Welt der Fülle sehen und nicht eine Welt des Mangels konstruieren.

Mögen wir ein heilsames und unterstützendes Umfeld wählen.

Mögen wir unsere Achtsamkeit, Freude und unser Mitgefühl täglich nähren.

~

Mögen wir lernen zu geben, ohne etwas zu erwarten.

Mögen wir jeden Tag Dankbarkeit berühren.

Mögen wir die Dinge reifen lassen und Geduld kultivieren.

Mögen wir die Freude eines einfachen Lebens berühren.

Mögen alle Wesen glücklich sein.

Wir sind die Wirtschaft – und sehr viel mehr ...

Alles Gute für Ihren und unseren Weg!

Endnoten

1 Phil Jackson: Sacred Hoops – Spiritual Lessons of a Hardwood Warrior, Hyperion, 1996.

2 Shunryu Suzuki: Zen-Geist - Anfänger-Geist, S. 136, Theseus, 2002.

3 Dalai Lama: Führen, Gestalten und Bewegen, S. 114, Campus, 2008.

4 Die Achtsamkeitsglocke für den PC kann unter www.achtsame-wirtschaft.de kostenlos heruntergeladen werden.

5 Thich Nhat Hanh: Das Herz von Buddhas Lehre, S. 116 ff. Herder, 1999.

6 Shundu Aoyama: Pflaumenblüten im Schnee, S. 75, Theseus, 1995.

7 Thich Nhat Hanh: Das Herz von Buddhas Lehre, S. 116 ff.

8 Thich Nhat Hanh: Das Herz von Buddhas Lehre, S. 116 ff.

9 Götz Werner: Einkommen für alle, Lübbe, 2008.

10 Eine Übersicht über Möglichkeiten der Achtsamkeitsschulung findet sich im Anhang.

11 Text leicht gekürzt aus Thich Nhat Hanh: Wie Siddharta zum Buddha wurde, Theseus, 2004.

12 Dharmavortrag von Thich Nhat Hanh, gehalten auf einem Retreat für Geschäftsleute in Plum Village, Herbst 1999.

13 Dharmavortrag von Thich Nhat Hanh, gehalten auf einem Retreat für Geschäftsleute in Plum Village, Herbst 1999.

14 Teilweise übersetzt und angepasst aus „How to Enjoy your Stay in Plum Village – a Guide to the Practices & Activities", S. 32, Eglise Bouddhique Unifiée, 1999.

15 Rudolf Dreikurs: Kinder fordern uns heraus, S. 87, Klett-Cotta, 2008.

16 Leicht gekürzt und angepasst aus Thich Nhat Hanh: Jeden Augenblick genießen – Übungen zur Achtsamkeit, Theseus, 2004

17 Sawaki Roshi, in: Die Zen-Lehre des „heimatlosen" Kodo, S. 37, Libri, ohne Jahr.

18 Sawaki Roshi, in: Die Zen-Lehre des „heimatlosen" Kodo, S. 56, Libri, ohne Jahr.

19 Dalai Lama: Führen, Gestalten, Bewegen, S. 126 f. Campus, 2008. Die Antworten des Dalai Lama 1: ja, 2: nein, auch andere, 3: ja, 4: ja, 5: ja, 6: nein, 7: ja und 8: ja.

20 Daniel Vasella, Chef von Novartis, Focus, 10.3.2008, S. 110.

21 Shunryu Suzuki: Zen-Geist – Anfänger-Geist, S. 74, Theseus, 2002.

22 Sharon Salzberg: Geborgen im Sein – Die Kraft der Metta-Meditation, Fischer, 1999.

23 Lao Tse: Tao te King, Vers 19, Diederichs, 1996.

24 Unter strukturierten Finanzprodukten versteht man ein Anlageprodukt, das durch die Kombination mehrerer Basisfinanzprodukte, von denen mindestens eines ein Derivat sein muss, entsteht.

25 Flyer zum Film von Erwin Wagenhofer, S. 7.

26 Thich Nhat Hanh: Friedlich miteinander leben, S. 55, Heyne, 2007.

27 Uchiyama Roshi, in: Die Zen-Lehre des „heimatlosen" Kodo, S. 83 f. Libri, ohne Jahr.

28 Durchschnittliche Fahrleistung pro PKW = 12.660 km (Autobild 2005), Annahme = Durchschnittsgeschwindigkeit = 30 km/h.

29 Siehe unter anderem Richard Layard: Happiness – Lessons from a New Science, Penguin, 2005.

30 Time Magazine, 19. Juli 1999.

31 Thich Nhat Hanh: Der Klang des Bodhibaums, S. 198, Theseus, 1995.

32 Schülerbuch 1991, S. 100, Velber Verlag, 1991.

33 Peter Koenig: 30 dreiste Lügen über Geld, S. 31, Conzett, 2004.

34 Original: „A mountain of gold would not be enough to repay all the love the cosmos has given to you."

35 Sawaki Roshi, in: Die Zen-Lehre des „heimatlosen" Kodo, S. 34, Libri, ohne Jahr.

36 Matthieu Ricard: Glück, S. 54, Nymphenburger, 2007.

37 Thich Nhat Hanh: Wie Siddharta zum Buddha wurde, S. 492 f. Theseus, 2001.

38 Shunryu Suzuki: Zen-Geist - Anfänger-Geist, S. 139, Theseus, 2002.

39 Chögyam Trungpa: The Myth Of Freedom and The Way of Meditation, Shambala, 1988.

40 Ajahn Amaro: Three Robes is Enough, S. 188 f. in: Stephanie Kaza (Hrsg.) Hooked – Buddhist Writings on Greed, Desire and the Urge to Consume, Shambala, 2005, Übersetzung von Kai Romhardt.

41 Eckhart Tolle: Jetzt! Die Kraft der Gegenwart, S. 98, J.Kamphausen, 2000.

42 www.foodwatch.de

43 Der Spiegel, 21. April 2008, S.79.

44 Financial Times, 6. Juni 2005, S. 28

45 Das Gehirn produziert Gedanken, die ebenfalls als Input in unser Geistesbewusstsein dringen.

46 Fritjof Capra zitiert David Suzuki, in: Fritjof Capra: Patriarchal Roots of Overconsumption, S. 12, in: Allan Hunt Badiner (Hrsg.): Mindfulness in the Marketplace, Parallax, 2003.

47 Aussage von Till von Krause, Jachtverkäufer bei Abeking und Rasmussen, in: WamS, 29. Juli 2007, S. 56.

48 Kenneth Kraft in einer Interpretation von Richard Buckminster Fuller.

49 www.newint.org/features/2006/11/01/facts/ sowie New Economics Foundation and The Open University, The UK Interdependence Report, 2006, http://www.neweconomics.org

50 DIE ZEIT, No satisfaction – Warum zu viel Auswahl depressiv macht, 9. September 2004.

51 Der Spiegel, Nr. 23/08, S. 82.

52 Thich Nhat Hanh: Das Herz von Buddhas Lehre, S. 102 f. Herder, 1999.

53 DIE ZEIT: Die Frau, die einfach nur lebte, 24. April 2003.

54 Larry Rosenberg: Mit jedem Atemzug – Buddhas Weg zu Achtsamkeit und Einsicht, S. 141, Arbor, 2002.

Literatur

Ajahn Amaro: Three Robes is Enough, S. 188 f. in: Stephanie Kaza (Hrsg.): Hooked –
Buddhist Writings on Greed, Desire and the Urge to Consume, Shambala, 2005.

Reb Andersen: Being Upright – Zen Meditation and the Bodhisattva Precepts, Rodmell
Press, 1999.

Shundu Aoyama: Pflaumenblüten im Schnee, Theseus, 1995.

Allan Hunt Badiner (Hrsg.): Mindfulness in the Marketplace, Parallax, 2003.

Stephen Batchelor: The Practice of Generosity, in: Allan Hunt Badiner (Hrsg.):
Mindfulness in the Marketplace, S. 59-66, Parallax, 2003.

Joko Beck, Einfach Zen, Fischer, 1995.

Karl-Heinz Brodbeck: Buddhistische Wirtschaftsethik, Shaker, 2002.

Karl-Heinz Brodbeck (Homepage): http://www.khbrodbeck.homepage.t-online.de/ –
viele weitere Beiträge zu Buddhismus und Wirtschaft.

Gautamo Buddha: Dhammapada – die Weisheitslehren des Buddha, Herder, 2002.

Fritjof Capra: Patriarchal Roots of Overconsumption, in: Allan Hunt Badiner (Hrsg.):
Mindfulness in the Marketplace, S. 9-13, Parallax, 2003.

Pema Chödrön: How We Get Hooked, How We Get Unhooked in: Stephanie Kaza
(Hrsg.): Hooked – Buddhist Writings on Greed, Desire and the Urge to Consume,
Shambala, S. 27-33, 2005.

Pema Chödrön: No Time to Lose. A Timely Guide to the Way of the Bodhisattva,
Shambala, 2006.

Thubten Chödrön: Marketing the Dharma, in: Stephanie Kaza (Hrsg.): Hooked –
Buddhist Writings on Greed, Desire and the Urge to Consume, S. 63-75, Shambala,
2005.

Rudolf Dreikurs: Kinder fordern uns heraus, Klett-Cotta, 2008.

Dalai Lama: Führen, Gestalten, Bewegen, S. 126 f. Campus, 2008.

Dalai Lama: Ethical Economics, in: Allan Hunt Badiner (Hrsg.): Mindfulness in the
Marketplace, S. 133-134, Parallax, 2003.

Duane Elgin: Voluntary Simplicity, in: Allan Hunt Badiner (Hrsg.): Mindfulness in the
Marketplace, S. 245-259, Parallax, 2003.

Götz Werner: Einkommen für alle, Lübbe, 2008.

Mahathera Henepola Gunaratana: Die Praxis der Achtsamkeit, Kristkeitz Verlag, 2000.

Thich Nhat Hanh: Diet for a Mindful Society, in: Allan Hunt Badiner (Hrsg.): Mindfulness
in the Marketplace, S. 237-243, Parallax, 2003.

Thich Nhat Hanh: Looking Deeply at the Nutriments, in: Allan Hunt Badiner (Hrsg.):
Mindfulness in the Marketplace, S. 69-76, Parallax, 2003.

Thich Nhat Hanh: Jeden Augenblick genießen – Übungen zur Achtsamkeit, Theseus,
2004.

Thich Nhat Hanh: Two Treasures – Buddhist Teachings on Awakening and Happiness,
Parallax, 2007.

Thich Nhat Hanh: How to Enjoy your Stay in Plum Village – A Guide to the Practices & Activities, Eglise Bouddhique Unifiée, 1999.

Thich Nhat Hanh: Das Herz von Buddhas Lehre, Herder, 1999.

Thich Nhat Hanh: Aus Angst wird Mut – Grundlagen buddhistischer Psychologie, Theseus, 2003.

Thich Nhat Hanh: Der Klang des Bodhibaums, S. 198, Theseus, 1995.

Thich Nhat Hanh: Wie Siddharta zum Buddha wurde, Theseus, 2001.

Thich Nhat Hanh: Plum Village Recitation and Chanting Book, S. 74 ff. Parallax Press, 1999.

Thich Nhat Hanh: Friedlich miteinander leben, Heyne, 2007.

Thich Nhat Hanh: Die Kunst des Lebens, in: Claude Whitmyer (Hrsg.): Arbeit als Weg, S. 202-208, Fischer, 1996.

Thich Nhat Hanh: The Art of Power, HarperOne, 2007.

Dominic J. Houlder: A Fistful of Morals, in: Dharmalife 25 – Themenheft „Greed", S. 30-33, 2005.

Dominic J. Houlder/Kulananda: Mindfulness and Money – The Buddhist Path to Abundance, Broadway, 2003.

Pracha Hutanuwatr/Jane Rasbash: No River Bigger than Tanha, in: Stephanie Kaza (Hrsg.): Hooked – Buddhist Writings on Greed, Desire and the Urge to Consume, S. 104-121, Shambala, 2005.

Phil Jackson: Sacred Hoops. Spiritual Lessons of a Hardwood Warrior, Hyperion, 1996.

Stephanie Kaza (Hrsg.): Hooked – Buddhist Writings on Greed, Desire, and the Urge to Consume, Shambhala, 2005.

Sam Keen: Arbeit und Selbstwert, in: Claude Whitmyer (Hrsg.): Arbeit als Weg, S. 153-174, Fischer, 1996.

Peter Koenig: 30 dreiste Lügen über Geld, Conzett, 2004.

Kulananda/Dominic Houlder: Mindfulness and Money, The Buddhist Path of Abundance, Broadway, 2004.

Lao Tse: Tao te King, Diederichs, 1996.

Richard Layard: Happiness – Lessons from a New Science, Penguin, 2005.

Pracha Hutanuwatr/Jane Rasbash: No River Bigger than Tanha, in: Hooked, hrsg. von Stephanie Kaza, S. 104-121, Shambala, 2005.

John Daido Loori: Arbeit als spirituelle Übung, in: Claude Whitmyer (Hrsg.): Arbeit als Weg, S. 44-49, Fischer, 1996.

David Loy: Buddhism and Poverty, http://ccbs.ntu.edu.tw/FULLTEXT/JR-MISC/101785.htm

David Loy: Konzernmacht – eine buddhistische Kritik, in: BuddhaNetzInfo, Nr. 2, Hanau, Frühjahr 1998, S. 11-15, http://www.buddhanetz.org/texte/konzerne.htm.

Joanna Macey: Sarvodaya bedeutet: Alle wachen auf, in: Claude Whitmyer (Hrsg.): Arbeit als Weg, S. 119-139, Fischer, 1996.

Michael Meyen: Wir Mediensklaven. Warum die Deutschen ihr halbes Leben auf Empfang sind, Merus, 2006.

Helena Norberg-Hodge: Buddhism in the Global Economy, in: Allan Hunt Badiner (Hrsg.): Mindfulness in the Marketplace, S. 15-27, Parallax, 2003.

Hans A. Pestalozzi: Auf die Bäume ihr Affen, Zytglogge, 1998.

Matthieu Ricard: Glück, Nymphenburger, 2007.

Lewis Richmond: A Meditation on Money, in: Allan Hunt Badiner (Hrsg.): Mindfulness in the Marketplace, S. 175-181, Parallax, 2003.

Kai Romhardt: Wissen ist machbar, Econ, 2001.

Kai Romhardt: Slow Down your Life, Econ, 2004.

Larry Rosenberg: Mit jedem Atemzug – Buddhas Weg zu Achtsamkeit und Einsicht, Arbor, 2002.

Meister Ryokan: Alle Dinge sind im Herzen – Poetische Zen-Weisheiten, S.103, Herder, 1999.

Sharon Salzberg: Geborgen im Sein – Die Kraft der Metta-Meditation, Fischer, 1999.

Santikaro: Practicing Generosity in a Consumer World, in: Stephanie Kaza (Hrsg.): Hooked – Buddhist Writings on Greed, Desire and the Urge to Consume, S. 198-213, Shambala, 2005.

Schülerbuch 1991, S. 100, Velber, 1991.

Shantideva: Leitfaden für die Lebensweise eines Bodhisattvas – Ein buddhistisches Gedicht für die heutige Zeit, Tharpa, 2003.

Judith Simmer-Brown: The Crisis of Consumerism in Mindfulness in the Marketplace, in: Allan Hunt Badiner (Hrsg.): Mindfulness in the Marketplace, S. 3-7, Parallax, 2003

Shunryu Suzuki: Das Geld respektieren, in: Claude Whitmyer (Hrsg.): Arbeit als Weg, S. 96-98, Fischer, 1996.

Shunryu Suzuki: Zen-Geist – Anfänger-Geist, Theseus, 2002.

Taravanda: Doubt, Debt, and Designer Labels, in: Dharmalife 25 – Themenheft „Greed", S. 18-19, 2005.

Eckhart Tolle: Jetzt! Die Kraft der Gegenwart, J.Kamphausen, 2000.

Chögyam Trungpa: The Myth Of Freedom and The Way of Meditation, Shambala, 1988.

Uchiyama Roshi: Die Zen-Lehre des heimatlosen Kodo, Libri, ohne Jahr.

Claude Whitmyer (Hrsg.): Arbeit als Weg – Buddhistische Reflexionen, Fischer, 1996.

Diane Winston: You Are What You Download, in: Stephanie Kaza (Hrsg.): Hooked – Buddhist Writings on Greed, Desire and the Urge to Consume, S. 76-85, Shambala, 2005.

Das Netzwerk Achtsame Wirtschaft

Das Netzwerk „Achtsame Wirtschaft" vermittelt und entwickelt das Potenzial buddhistischer Lehren für die verschiedensten Bereiche unserer Wirtschaft. Ausgangspunkt ist hierbei das Verständnis und die Schulung des eigenen Geistes. Zu diesem Zwecke werden Achtsamkeitstage und Retreats in Deutschland, Österreich und der Schweiz durchgeführt. So fanden in den Jahren 2008 und 2009 an die 30 Achtsamkeitstage und sechs Retreats statt. Eine Regionalisierung der Aktivitäten in Großstädten wird angestrebt und ist zum Teil schon auf dem Wege.

Das Netzwerk wendet sich an engagierte Personen, die auf Basis einer stabilen Meditations- und Achtsamkeitspraxis in ökonomische Zusammenhänge wirken wollen und hierzu den Austausch mit Gleichgesinnten suchen.

Das Netzwerk ist zudem Anlaufstelle und Übungsraum für Personen, welche sich für das Thema „Achtsames Wirtschaften" interessieren und sich in einer Atmosphäre der Achtsamkeit von der buddhistischen Lehre und Praxis berühren und inspirieren lassen wollen. Basis aller Veranstaltungen ist die gemeinsame Achtsamkeitspraxis. Die Themen des Netzwerkes sind konkret (Arbeitsgewohnheiten, Umgang mit Geld, achtsamer Konsum, persönliche Ethik etc.) und beziehen sich immer auf unsere persönliche Situation und Handlungen. Die ethische Grundlage des Netzwerkes bilden die 14 Achtsamkeitsübungen des buddhistischen Intersein-Ordens (Tiep Hien).

Das Netzwerk Achtsame Wirtschaft wurde im Jahre 2004 von Kai Romhardt initiiert. Der Verteiler des Netzwerkes umfasst um die 850 Personen (Stand: Juli 2009) und informiert über aktuelle Veranstaltungen und Entwicklungen im Netzwerk.

Weitere Informationen unter: www.achtsame-wirtschaft.de

Übungsorte der Achtsamkeit

Plum Village: www.plumvillage.org
Praxiszentrum und Kloster von Thich Nhat Hanh in
Südwestfrankreich

European Institute for Applied Buddhism: www.eiab-maincampus.org
Studienzentrum in der Tradition von Thich Nhat Hanh in Waldbröl im
Bergischen Land, 50 km östlich von Köln

Quelle des Mitgefühls: www.quelle-des-mitgefuehls.de
Buddhistisches Übungszentrum in der Tradition von Thich Nhat Hanh
in Berlin-Hermsdorf

Haus Maitreya – Intersein-Zentrum: www.intersein-zentrum.de
Intersein-Zentrum für Leben in Achtsamkeit in der Tradition von Thich
Nhat Hanh in Hohenau am Rande des Bayerischen Nationalparks

Sangha Berlin-Zehlendorf
Großstadtsangha im Berliner Südwesten, begleitet von Bettina und
Kai Romhardt, Kontakt: bettinaromhardt@aol.com

Gemeinschaft für Achtsames Leben: www.gal-bayern.de
Achtsamkeitsgemeinschaft in der Tradition von Thich Nhat Hanh in
Bayern

Weitere regionale Intersein-Gruppen unter: www.intersein.de

MBSR-Verband: www.mbsr-verband.de
Netzwerk von über 100 ausgebildeten Trainern der „Mindfulness
Based Stress Reduction"-Methode (achtsamkeitsbasierte
Stressbewältigung) nach Jon Kabat-Zinn

Über den Autor

Frage: „Was machen Sie denn so?"

Antwort: „Gerade jetzt?"

Frage: „Nein, was Sie beruflich machen!"

Antwort: „Seminare, Achtsamkeitstage und Meditationsretreats leiten, Bücher und Artikel schreiben, das Netzwerk Achtsame Wirtschaft auf- und ausbauen, Lehraufträge und Vorträge halten, eine Lesereise planen, Menschen in ihrer beruflichen Veränderung begleiten. Das ist das aktuelle Programm."

Frage: „Und was beschäftigt Sie in dieser Arbeit?"

Antwort: „Wie wir durch effektives Geistestraining und die Kultivierung von Achtsamkeit als Einzelner, als Gruppe und als Gesellschaft, glücklicher werden und selbst gemachte Probleme und Konflikte auflösen. Hierbei schaue ich mir insbesondere Themen wie unseren persönlichen Umgang mit Wissen, Zeit, Geschwindigkeit, Konsum, Arbeit und Geld an."

Frage: „Wieso diese Themen?"

Antwort: „Ich habe drei Bücher zum Thema Wissensmanagement geschrieben, die mir viel Wissen und akademische Meriten eingebracht, aber mich in meiner persönlichen Entwicklung nicht wirklich weitergebracht haben. Wissen ohne Weisheit ist unvollständig. Ein klares Verständnis von Zeit und Geschwindigkeit scheint mir ebenfalls wesentlich für unser Lebensglück. Und die Bedeutung einer achtsamen Arbeitshaltung, eines bewussten und maßvollen Konsums und eines achtsamen Umgangs mit Geld und Finanzen werden ja in diesem Buch behandelt."

Frage: „Was ist Ihre Vision?"

Antwort: „Eine Gesellschaft, die ihren Erfolg am Bruttoglücksprodukt und nicht am Bruttosozialprodukt misst. Die Verbreitung von Methoden der Achtsamkeitsschulung in Krankenhäusern, Klassenzimmern, Gefängniszellen, Unternehmen und anderen Organisationen.

Ich wünsche mir Universitäten mit Meditationshallen, Laptops mit Achtsamkeitsglocken und einen deutschen Obama. Ja, und die stündliche Wiederentdeckung des eigenen Lächelns. Global."

Frage: „Und persönlich?"

Antwort: „Eine Organisation aufzubauen, die mit zeitgemäßer Technologie die Achtsamkeitspraxis breiten Multiplikatorenkreisen zur Verfügung stellt. Ich möchte das Netzwerk Achtsame Wirtschaft mit engagierten, mutigen Mitstreitern weiterentwickeln. Und für das offen bleiben, was das Leben bringt, und nicht zu viel planen. Und: meine persönliche Praxis vertiefen. Ich freue mich auf mein nächstes Langzeitretreat, auch wenn dieses noch Jahre entfernt zu liegen scheint."

Frage: „Was bereitet Ihnen besondere Freude?"

Antwort: „Eine Abenteuertour mit meinem Sohn Jonathan durch die Wannseewälder – mit oder ohne Pilzfund. Stilles und kraftvolles Dharmaglück mit meiner Frau Bettina und das gemeinsame Erforschen des Großen Lebens als Gefährten. Zeit in meiner spirituellen Heimat Plum Village verbringen. Ein Gedicht, das geboren werden will und das ich aufschreiben darf. Eine Tasse Kaffee bei den bonanza coffee heroes."

Frage: „Haben wir noch etwas vergessen?"

Antwort: „Bestimmt. Ausbildungsfakten, berufliche Stationen, Bücher, Angebote und anderes finden sich unter www.romhardt.com und www.achtsame-wirtschaft.de."

Stichwortverzeichnis

Unsere Welt

Thich Nhat Hanh

**Die Welt ins
Herz schließen**
Buddhistische Wege
zu Ökologie & Frieden

144 Seiten, Hardcover
ISBN 978-3-89901-202-6

J eder von uns kann etwas tun, um unseren Planeten zu schützen und Sorge für ihn zu tragen. Wir sollten so leben, dass für unsere Kinder und Enkelkinder eine Zukunft möglich sein wird. Unser Leben muss unsere Botschaft sein!

Thich Nhat Hanh

Ein überzeugendes Plädoyer für ein Engagement in und für die Welt – eine Vision weltumspannender Ökologie und Friedensarbeit aus buddhistischer Sicht.

...hier geht's weiter!

Verehrte Leserin, verehrter Leser,

wir laden Sie herzlich ein, mit uns neue, inspirierende und multimediale Wege zu gehen.

ONLINE
informieren – austauschen – mitwirken – begegnen

Nutzen Sie die vielen Möglichkeiten unserer Website.

- Info-Pakete & Online-Kurse
- Mitschnitte & Tageslosungen
- Aktionen, Foren & Newsletter
- Communities in „mein.weltinnenraum.de"
- Blogs und Vlogs, u. ä.

Wir freuen uns auf Sie

Ihr

Joachim Kamphausen, Verleger